高职高专经济管理类专业核心课程课改规划教材

U0660927

# 经济统计理论与实务

主　　编　　平先秉　　李卫国　　李子毅

副主编　　刘元发　　孙安黎　　魏有焕　　周才文

参　　编　　申龙吉　　曾　婷　　易志恒

　　　　　　吴夕晖　　卢　瑜　　蒋周理

　　　　　　肖　立　　邱　娟

西安电子科技大学出版社

# 内 容 简 介

  "经济统计理论与实务"是高职高专院校金融管理、会计学、电子商务以及市场营销与物流管理等现代商务服务类专业的专业基础课程。本书严格依据我国现行标准与规范,以培养学生统计调查、统计数据搜集整理与分析能力为主线,以统计工作岗位能力需要构建理论与实践的教学内容体系。本书遵循学生认知能力,按照统计工作基本流程将教学内容分为经济统计基本问题、国民经济统计基础、统计指数、统计数据的搜集与整理、数据分布特征描述、时间数列分析、抽样推断与抽样估计、假设检验、相关与回归分析以及 SPSS 软件在统计中的应用十章,每章由教学目的、教学要点、本章自测与延伸阅读组成,这样的结构既能解决教师教什么、怎么教的问题,也能指导学生去自主地学习,在有效提升学生职业岗位技能的同时,增加学生职业可持续发展的知识储备。

  本书既可以作为高职高专院校现代商务服务类专业的基础教材,也可以作为企业入职人员培训的教材。

**图书在版编目(CIP)数据**

经济统计理论与实务/平先秉,李卫国,李子毅主编. —西安:西安电子科技大学出版社,2020.8
ISBN 978 - 7 - 5606 - 5584 - 0

Ⅰ. ① 经…　Ⅱ. ① 平…　② 李…　③ 李…　Ⅲ. ① 经济统计学—高等职业教育—教材　Ⅳ. ① F222

**中国版本图书馆 CIP 数据核字(2020)第 017162 号**

策划编辑　杨丕勇
责任编辑　刘　瑜　杨丕勇
出版发行　西安电子科技大学出版社(西安市太白南路 2 号)
电　　话　(029)88242885　88201467　　邮　　编　710071
网　　址　www.xduph.com　　　　　　电子邮箱　xdupfxb001@163.com
经　　销　新华书店
印刷单位　陕西天意印务有限责任公司
版　　次　2020 年 8 月第 1 版　2020 年 8 月第 1 次印刷
开　　本　787 毫米×1092 毫米　1/16　印张 14.5
字　　数　344 千字
印　　数　1~3000 册
定　　价　38.00 元
ISBN 978 - 7 - 5606 - 5584 - 0/F

**XDUP 5886001 - 1**

# 前　言

为了推动长沙民政职业技术学院"湖南省高等职业教育一流特色专业群——现代商务服务"的整体建设与教学改革，我院金融管理教学团队根据现代商务服务专业建设的整体思路与规划，联合湖南信持力私募股权基金管理有限公司、湖北峻熙资产管理有限公司，结合我国现行统计标准，梳理出从事经济、金融管理类工作的岗位群应具备的统计技能知识，并深入开展调研，通过校企合作的方式组织编写了本书。根据不同的教学条件，教师可以选择先讲后练、先练后讲或者边讲边练等多种方式组织教学。除此之外，本书与传统的高职高专统计基础类教材相比，具有以下 5 个特色。

（1）规范性：本书所涉及的统计术语、统计指标均来源于统计词典与统计百科，符合国家统计制度与分类标准，具有科学、规范的特点。

（2）技能性：本书的实践训练例题均来自经济、金融与管理领域，强调企业岗位的能力需要，具有较强的针对性。在实践训练例题解答过程中，强调办公软件（Excel）以及统计软件（SPSS）的应用，能有效提升职业岗位技能。

（3）层次性：本书不仅体现了内容结构的层次性，也考虑了学生学习的认知层次，让学生在完成具体任务的过程中有序地构建知识理论体系，提升学生的职业技能与职业素养。

（4）发展性：本书的教学内容在选取时充分考虑了学生未来职业发展能力的需求，强调理论与实践并重，符合学生职业可持续发展与终身学习的需要。

（5）应用广：本书既可以作为高职高专现代商务服务专业群所属专业的基础课程教材，也可以作为经济管理、金融类企业职业岗位培训教材，应用广泛。

本书由平先秉、李卫国、李子毅担任主编，刘元发、孙安黎、魏有焕、周才文担任副主编，其中平先秉提出教材整体开发的思路与整体构架，拟定编写大纲，组织、协调编写工作，并编写第七章，李卫国（湖南电子科技职业学院）编写第二章，李子毅（湖南应用技术学院）编写第八章，刘元发编写第一章的第一节、第二节，孙安黎编写第三章的第二节、第三节、第四节，魏有焕、周才文编写第五章，其他参加编写的人员及分工如下：申龙吉（湖南信持力私募股权基金管理有限公司董事长）编写第一章的第三节，肖立（湖南电子科技职业学院）编写第一章的第四节，邱娟（湖南电子科技职业学院）编写第一章的第五节，曾婷（湖北峻熙资产管理有限公司营运总监）编写第三章的第一节，易志恒编写第九章，吴夕晖编写第六章，卢瑜编写第十章，蒋周理编写第四章。

本书在编写的过程中，得到了长沙民政职业技术学院财经管理学院佘浩院长、张苏辉副院长以及湖南信持力私募股权基金管理有限公司、湖北峻熙资产管理有限公司、杭州信持力资产管理有限公司的鼓励与大力支持，在此表示衷心的感谢！同时，在编写的过程中，我们参考了大量的文献资料和相关的网络资料，引用了一些公司的案例资料，在此对这些文献作者和公司表示诚挚的谢意。

由于我国经济正处于快速发展与变革之中，经济统计的理论与操作方法也将不断地发展变化，并有待于进一步探讨。另外，由于编者水平有限，书中难免存在疏漏，敬请批评指正。

编　者

2019 年 10 月

# 目　录

# 第一章 经济统计基本问题

## 教学目的

通过本章的学习，学生要了解统计学的产生与发展以及统计与统计学的联系和区别，理解统计学的基本概念及特点，掌握统计学常用指标的内涵及适用范围。

## 教学要点

(1) 统计学的产生与发展；
(2) 统计与统计学的联系与区别；
(3) 统计学的概念及其特点；
(4) 统计学常用指标的内涵及适用范围。

## 第一节 统计与统计学

在日常生活中，"统计"一词有着多种含义。例如，企业管理人员要统计产品的生产销售数据和利润额；生产车间管理员要统计产品生产量；在高考录取工作中要统计考生的总分；球类比赛时解说员要统计竞赛双方的进攻次数和成功率；开会时主持人要统计出席会议的人数等。人们也常常从报刊、电视新闻中获悉我国的经济增长速度、消费者价格指数和固定资产投资规模等经济统计数据。那么到底什么是"统计"呢？一般而言，"统计"一词有3种含义，即统计工作、统计资料和统计学。

### 一、统计工作

统计工作是指运用各种统计方法对社会经济现象进行调查研究以认识其本质和规律的一种活动。一个完整的统计工作过程一般分为统计设计、统计调查、统计整理和统计分析四个阶段。

统计设计就是对统计活动的各个方面和各个环节加以考虑和安排。统计设计的结果就是形成设计方案，如形成指标体系、分类目录、调查方案、整理方案以及分析和预测制度等，这是统计工作实施的依据。

统计调查即统计资料的搜集，就是根据统计调查方案的要求，采用各种组织形式和方法，有组织、有计划地对所研究主体的各个单位进行观察和登记，来达到准确、及时、完整、系统地搜集原始资料的目的。这一阶段是认识事物的起点，也是进一步进行统计资料整理和分析的基础环节。

统计整理就是对统计调查所搜集到的资料加以汇总，按一定规则进行分组归类，使个体的、零散的资料排列更加系统化、条理化，从而得出能反映总体数量特征的综合数字资料的工作过程。这一阶段是统计研究的中间阶段，其结果表现为各种统计表、统计图。

统计分析是对已经经过汇总整理的资料加以分析研究，对各项分组和统计资料从动态和静态两方面计算其分析指标，认识和揭示所研究现象的本质和规律，得出科学的结论，进而提出意见和建议，并进行科学的统计预测。统计分析是统计工作的最后阶段，也是统计发挥服务、咨询和监督职能的关键阶段。

统计工作过程的四个阶段是相互联系且不可分割的，一般情况下依序进行，但在某些情况下各阶段也会相互交叉和渗透。在实际工作中，只有做好每一阶段的工作，才能保证整个统计工作优质、高效地完成。

## 二、统计学

在日常工作和生活中，经常会接触各类数据，如空气质量指数（PM 2.5）、国内生产总值（GDP）、居民消费价格指数（CPI）、股票交易数据、某品牌手机的市场占有率等。对这些数据如果不加以分析，那么它们将仅仅是数据，为我们提供的信息十分有限。那么，如何分析这些数据就是统计学要解决的问题。

统计学（Statistics）是一门分析数据的科学，它提供的是搜集数据、处理数据和分析数据的一套方法和技术，通过数据分析得出结论。

搜集数据就是获得所需要的数据。处理数据是对所获得的数据进行加工和处理，包括数据的计算机录入、筛选、分类和汇总等，以符合进一步分析的需要。数据分析是利用统计方法对数据进行分析。数据分析所用的方法大体上可分为描述统计和推断统计两大类。描述统计主要是通过图表的形式对数据进行汇总和展示，计算一些简单的统计量，如比例、比率、平均数、标准差等。推断统计主要是根据样本信息来推断总体的特征，包括参数估计和假设检验两大类。参数估计是利用样本信息推断总体特征，假设检验则是判断样本信息对总体的某个假设是否成立。例如，从一批电池中随机抽取少数几块电池作为样本，测出它们的使用寿命，然后根据样本电池的平均使用寿命估计这批电池的平均使用寿命，或者判断这批电池的使用寿命是否等于某个假定值。

# 第二节 统计学的产生与发展

人类的统计活动历史源远流长，最早可追溯到原始社会。可以说，自从人类有了数的概念，有了计数的需求，也就有了统计活动。但是，将统计活动和统计实践上升到理论高度并形成"统计学"这门科学，却是近代的事。虽然对于统计学产生于什么年代这个问题人们的看法不一，但多数人认为，统计学兴起于 17 世纪，距今已有 300 多年的历史了。

## 一、统计学的产生

17 世纪中叶，西方社会出现了人们有意识、比较系统地用数字语言表述问题，并从数量的角度探索客观事物变化规律的研究活动。当时最著名且最具有代表性的是英国的政治算术学派和德国的国势学派。

政治算术学派的代表人物是英国的学者威廉·配第（W. Petty）。17 世纪 70 年代，威廉·配第的著作《政治算术》问世，他以劳动价值理论为基础，对当时的英国、荷兰和法国之间的国情、国家实力（主要是经济方面）进行了数量上的对比分析，并以此为依据，为当时英国社会经济的发展出谋划策。这是历史上首次明确地从数量的角度、用大量的数据对问题进行分析，揭示了一些经济学的科学原理，研究了许多经济范畴中的数据关系。

除威廉·配第外，政治算术学派还有一位重要的人物——约翰·格朗特(J. Graunt)，他的主要工作是对伦敦市 50 多年间的人口出生和死亡数据进行计算分析和研究。1662 年，约翰·格朗特写出了代表性的著作——《关于死亡表的自然观察与政治观察》，该著作通过对人口变动数据的分析，揭示了一系列人口变化的规律。从此，统计的含义从以记录为主，转变为从量的方面说明并分析问题，为统计学从数量方面认识事物开辟了广阔的研究道路与应用前景。政治算术学派第一次有意识地运用了可度量的方法，力求把自己的论证建立在具体数据的基础上，在统计发展史上具有重要的地位。但是，它毕竟还处于统计核算的初始阶段，从现在的视角来看，它只是用最简单的算术方法对社会经济现象进行了计量和比较。

## 二、统计学的发展

凯特勒(A. Quetelet)是统计学发展史上承前启后式的重要人物，人们称他为"近代统计学之父"。他把概率论全面引入"政治算术"，引入到各种社会经济问题的研究当中，大大推动了概率论和数学方法在社会科学领域的应用，促进了数量研究由"算术"水平向"数理"阶段的迅速转化。

自文艺复兴以后，人们已经注意到，当玩纸牌、掷骰子等赌博活动大量进行之后，会出现某种特定的规律，而概率论最早就是研究这种规律的产物。当然，概率论的产生和形成在 16 至 18 世纪，当时与统计学关联性不强，统计学也很少将概率论应用到自己的领域，而真正将统计学与概率论结合起来的是凯特勒。凯特勒在自己的研究中，首次在社会科学的范畴里提出了大数律思想，把统计学的理论建立在大数律的基础上，认为一切社会现象都会受到大数律的支配。他不仅把概率统计的方法引入人口、领土、政治、农业、工业、商业和道德等社会领域，还把概率统计的方法引入天文、气象、地理、动物、植物等自然领域。他的概率统计的方法是可以应用于任何事物数量研究的最一般的方法，对统计学的发展具有重大意义。

19 世纪后半叶，统计学在生物遗传学、农业的田间试验等领域都取得了创新性的成果。例如，生物统计学的主创者高尔顿(F. Galton)利用正态法则研究优生学、遗传学等问题，先后提出了"百分位数""中位数""四分位数差""相关与回归"等概念及计算方法。而皮尔逊(K. Pearson)则系统地发展了高尔顿的相关与回归理论，研究了复相关和偏相关，提出了极大似然估计方法，导出了卡方分布。以皮尔逊为代表的统计学家，通过大量观察和以正态分布为基础的关于总体分布曲线的研究，确立了"大样本"统计理论，从而奠定了"描述统计学"的框架体系。

进入 20 世纪，随着新的统计思想和统计方法的大量涌现，带有归纳性质的统计推断逐渐占据了统计学的主流地位。从苏歇米尔斯(J. Sussmilch)提出大数法则开始到 20 世纪初的这段时期，大量观察法一直是统计的核心思想，直到 1908 年戈塞特(W. Gosset)导出了重要的 $t$ 分布，统计学逐渐实现了由描述统计向推断统计发展，实现了由大样本统计向小样本统计理论的转变。

费暄(R. Fisher)创立了方差分析、试验设计等统计分支，论证了关系数的抽样分布，提出了 $t$ 检验、$F$ 检验、相关系数检验等理论与方法，因而在统计学发展史上有着很高的地位。此后，内曼(J. Neyman)和皮尔逊共同完善了现代统计学的核心内容，即区间估计和假设检验理论。瓦尔德(A. Wald)提出的"统计决策理论"和质量检验的"序贯分析"，进一步推动了统计学研究和应用的范围。到 20 世纪五六十年代后，随着统计学的发展，稳健统计、时间序列、抽样理论、统计诊断、探索性分析和贝叶斯统计等都取得了重要的进展。随着网络信息技术的发展，在大数据时代，统计学与统计方法将面临着又一次的革命和飞跃。20 世纪以来，统计学的发展表现出三个明显的趋势：(1) 随着数学的发展，统计学依赖和吸收数学方法的程度越来越高，发展越来越迅速；(2) 统计学方法应用领域越来越广泛，向其他学科领域的渗透越来越深入，以统计学为基础的边缘学科不断形成；(3) 随着统计学应用的日益广泛和深入，特别是借助计算机后，统计学所发挥的作用将会越来越大。

### 三、我国统计学的发展历程

我们现在能够看到的我国最早的统计资料，是公元前 21 世纪夏朝时期关于人口和土地的数字记载："夏朝时分中国为九州，人口约 1355 万人，土地约 2438 万顷。"另据历史记载，在秦穆公时期的商鞅变法，在其调查研究中明确提出："强国知十三数：竟内仓、口之数，壮男壮女之数，老弱之数，官、士之数，以言说取食者之数，利民之数，马、牛、刍藁之数。欲强国，不知国十三数，地虽利，民虽众，国愈弱至削。"这说明我国古代一些清醒的政治家、军事家早就意识到统计的重要性。

新中国成立后，我国的统计工作得以顺利地开展，逐步建立了全国统一的统计机构，制定了一套较为完整的统计制度和方法，为社会建设和发展提供了大量的统计资料。

自 1978 年党的十一届三中全会以来，改革开放步伐加快，统计工作进一步加强。党的十六届三中全会通过的《中共中央关于完善社会主义市场经济体制若干问题的决定》中明确提出："完善统计体制，健全经济运行监测体系，加强各宏观经济调控部门的功能互补和信息共享，提高宏观调控水平。"这是党中央第一次在党的纲领性文件中将统计工作纳入国家宏观调控体系，将完善统计体制作为提高宏观调控水平的重要内容之一。

进入 21 世纪以来，我国的统计方式不断转变。2012 年，中国统计的一项革命性改革——"企业一套表"制度改革，即企业直接在网络上将原始数据上报国家统计局数据管理中心和 13 个分中心，改变了过去数据层层上报的模式。当前，中国经济正处于转型期，传统经济增长减速，而新经济部分(新产业、新业态、新商业模式)则在快速增长，因此，国家统计局制定了"三新"经济专项统计制度，改进和完善了新经济统计调查体系，建立和完善了新经济测算方法，加强了对新经济统计数据的分析。

## 第三节　统计学中的基本概念

### 一、总体与总体单位

总体，也称为统计总体，是指客观存在的、在同一性质基础上结合起来的许多个别单位的整体。构成总体的这些个别单位称为总体单位。例如，所有的工业企业就是一个总体，这是因为在性质上每个工业企业的经济职能是相同的，即都是从事工业生产活动的基本单位，也就是说，它们具有同质性。这些工业企业的集合就构成了统计总体。对于该总体来说，每一个工业企业就是一个总体单位。

总体可以分为有限总体和无限总体。如果总体所包含的单位数是有限的，则称为有限总体，如人口数量、企业数量、商店数量等；如果总体所包含的单位数是无限的，则称为无限总体，如连续生产的某种产品的生产数量、大海里的鱼类资源数量等。对有限总体可以进行全面调查，也可以进行非全面调查。但对无限总体只能抽取其中一部分单位进行非全面调查，以此来推断总体情况。

确定总体与总体单位，必须注意以下两个方面。

第一，构成总体的单位必须是同质的，不能把不同质的单位混在总体之中。例如，研究员工的工资水平，就只能将靠工资收入的员工列入统计总体的范围。同时，也只能对员工的工资收入进行考察，对员工在其他方面取得的收入就要加以排除，这样才能正确反映员工的工资水平。

第二，总体与总体单位具有相对性，随着研究任务的改变而改变。同一企业可以是总体也可以是总体单位。例如，如果要了解全国工业企业员工的工资收入情况，那么全部企业是总体，各个企业是总体单位；如果要了解某个企业员工的工资收入情况，则该企业就成了总体，每位员工就是总体单位。

## 二、标志与指标

标志是用来说明总体单位特征的名称，可分为品质标志和数量标志。品质标志说明总体单位的质的特性，是不能用数值来表示的。例如，为调查某企业的员工情况，该企业的每一位员工都是总体单位，性别、民族、工种、籍贯等调查项目是说明该总体单位特征的名称，是品质标志。而具体到某位员工，如张某某，性别为男，民族为汉族，工种为车工，籍贯为江苏海门等，就是在品质标志名称下的属性。数量标志是表示总体单位量的特性，是可以用数值来表示的。例如，企业员工的年龄、工资等调查项目即为数量标志，如张某某年龄 36 岁、月工资为 18 450 元，这是数量标志的具体表现，统计上称为标志值（或变量值）。

指标，也称统计指标，用来说明总体的综合数量特征。一个完整的统计指标包括指标名称和指标数值两部分，它体现了事物质的规定性和量的规定性两个方面的特点。例如，经统计调查得知某民营企业固定资产原值为 9.2 亿元，这就是指标，它包括指标名称即固定资产原值和指标数值即 9.2 亿元这两个方面。

标志和指标两者既有区别，又有联系。区别有以下 4 个方面。

第一，标志是说明总体单位特征的，而指标是说明总体特征的。

第二，指标都能用数值表示，而标志中的品质标志却不能用数值表示，只能用属性表示。

第三，指标数值是经过一定的汇总取得的，而标志中的数量标志不一定经过汇总，可直接取得。

第四，标志一般不具备时间、地点等条件，但作为一个完整的统计指标，一定要明确时间、地点和范围。

标志和指标的联系有两方面。

第一，有许多统计指标的数值是从总体单位的数量标志值汇总而来的，既可指总体各单位标志量的总和，也可指总体单位数的总和。例如，某地区工业增加值指标是由该地区的每个企业的工业增加值汇总而来的；某集团公司员工人数指标是由该集团公司下属各企业的员工人数汇总而来的。

第二，两者存在着一定的变换关系。这主要是由于指标和数量标志之间存在着变换关系，即由于研究目的不同，原来的统计总体如果变成了总体单位，则相应的统计指标也就变成了数量标志，反之亦然。例如，在研究某集团公司员工情况时，该集团公司的全部员工是总体，相应的工资总额为统计指标。而在研究该集团公司下属的某企业员工工资情况时，该企业就是总体单位，则相应的工资总额为数量标志，具体的工资总额数值为标志值。于是，该企业的工资总额由统计指标相应地变为数量标志了。

## 三、变量与变异

统计中的变异是普遍存在的，一般意义上的变异是指标志（包括品质标志和数量标志）在总体单位之间的不同具体表现，严格地说，我们把变异局限于品质标志的不同具体表现，如性别表现为男、女，民族表现为汉、满、蒙、回、苗等。而数量标志的不同具体表现则被称为变量值（或标志值），如某员工的年龄 42 岁，工龄 22 年，月工资 19 200 元等。品质标志的变异最后表现为综合性的数量时，如按员工的性别汇总计算出男、女人数，才构成统计研究的对象。观察、登记总体各单位的品质标志和数量标志的变异和变量，是统计研究的起点。

变量按其取值是否连续，可分为离散变量和连续变量。只能取整数的变量是离散变量，如人数、企业数和机器台数等。在整数之间可插入小数的变量是连续变量，如身高、体重、总产值、资金和利润等。

变量按其所受因素影响的不同，可分为确定性变量和随机性变量。由确定性因素影响所形成的变量称为确定性变量，确定性因素使变量按一定的方向呈上升或下降趋势变动，如增加施肥量，能使农作物收获量增多，这是确定性因素的影响，但造成农作物收获量增多的因素是不确定性的，因为除了施肥量因素，还有降雨量、气温等因素的影响。由随机性因素影响所形成的变量被称为随机性变量，如产品质量检验，在所控制的质量数据范围内，由于受偶然因素，如温度、电压、车速等的影响，产品的质量数据也不是绝对相同的，它们与质量标准有一定误差，这是随机性因素的影响。由于社会经济现象受多种因素的影响，既包括确定性因素的影响，又包括随机性因素的影响，因此认识社会经济现象，须运用社会经济统计学的方法，也须运用数理统计学的方法。

## 四、流量与存量

流量是指一定时期测算的量。对于流量必须指明时期，使其具有时间量纲。例如，消费额是某一时期用于消费而支付的货币流量，产值则是某一时期生产经营活动成果的货币流量。

存量是指一定时点上测算的量。存量不具有时间量纲，但必须指明时点。如一定时点的人口数、资产与负债、居民存款余额等。

流量与存量相互依存，缺一不可。经济中的许多流量都有与其直接对应的存量，如金融资产流量与金融资产存量相对应。一般来说，存量是流量的前提和基础，而流量在一定程度上取决于存量的大小。因为一定时期的经济流量，总是以其期初的存量作为基础或条件，期初存量与本期流量就形成期末存量。

## 五、当年价格、可比价格与不变价格

在社会经济工作中，国内生产总值和工业总产值等指标都是用货币额表示的，因而在计算时，存在采用什么价格的问题。为了分析指标的变动情况，不同情况下应分别采用当年价格、可比价格和不变价格。

当年价格，顾名思义，也就是报告期当年的实际价格，如工业品的出厂价格、农产品的收购价格和商品的零售价格等。用当年价格计算的一些以货币形式表现的物量指标，如国内生产总值、工业总产值、农业总产值、农副产品收购总额和社会商品零售总额等，反映了当年的实际情况，使国民经济指标互相衔接，便于考察社会经济效益，便于对生产、流通、分配和消费之间进行综合平衡。因此，当我们需要反映当年的实际收入情况时，就应采用当年价格。例如，2018年我国国内生产总值为900 309亿元，它反映2018年在我国领土范围内所生产的以货币形式表现的产品和劳务总量。

按当年价格计算的以货币形式表现的指标，在不同年份之间进行对比时，因为包含价格变动的因素，所以不能确切地反映实物量的增减变动，必须在消除价格变动的因素后，才能真实地反映经济发展动态。因此，在计算增长速度时，一般都使用可比价格计算。不变价格，从字面上我们不难理解，是指固定不变的价格，因此也叫固定价格。它是用某一时期同类产品的平均价格作为固定价格来计算各个时期的产品价值，目的是消除各时期价格变动因素的影响，保证前后时期之间、地区之间、计划与实际之间指标的可比性。

例如，我们要计算1994年工业总产值的增长速度，因为用当年价格表示的1994年、1993年工业总产值存在着价格变动因素，因此不能直接用来计算增长速度，而应采用消除了价格因素后的可比价格进行计算。1994年工业总产值按当年价格计算为4255.19亿元，按1994年不变价格计算为3360.97亿元，1993年则分别为3327.04亿元和2849.77亿元。如果按当年价格计算，1994年和1993年相比，增长速度为$(4255.19 \div 3327.04 - 1) \times 100\% = 27.9\%$，但由于没有剔除价格变动因素的影响，故不能确切地反映工业生产实物量的增长状况，而按可比价格计算的增长速度则为$(3360.97 \div 2849.77 - 1) \times 100\% = 17.9\%$，这一速度就较为确切地反映出1993年到1994年工业生产实物量的增长。

在计算以不变价格表示的指标时，所用的基期也是不同的。新中国成立以后，随着工农业产品价格水平的变化，国家统计局先后5次制定了全国统一的工业产品不变价格和农产品不变价格，即从1949年到1957年使用1952年工（农）业产品不变价格；从1957年到1971年使用1957年不变价格；从1971年到1981年使用1970年不变价格；从1981年到1991年使用1980年不变价格；从1991年开始使用1990年不变价格。同一年份利用不同的不变价格计算出来的数值是不一样的，如1990年工业总产值按1980年不变价格计算为1159.95亿元，按1990年不变价格计算则为1731.03亿元。

## 六、指数与相对数

指数是一种表明社会经济现象动态的相对数。运用指数可以测定不能直接相加或不能直接对比的社会经济现象的总动态;可以分析社会经济现象总变动中各因素变动的影响程度;可以研究总平均指标变动中各组标志水平和总体结构变动的作用。

指数按所反映的现象范围不同,可分为个体指数和总指数。前者反映个体经济现象变动的相对数,如个别产品的物量指数、个别商品的价格指数等;后者是表明全部经济现象变动的相对数,如工业总产值指数、居民消费价格总指数。

指数按所反映的现象性质的不同,可分为数量指数和质量指数。前者反映生产、经营或经济活动数量的变动,如商品销售量指数;后者是说明经济活动质量变动的指数,如产品成本指数和劳动生产率指数。

指数按计算形式的不同可,分为综合指数和平均数指数。前者指两个总量指标对比计算出来的指数,后者是前者的变形。

而一般的相对数,是两个有联系的指标的比值,它可以从数量上反映两个相互联系的现象之间的对比关系。相对数的种类很多,根据其表现形式可分为两类:一类是有名数,即凡是由两个性质不同而又有联系的绝对数或平均数指标对比计算所得的相对数,一般都是有名数,而且多用复合计量单位;另一类是无名数,无名数可以根据不同的情况分别采用倍数、成数、系数、百分数或千分数等来表示,如:人口出生率、死亡率等。相对数根据相互对比的指标的性质和所能发挥作用的不同,又可分为动态相对数、结构相对数、比较相对数、强度相对数、计划完成程度相对数等。

因此,指数和一般的相对数的区别在于:一般的相对数是两个有联系的现象数值之比,而指数却可说明复杂社会现象经济的发展情况,并可分析各种构成因素的影响程度。

## 七、权数

在统计计算中,用来衡量总体中各单位标志值在总体中作用大小的数值叫权数。权数决定指标的结构,权数如果变动,绝对指标值和平均数也会变动,所以权数是影响指标数值变动的一个重要因素。权数一般有两种表现形式:一是用绝对数(频数)表示,另一个是用相对数(频率)表示。相对数是用绝对数计算出来的百分数(%)或千分数(‰)表示的,又称比重。平均数的大小不仅取决于总体中各单位的标志值(变量值)的大小,而且取决于各标志值出现的次数(频数)。由于各标志值出现的次数对其在平均数中的影响起着权衡轻重的作用,因此叫做权数。这说明权数的权衡轻重作用,是体现在各组单位数占总体单位数的比重大小上的,如工业生产指数中的权数是对产品的个体指数在生产指数形成过程中的重要性进行界定的指标。产品的重要性不同,在发展速度中的作用不同,产品或行业所占比重大的,权数就大,在指数中的作用就大。工业经济效益综合指数中的权数是根据各项指标在综合经济效益中的重要程度确定的。零售物价指数除选用代表规格品计算个体物价指数外,还要采用零售额为权数,对个体商品物价指数在物价总指数形成中的重要程度起权衡轻重的作用。

## 八、统计指标与统计指标体系

统计指标是反映统计总体数量特征的科学概念和具体数值。统计指标由指标名称和指标数值所构成。指标名称是指标质的规定,它反映一定的社会经济范畴;指标数值是指标量的规定,它是根据指标的内容所计算出来的具体数值。统计指标一般有3个特点:(1)统计指标都能用数字表示；（2）统计指标是说明总体综合特征的；（3）统计指标是反映一定社会经济范畴的数量。

统计指标按其所反映总体内容的不同，可分为数量指标和质量指标。数量指标是指说明总体规模和水平的各种总量指标，如工业企业单位数、员工人数、产品产量和工资总额等。质量指标是指反映现象总体的社会经济效益和工作质量的各种相对指标和平均指标，如企业员工的平均工资、劳动生产率和出勤率等。数量指标用绝对数表示，质量指标用相对数或平均数表示。

统计指标按其作用和表现形式的不同，分为总量指标（绝对数）、相对指标（相对数）和平均指标（平均数）3 种。

单个统计指标只能说明总体现象的一个侧面。由于社会经济现象数量之间存在一定的联系，因此，各种统计指标之间也存在着各种各样的联系。若干个相互联系的统计指标组成的一个整体就称为统计指标体系。例如，工业总产值＝劳动生产率×员工人数；商品销售额＝商品价格×商品销售量；农作物收获量＝亩产量×播种面积；等。统计指标体系完整地反映了社会经济现象和过程，反映了社会经济现象的因果关系、依存关系、平衡关系等。利用统计指标体系，在进行具体的统计分析时，当已知指标体系中若干指标的数值时，就可以计算某个未知指标的数值。例如，已知农作物收获量和播种面积的指标数值，就能计算出亩产量的指标数值。

# 第四节 统计学的研究对象和研究方法

## 一、统计学的研究对象

统计学是一门关于数据的科学，它对客观事物的研究是通过研究客观事物数量来进行的，包括研究对象的数量状态、数量关系和数量变化规律等，可以说统计学的研究对象就是数据。无论是社会科学还是自然科学，只要出现大量的数据，就需要统计学。

统计学的研究对象是总体，而不是个体；是客观事物的规律，而不是偶然出现的某一现象。统计学是对大量同类现象的数量方面进行描述，从而对总体进行推断，对单个个体现象的分析与研究不是统计的研究对象。只有通过对大量的现象，或对某一现象进行多次重复的观察，才有可能找到统计关系和统计规律。

统计学的研究对象是不确定现象，表现为随机变量。不确定现象的存在是因为在一些偶然的随机因素的影响下，客观事物的实际数量存在一定程度的不可确知性。

因此，社会经济统计的研究对象是社会经济现象总体的数量方面，即以统计资料为依据，具体说明社会经济现象总体的数量特征、数量关系及数量界限，通过这些数量方面反映社会经济现象的规律性。社会经济现象包括除自然现象以外的社会政治、经济、文化、人民生活等领域的各种现象，如国民财富与资产、人口与劳动力资源、生产与消费、财政与金融、教育与科技发展状况、城乡人民物质文化生活水平等。通过对这些基本社会经济现象数量方面的认识，来达到对整个社会的基本认识。

## 二、统计学的研究方法

统计学的研究方法很多，但归纳起来，其最基本的方法是大量观察法、综合指标法和归纳推断法。准确把握这些方法的基本思想和精神实质，对搞好统计工作具有十分重要的意义。

### （一）大量观察法

大量观察法是统计学研究的基本方法，它是一种从总体出发对研究对象的全部或足够多的数据进行观察和分析研究的方法。

研究对象的数量会受到诸多因素的影响，我们可以将这些因素分为性质不同的两大类：一类源于研究对象的基本性质及一般条件的共同性因素，这类因素对所有个体单位都会发生作用，是研究对象总体数量规律性存在的基础；另一类源于研究对象的次要性质或偶然因素、随机因素在个体单位上发生的作用，正是由于这类因素的作用，使得各个单位在数量表现上存在差异，各不相同，或多或少地掩盖了研究对象的规律性。大量观察法的意义就在于，在全部或足够多的数据的基础上，去除掉偶然或随机因素的作用，突出共同性因素的作用，从而显示出总体相对稳定的数量特征和数量关系，即数量规律性。

### （二）综合指标法

综合指标法是统计学研究中直接表现研究对象总体数量特征的最基本的统计方法，即根据大量观察获得资料，运用各种综合指标进行计算，以反映总体一般数量特征的统计分析法。通常使用的综合指标主要有总量指标、相对指标、平均指标、变异指标等。这些指标从不同的角度对总体的特征进行刻画，将其综合运用，可以更加全面、深入地分析社会经济总体现象的特征。例如，某地区的人口数、土地面积、国内生产总值、产业结构、居民收入水平及变动程度等都是通过综合指标法来统计的。

### （三）统计推断法

由于种种主、客观方面的原因，我们经常会碰到所研究对象的范围大于实际可能掌握范围的情况，这时要认识总体的数量特征，就需要应用统计推断法。统计推断法是指以一定的置信标准要求，根据样本数据来估计总体数量特征的归纳推断方法，是现代统计的重要方法。统计推断的一个重要特点是它不能对问题做出绝对肯定的结论，只能在一定的置信水平下，做出能满足研究精度的弹性结论。

# 第五节　我国统计数据的采集、公布与分析

## 一、我国统计调查项目

中国政府统计调查项目包括国家统计调查项目、部门统计调查项目和地方统计调查项目。

### （一）国家统计调查项目

国家统计调查项目是指全国性基本情况的统计调查项目，以满足中央政府宏观调控和管理的需要为主要目的。国家统计调查项目一般由国家统计局通过地方各级人民政府统计机构和国家统计局调查队组织实施。各级人民政府统计机构主要承担国家统计局布置的全面定期统计报表任务，国家统计局调查队主要承担国家统计局布置的抽样调查任务。

现行国家常规统计调查项目主要包括国民经济核算、农业、工业、建筑业、房地产开

发、运输邮电业、批发零售住宿餐饮业、旅游业、重点服务业企业、投资、对外经济贸易、能源、人口、劳动、就业、社会、科技、资源环境、住户、价格等。

### (二) 部门统计调查项目

部门统计调查项目是指国务院有关部门的专业性统计调查项目，以满足部门行业管理为主要目的，同时为国家决策和管理以及开展国民经济核算提供重要统计信息。

现行部门统计调查项目主要包括农林渔业、工业和信息化产业、财政、金融、税收、进出口、教育、卫生、科技、文化、体育、劳动和社会保障、住房和城乡建设、交通运输、质检、安监、新闻出版、知识产权、民政、民族、妇女儿童、残疾人事业、计划生育、公检法、国土、海洋、水利、气象、测绘等领域，以及机械、物流、轻工、电力、石化、建材、煤炭、有色、钢铁、纺织、食品等项目。

### (三) 地方统计调查项目

地方统计调查项目是指县级以上地方人民政府及其部门的地方性统计调查项目，由县级以上地方人民政府统计机构和有关部门分别制定或者共同制定。其中，由省级人民政府统计机构单独制定或者和有关部门共同制定的，报国家统计局审批；由省级以下人民政府统计机构单独制定或者和有关部门共同制定的，报省级人民政府统计机构审批；由县级以上地方人民政府有关部门制定的，报本级地方人民政府统计机构审批。

## 二、我国统计调查方法

中国政府统计机构主要通过普查、抽样调查和全面定期统计报表等统计调查方法来搜集和整理统计资料。目前已初步形成以周期性普查为基础，以经常性抽样调查为主体，综合运用全面调查、重点调查、典型调查等方法，并积极利用行政记录等资料的统计调查方法体系。

### (一) 周期性普查

普查是指一个国家（或地区）为全面准确地了解某项重大国情、国力状况，针对某类统计总体的全部单位，按照统一的普查方案和工作流程，在统一的标准时点，组织开展的大规模、一次性的全面调查。周期性普查是指每隔一段时期定期开展的普查。中国现行周期性普查包括全国人口普查、全国农业普查和全国经济普查。

全国人口普查，每 10 年进行一次（逢 0 年份实施），普查的对象是在中华人民共和国境内居住的所有自然人。人口普查主要调查人口和住户的基本情况，要求普查员逐一入户、对每一自然人逐一进行普查登记。

全国农业普查，每 10 年进行一次（逢 6 年份实施），普查的对象是在中华人民共和国境内的农村住户、城镇农业生产经营户、农业生产经营单位、村民委员会、乡镇人民政府。农业普查主要调查农业、农村、农民的基本情况，要求普查员按照事先划分的普查区域，在规定的时间内，逐一访问普查对象，现场询问和填报普查表。

全国经济普查，每 5 年进行一次（逢 3、8 年份实施，2003 年由于"非典"的特殊原因，第一次全国经济普查延至 2004 年实施），普查的对象是在中华人民共和国境内从事第二产业、第三产业活动的全部法人单位、产业活动单位和个体经营户。经济普查主要调查第二产业、第三产业的发展规模、结构和效益的情况，内容包括单位基本属性、从业人员、财务状况、生产经营情况、生产能力、原材料和能源及主要资源消耗、科技活动情况等。从第三次经济普查开始,我国在普查登记中广泛采用现代信息技术,大力推广普查员手持电子终端设备采集数据填报普查表的方式;在尚不具备条件的地区,采取普查员逐户上门协助普查对象填报纸质普查表、再统一数据录入的传统方式。

此外,还有每 10 年进行一次的全国 1‰人口抽样调查、全国 R&D 资源清查,每 5 年进行一次的全国投入产出调查。

### (二)抽样调查

抽样调查是按随机原则从总体中选取一部分单位进行调查,并从数量上对总体的某些特征作出估计推断,对可能出现的误差从概率意义上加以控制的一种非全面调查。例如,从 10 万公民中抽出 2000 人,测量这 2000 人的平均身高,并依此推断出全国公民的平均身高,这就是抽样调查。目前,我国已在人口变动、住户、农产量、价格、规模以下工业、限额以下批发和零售业、限额以下住宿和餐饮业、重点服务业企业、服务业小微企业监测、农村住户固定资产投资、劳动力、企业景气等领域广泛开展了抽样调查。

### (三)全面定期统计报表

全面定期统计报表是统计部门依照国家统一制定的调查表式、指标项目和涵义、计算方法、分类目录、报送时间等,将本行政区域或本系统某类统计总体的全部单位都作为统计调查对象,通过定期向这些统计调查对象发放、收取统计调查报表,按年度、季度、月度等频率搜集、整理统计资料的调查方法,属于全面调查范畴。该调查方法主要面向规模较大、相对稳定、数量又比较少,或者有归口部门管理的统计调查对象。目前,全面定期统计报表主要运用于规模以上工业、资质内建筑业、限额以上批发和零售业、限额以上住宿和餐饮业、固定资产投资建设项目、运输邮电业、对外经济贸易、房地产开发、教育科技、资源环境等众多统计调查领域。

### (四)重点调查和典型调查

重点调查是一种非全面调查,是在统计调查对象中选择一部分重点单位作为样本来进行的调查。重点调查主要适用于反映主要情况或基本趋势的调查,调查的对象是在调查总体较为重要,如要调查 100 个企业的销售收入,只调查销售收入总额居于前 20 位的就是重点调查。

典型调查也是一种非全面调查,是从众多统计调查对象中,有意识地选择若干个具有代表性的典型单位进行深入、周密、系统的调查。典型调查的主要目的是了解与数字相关的具体情况。其调查对象是调查总体中最具有调查特征的单位,如要调查 100 个企业的销售收入,将这些企业按销售收入总额大小分成 5 类,在每类中选一个企业调查,就是典型调查。

此外,中国的工业生产者出厂价格调查和房地产价格调查,都主要采用重点调查与典型调查相结合的方法。

## 三、统计数据的采集方法

目前,中国政府统计机构主要通过联网直报、发表调查、入户访问、记账户记账、现场采价、实割实测、电话访问等方式,采集原始数据。

### (一) 联网直报

联网直报是指在经济普查、各常规调查、专项调查等由调查对象填报的统计调查中，由调查对象通过互联网直接向全国数据中心报送原始数据；在价格、人口普查等由调查员直接采集数据的工作中，调查员使用电子采集器、住户记账器等电子终端采集原始数据，并通过网络向全国数据中心报送原始数据。

### (二) 发表调查

发表调查，即对于未纳入联网直报系统但又具有一定规模的企业（单位），政府统计机构一般先向统计调查对象发放统计调查表，由统计调查对象按照要求自行填写，并在规定的期限内将该表提交至政府统计机构。

### (三) 入户访问

入户访问，即对于个体经营户、个人以及部分规模较小的企业（单位）的统计调查，一般由调查员或者辅助调查员入户，通过现场询问统计调查对象，直接获取相应的统计资料。

### (四) 记账户记账

记账户记账主要用于住户收支与生活状况调查。统计部门抽选一定数量的住户作为调查户，调查户需要按照国家制度要求记录现金收支日记账、家庭实物收支台账等，再由政府统计机构按季收取这些日记账、台账等原始记录。

### (五) 实地采价

实地采价主要用于居民消费价格、商品零售价格和农业生产资料价格的调查。调查员需要到农贸市场、商场（店）、服务网点等价格调查点，按照定人、定点、定时原则，实地采价。

### (六) 实割实测

实割实测主要用于稻谷、小麦、玉米等农作物的单位面积产量调查。由政府统计机构的调查员或辅助调查员直接进入调查地块，在收获季节对小样本内的当季调查主题作物收割保存，待样本全部收获后将其晾晒、烘干、脱粒、测定含水率和杂质率后，作为推算单位面积农产量的依据。

### (七) 电话访问

对于一些面向社会公众的社情民意专项调查，政府统计机构也开始广泛使用计算机辅助电话调查（CATI），即电话访问。国家统计局信息景气中心已开通 12340 全国社情民意调查热线。初步统计，中国各省级政府统计机构已拥有计算机辅助电话线路近 2000 条。

## 四、统计数据公布制度

### (一) 新闻发布会

对于能够集中统一公布的最新统计数据一般通过新闻发布会在第一时间公布，主要包括以下两种。

（1）年度国民经济运行情况新闻发布会。该发布会由国务院新闻办公室举行，一般在次年 1 月 20 日左右召开，公布年度国内生产总值以及农业生产、工业生产、固定资产投资、房地产开发投资、社会消费品零售总额、城乡居民收支等方面主要经济统计指标的年度数据。

（2）季度国民经济运行情况新闻发布会。该发布会由国务院新闻办公室举行，一般在季后 15 日左右召开，公布季度国内生产总值以及农业生产、工业生产、固定资产投资、房地产开发投资、社会消费品零售总额和城乡居民收支等方面主要经济统计指标的季度数据。同时在中国统计信息网发布国民经济运行情况新闻发布稿，以及工业生产、固定资产投资、房地产开发投资和社会消费品零售总额在上年 12 月和当年 3 月、6 月、9 月当月或累计数据情况新闻稿。

此外，还有为全国人口普查、全国农业普查、全国 R&D 资源清查等其他重大国情、国力调查专门召开的新闻发布会，公布其统计调查成果。

### （二）官方网站

对于未纳入新闻发布会的最新进度统计数据，按照统计数据发布日程表，在官方网站发布居民消费价格指数（CPI）、工业生产者出厂价格指数（PPI）、规模以上工业生产、固定资产投资（不含农户）、房地产投资和销售情况、社会消费品零售总额、70 个大中城市住宅销售价格指数、规模以上工业企业经济效益等月度数据，以及 50 个大中城市主要食品价格旬报数据。

此外，还根据需要，在官方网站发布国内生产总值修订数据、单位国内生产总值能耗减低率、粮食产量和平均工资等统计信息。

### （三）统计公报和统计年鉴

相对全面和完整的统计数据，一般通过统计公报和统计年鉴公布。每年 2 月下旬，国家统计局发布《中华人民共和国国民经济和社会发展统计公报》，发布上一年度国民经济、农业、工业、投资、贸易、对外经济、财政、金融、交通、邮电和旅游、教育、科技和文化、卫生和社会服务、人口、人民生活和社会保障、资源、环境和安全生产等的基本统计数据。此外，国家统计局还以统计公报形式公布重大普查结果和一次性重要调查结果。

每年 9 月，国家统计局出版《中国统计年鉴》，系统地收录上一年全国和各省、自治区、直辖市经济社会各方面的统计数据，以及近 30 年和其他历史重要年份的全国主要统计数据，并对指标定义、统计范围、统计方法、资料来源做出较为详细的说明，是一部全面反映中国经济和社会发展情况的资料性年刊。

## 五、统计数据查询渠道

### （一）国家统计局（www.stats.gov.cn）

（1）"最新发布"栏目。所有通过新闻发布会、新闻稿、统计公报和其他方式公布的最新统计数据及其相关报道、分析报告、统计图表等资料，都会在第一时间刊登在"最新发布"栏目中。

（2）"统计分析"栏目。通过"统计分析"栏目可查找到历年历月的进度数据以及数据解读和分析报告，是按时间序列查询历史资料的窗口之一。

（3）"统计数据"栏目。该栏目提供了数据库查询、数据表查询和部门数据链接三种基本查询途径，可使各类统计用户快速查阅详细完整的进度数据、年鉴数据、普查数据、专题数据、部门数据和国际数据等各类统计数据。

（4）"统计公报"栏目。该栏目收录了从 1978 年以来国家统计局历年发布的年度统计公报、人口普查公报、基本单位普查公报、经济普查公报、农业普查公报、工业普查公报、三产普查公报、R&D 普查公报及其他统计公报，同时也收录了各地方相关的年度统计公报。

（5）"指标解释"栏目。该栏目提供了统计分类标准、统计调查制度、统计指标解释等内容。

（6）"统计信息发布日程表"栏目。该栏目在每年年初刊登国家统计局本年度经济统计信息发布日程表，查询者可以在这里查询到本年度所有统计数据的具体发布时间。

（7）"网站链接"栏目。该栏目与各地方统计网站、国际组织网站和国外统计网站等进行链接，基本实现了"一站式"统计服务。

### （二）国家统计数据库

目前，国家统计数据库已覆盖国家统计局和其他部门的统计指标 3 881 个，于每月数据发布后 5 个工作日内更新当月（季）发布数据，11 月 30 日前更新上一年主要经济指标详细数据（遇法定节假日顺延）。

### （三）主要经济主管部门的官方网站

主要经济主管部门包括中国人民银行、财政部、商务部等。

### （四）电视、广播、报刊和网络等新闻媒体

电视、广播、报刊和网络等新闻媒体是在第一时间向社会各界广泛传播统计数据的主渠道。

### （五）统计数据出版物

统计数据出版物主要包括《中国统计年鉴》（每年 9 月出版）、《中国统计摘要》（每年 5 月出版）、《中国信息报》、《中国经济景气月报》等。

### （六）"中国统计"和"数据中国"移动资讯

"中国统计"向用户提供中国官方统计的即时资讯，包括统计新闻、统计数据、统计热点、指标解释和统计信息发布日程表等内容。"数据中国"是国家统计局发布的国民经济主要指标的数据库应用客户端，采用动态图表方式展示中国国民经济和社会发展变化情况。

## 六、统计数据分析方法

### （一）总量分析和结构分析相结合

判断社会经济现象，首先需要考察总量指标，分析总规模、总水平的变化情况。但是仅分析总量是不够的，总量没有问题并不能说明结构没有问题；同样，总量有问题也并不意味着结构也有问题。所以，在进行总量分析的同时，还需要进行结构分析。

对经济增长的结构分析通常从以下 3 个方面进行。一是各种社会需求的变动是否协调，重点是分析投资与消费的变动是否协调，进一步可以考察投资结构、消费结构以及进出口的结构是否合理。二是社会生产是否协调，重点考察工业与第三产业的发展是否协调，工业与农业的发展是否协调，进一步观察重工业、轻工业及细分行业的发展是否协调。三是各区域发展是否均衡，考察东、中、西部地区的经济发展是否存在明显差异。对物价、进出口等指标都可以进行类似的结构因素分析。

在结构因素分析中，除了比较各自的增长速度外，常常通过拉动率或贡献率来考察。

### （二）纵向对比和横向对比相结合

一个经济指标，其绝对量只是反映当期的规模，增长速度也只是反映当期的增长情况。孤立地看这样一个指标，很难说它是大还是小，是快还是慢。只有通过横向和纵向的对比，在一个坐标系中给一个经济指标数据确定一个位置，才能作出正确的判断。

#### 1. 纵向对比

纵向对比，就是将不同时期的经济指标进行比较，其主要目的是要观察经济指标的变动轨迹，判断目前处于这种变动的哪个阶段，帮助预测后期的变动趋势。

纵向对比一般都要计算增长速度或变动幅度，常用的增长速度主要有 3 个。一是与上一年同期相比的增长速度，往往被称为同比增长速度。例如，将 2013 年 3 月的居民消费价格与 2012 年 3 月的居民消费价格相比较，便可得到 2013 年 3 月居民消费价格上涨了 2.1%。二是与上一期（如上一个月，上一个季度）相比的增长速度，被称为环比增长速度。例如，将 2013 年 3 月的居民消费价格与 2 月相比较，得到的便是环比下降 0.9%。三是定基增长速度，即与固定基期的值相比的增长速度。例如，当人们将 1978 年以后各年的居民消费价格均与 1978 年的居民消费价格水平相比较，便可得到以 1978 年居民消费价格为基期的定基增长速度，假设 1978 年居民消费价格为 100，则 2012 年相比于 1978 年的价格水平，居民消费价格指数是 579.7%，那么 2012 年居民消费价格相比 1978 年上涨了 479.7%。

纵向对比分析时，通常要从历史上看当前的增长速度是高还是低，这既可以与历史平均速度相比，也可以与选定的某个历史时期类比，以帮助判断目前增长速度相对来说是适度还是偏高或者偏低。

#### 2. 横向比较

横向比较，就是将经济指标与其他指标进行比较分析，将我国的指标与外国或国际的相关指标进行比较。与其他指标进行分析比较有两大功能。一是考察指标之间是否协调、是否匹配，以检验数据的质量，当指标数据之间出现不协调、不匹配的情况时，要分析其原因。例如，在分析判断国内（地区）生产总值或规模以上工业增加值的增长速度时，人们通常都要看用电量、货运量以及主要能源和资源消耗的变化情况，以此对整体经济和工业生产的发展速度进行验证。二是在确认数据质量无误的基础上，判断经济发展的协调性。如经济指标与资源环境指标的横向比较，可以分析经济发展是否处于资源与环境的可承载范围内。从经济指标与社会发展指标的比较可以看出，经济与社会的全面发展是否协调。而国内经济指标与国外经济指标的横向比较，则是经济全球化的要求，分析比较中国和世界其他国家的经济情况，对于判断中国经济形势及其走势是有用的，也是必需的。

### （三）定性分析和定量分析相结合

定性分析是对有关定量关系的概括和提炼。一个孤立的量只能从一个侧面说明大小、多少、高低，而不能揭示质的规律性。只有定性才能把事物各个侧面的量的关系统一起来。社会经济关系极其庞杂，没有定性判断的大量数据，会使人们在观察经济形势时无所适从。

定性分析需要以定量分析作为基础。要充分利用统计指标，尤其要做好定量分析。经济形势分析通常都是从定量分析入手的。一般来说，在简单类比的基础上，将统计指标的数量特征用文字来作描述性分析，是最常用、也最容易理解和接受的形式。但由于经济现象纷繁复杂，统计指标众多，简单的描述性分析难以准确清晰地反映经济运行的特征和经济关系，为了把错综复杂的数量关系理清楚，在对经济形势的定量分析中，常常需要借助数量模型方法。例如，如果给出宏观调控政策对经济的影响有时滞性的判断，这只是给出了定性的结论，时滞有多长，影响多大，则需要采用严格的数量方法进行验证和考察。由于分析文章需要考虑可读性，也受到篇幅限制，一般不会把数量模型分析的内容都列出来，但对经济形势的分析和判断越来越多地依赖于数量模型的分析结果。经济形势分析常采用的数量模型方法主要包括时间序列方法、计量经济模型分析法、投入产出分析法、可计算一般均衡模型分析法、专家分析法和监测预警模型法等。

### （四）短期分析与长期分析相结合

影响经济形势演变的，既有短期因素，也有长期因素，分析经济形势时短期分析和长期分析都不可或缺。

短期分析可以及时把握经济运行的动态和细节，把握经济运行中出现的新情况、新问题，有助于捕捉苗头性现象，是宏观调控的重要依据。长期分析能够揭示经济现象下内在的运行规律，有助于我们透过现象看本质，帮助我们找出一些短期问题出现的原因。

做好长期分析，并实现短期分析与长期分析的有机结合，要注重把握好两个特征。一是深刻把握经济运行的阶段性特征。在经济发展的不同阶段，经济运行特点不同，要正确认识经济发展的阶段性特征，从而对经济发展的动力机制和约束机制有客观地理解。二是深刻把握经济运行的周期性特征。经济运行往往表现为周期性的循环变化，经历由繁荣、衰退、萧条到复苏的过程。同样的经济指标变化在经济周期的不同阶段具有不同的特性，而经济运行处于周期的上升期还是下降期，既是判断经济形势的重要因素，也是把握宏观调控力度和节奏的重要依据。

## ［本章自测］

**问答题**

1. 统计工作包含的主要阶段有哪些？
2. 我国常见的统计调查方法有哪些？
3. 常见的统计数据采集与公布制度有哪些？
4. 常见的统计数据查询渠道有哪些？

［延伸阅读］

### 什么是 GDP？如何全面看待 GDP？

GDP 是英文 Gross Domestic Product 的缩写，也就是国内生产总值。省及省以下地区称地区生产总值或生产总值，是按市场价格计算的一个国家（或地区）所有常驻单位在一定时期内生产活动的最终成果。它反映了一个国家（或地区）经济的总规模，在诸多经济指标中居于中心地位，是反映经济运行状况最重要的指标，是用来衡量一个国家或地区经济总体情况的晴雨表。

GDP 核算的对象为一个国家（或地区）的所有常驻单位，即在一个国家（或地区）的经济领土范围内具有一定场所，且从事一定规模的经济活动并超过一定时期（一般为一年）的经济单位。例如，美国公司在中国投资开办的工厂所创造的增加值要计入中国的 GDP，而中国公司在美国投资开办的工厂所创造的增加值，要计入美国的 GDP。

GDP 核算的范围为一个国家（或地区）所有常驻单位的生产活动。GDP 核算的生产范围包括 3 个部分：第一，生产者提供或准备提供给其他单位的货物或服务的生产，如机械设备制造企业生产的机械设备，娱乐服务企业提供的娱乐服务等；第二，生产者用于自身最终消费或固定资本形成的所有货物的自给性生产，如农民自产自用的粮食等；第三，自有住房提供的住房服务和付酬家庭雇员提供的家庭服务的自给性生产，如城乡居民自有住房服务等。

GDP 是世界组织和各国官方普遍认可、广泛采用的重要经济指标，诺贝尔经济学奖获得者美国经济学家萨缪尔森曾感叹 GDP 是 20 世纪最伟大的发明之一。之所以如此，当然是由 GDP 自身的科学性和优越性所决定的，因为 GDP 涵盖了国民经济活动的各行各业，计算简便，可操作性较强。它采用"增加值"的概念，剔除了传统总量指标——社会总产值的重复计算，从社会再生产的各个环节上分别统计的新增投入及附加价值，理论上说不重复、不遗漏，能够比较准确、全面地反映一定时期内在一定区域范围内的经济活动总量，是政府实施宏观管理的重要依据，也是各国家和地区之间进行经济实力比较的重要指标。

当然，GDP 的缺点也十分突出，有以下 3 个方面。

第一，GDP 忽视了社会生产所消耗的环境与自然资源的成本，相反地，在 GDP 计算中还计入不少与经济福利无关的费用，如环境污染恶化导致的居民"抵御性支出"等。

第二，GDP 不能度量经济福利的公平性，GDP 的增加与社会保障和社会安全之间并没有必然的关系。

第三，GDP 忽视了经济增长的内因和效率。仅根据 GDP 总量指标，我们无从判断经济增长到底是财政投资输入型的还是社会投资内生型的，是粗放型的还是集约型的，是资本密集型的还是劳动力密集型的等。

GDP 的缺点与优点一样突出。在科学发展观的指导下，我们不应只以 GDP 多少论英雄，但这并不代表它不重要，目前还没有什么其他指标可以取代它的地位和作用。为了弥补在经济增长评价上的缺陷，政府和学术界也正在探索研究，并提出了绿色 GDP 的概念，希望能通过对 GDP 本身的改进和其他经济指标的采用，更好地反映经济增长的实质。因为没有任何一个指标是完美无缺的，GDP 不能做到，其他指标同样也不能做到。对经济社会发展的评价，一般需要用多个指标综合分析。

（资料来源：国家统计局）

# 第二章　国民经济统计基础

**教学目的**

通过本章的学习，学生要了解国民经济统计的产生与发展，掌握国民经济统计的基本概念及基本原则，学会运用常用的国民经济统计指标分析和计算、说明国民经济现象数量的变动规律与特征。

**教学要点**

（1）国民经济两大核算体系比较；
（2）国民经济统计的常用分类；
（3）国民经济统计的常用经济指标的计算。

## 第一节　国民经济统计的基本内容

### 一、国民经济统计与宏观经济管理

**1. 国民经济**

国民经济是由各行业构成的，是各部门的综合，它的基本组成单位就是各企业、事业和行政单位以及居民户。从宏观看，国民经济是社会再生产的全过程；从横向看，它是社会再生产的各个部门总合；从纵向看，它是社会再生产各环节的总和。

**2. 国民经济统计**

国民经济统计也称为国民经济核算，是以国民经济整体为对象而进行的一种统计核算。它从数量角度研究国民经济运行的条件、过程、结果及其内在联系。

**3. 国民经济统计是宏观经济管理**

国民经济统计是宏观经济管理，表现在以下 4 个方面。
（1）国民经济统计是反映国民经济运行状况的有效工具，是整个经济信息系统的核心。
（2）国民经济统计是加强经济管理和制定政策的重要依据。
（3）国民经济统计可用于国际比较。
（4）国民经济具有推动统计和其他核算的现代化功能。

### 二、国民经济统计的内容体系

国民经济统计的内容体系包含了国民经济统计的要求和原则。

## （一）国民经济统计的要求

国民经济统计具有整体性、层次性和关联性 3 个要求。

**1. 整体性**

国民经济是一个有机整体，相应地，国民经济统计就必须从整体上考虑问题，形成一个相对完整的核算体系。这一体系的内容要能够在数量上全面反映国民经济循环的特点。

**2. 层次性**

国民经济是一个多部门、多环节、多层次的有序整体，相应地，国民经济核算就必须对其进行分门别类的研究。因此，需要充分运用各种统计标准去组织大量、丰富的核算资料，形成不同层次的核算子系统。并在此基础上，构造出层次井然、组织有序的完整的国民经济核算体系。

**3. 关联性**

国民经济是一个内部联系错综复杂的整体，相应地，国民经济核算就必须充分考虑这些联系，通过具体的核算反映国民经济各部门、各环节、备要素和各方面的数量关系。同时，还要适当地反映出国民经济系统与社会人口、资源环境以及科技教育等系统的交叉关系和相互影响。

## （二）国民经济统计的原则

国民经济统计具有常住经济单位原则、生产性原则、社会性原则和平衡原则这 4 大原则。

**1. 常住经济单位原则**

常住经济单位是指在本国经济领土上具有经济利益中心的单位。需要注意两点：第一，"经济领土"并不等于通常所说的地理或政治领土；第二，"经济利益中心"取决于机构单位在何处拥有相对固定的活动场所（如厂房、设施、住宅等），并长期（通常为一年以上）从事某种经济活动。

一个国家的所有的常住经济单位构成该国的"国民经济总体"，而所有与常住经济单位发生经济往来或存在经济联系的非常住经济单位则统称为"国外"。常住经济单位在主权领土以外的生产活动仍然属于本国的生产活动，在本国国民经济核算的主体范围内。

**2. 生产性原则**

生产性原则是指国民经济核算应对生产活动的全部有效成果进行计量。

**3. 社会性原则**

社会性原则是指作为核算对象的生产成果必须具有社会性，即不仅是生产者个人所需要的，而且是社会所需要的，是能得到社会承认的成果。

**4. 平衡原则**

平衡原则是指社会产品的生产、分配和使用在总量上应该是恒等或平衡的，国外有的学者将这种关系称作"三方等价原理"。

# 三、国民经济核算体系基本框架

国民经济核算体系是国家或国际组织为统一规范国民经济核算而制定的一套宏观核算

制度，它以一定的经济理论为基础，明确界定了一系列宏观核算的概念、定义和核算规则，制定了一套反映国民经济运行的指标体系、分类标准、核算方法和表现形式。按照这套方法进行国民经济核算，可以得到国民经济运行的详尽数据，为国家宏观经济决策和调控提供重要依据。

目前，有两个国民经济核算体系同时并存，即"国民账户体系"（System of National Accounts，SNA）和"物质平衡体系"（System of Materal Product Balance，MPS），前者将国民生产总值（GNP）和国内生产总值（GDP）作为主要指标。

### （一）国民账户体系

国民账户体系，简称 SNA，它适用于市场经济条件下的国民经济核算，首创于英国，继而在经济发达国家推行，现已被世界上绝大多数国家和地区所采用。它以全面生产的概念为基础，把各行各业都纳入国民经济核算范围，将社会产品分为货物和服务两种形态，完整地反映了全社会生产活动成果及其分配和使用的过程，并注重社会再生产过程中资金流量和资产负债的核算。它运用复式记账法的原理，建立一系列宏观经济循环账户和核算表式，组成结构严谨、逻辑严密的体系。

### （二）物质产品平衡表体系

物质产品平衡表体系，简称 MPS，它是为适应对国民经济实行高度集中的计划管理的需要，由前苏联首先建立起来的，以后逐渐被东欧各国、古巴、蒙古等国所采用。它以物质产品的生产、分配、交换和使用为主线来核算物质产品再生产过程，核算范围包括农业、工业、建筑业、货物运输及邮电业、商业等物质生产及运输部门，核算方法主要采用平衡法，由一系列平衡表所组成。

### （三）两大核算体系的比较

MPS 和 SNA 都是适应国家宏观经济管理需要而建立和发展起来的国民经济核算体系，但它们是不同的经济体制和经济运行机制下的产物，因而在核算的范围、内容和方法上都有很大差异，具体表现如下。

（1）在核算范围上，MPS 限于物质产品的核算，把非物质生产性的服务活动排除在生产领域之外；而 SNA 的核算范围覆盖整个国民经济各部门，不受物质生产领域的局限，因而能完整地反映全社会的经济活动。

（2）在核算内容上，MPS 主要反映物质产品的生产、交换和使用的实物运动；而 SNA 除核算货物和服务的实物流量外，还注重收入支出和金融交易等资金流量和资产负债存量的核算，能更好地反映社会再生产过程中实物运动与价值运动交织在一起的复杂的运动过程。

（3）在核算方法上，MPS 主要采用平衡表法，侧重每个平衡表内部门的平衡，但平衡之间的联系不够严谨；而 SNA 主要采用复式记账法，通过帐户体系把社会再生产各环节、国民经济各部门紧密衔接起来，能更好地反映国民经济运行中的内在联系，提高国民经济核算的科学水平。近几年来，随着世界市场经济的迅速发展，国民经济核算体系一体化的进程如快，1993 年联合国统计委员会通过了新修订的 SNA，它将成为适用于世界各国的统一的国际标准。

**（四）中国国民经济核算体系的建立与发展**

**1. 中国国民经济核算体系的建立**

中国最早的国民收入核算，是由国民党时期中央研究院社会研究所巫宝三教授主持进行的。新中国成立后，国民经济核算制度属于物质产品平衡表体系，与高度集中的计划管理体制相适应。

（1）中国国民经济核算体系的特征。

中国国民经济核算体系的建立具有以下 4 个方面的特征。

① 符合我国经济发展战略目标的要求；

② 符合我国深化改革的需要；

③ 原有的国民经济核算制度不能适应扩大对外开放的需要；

④ 符合对国民经济运行综合平衡协调的需要。

（2）中国国民经济核算体系的指导思想。

从我国的实际出发，以马克思主义理论为指导，在总结我国实践经验的基础上，汲取国际上科学的核算方法和有益的经验，建立适合中国国情的国民经济核算体系。根据中国的实际情况对符合国际惯例的概念、定义、核算规则和中心框架进行调整。

**2. 中国国民经济核算体系的改革和发展**

中国国民经济核算体系最早于 1992 年提出，在 1993 年对其提出改革，2003 年开始逐步实施。

（1）1992 年中国国民经济核算体系的意义。

1992 年提出的《中国国民经济核算体系（试行方案）》具有如下两个方面的意义。

① 突破了传统观念的束缚，吸收了国际上先进的核算理论和方法；

② 弥补了中国传统核算体系的许多重大缺陷。

（2）1992 年中国国民经济核算体系改革和发展的必要性。

1992 年中国国民经济核算体系改革和发展有如下 3 点必要性。

① 社会主义经济改革理论的发展和实践的深入；

② 由于客观情况发生了变化，保留传统核算体系的内容已经没有必要；

③ 1993 年 SNA 的正式出版对 1992 年的中国国民经济核算体系提出了改革和发展的要求。

（3）中国国民经济核算新体系的形成与实施。

中国国民经济核算新体系采纳了 1993 年 SNA 的基本核算原则、内容和方法，是我国国民经济核算的新的规范性文本。2002 年 12 月 31 日，国家统计局、原国家发展计划委员会、原国家经济贸易委员会、财政部、中国人民银行、国家外汇管理局、国家税务总局和国家工商管理总局联合审定并发布通知，新体系从 2003 年开始逐步实施。

**3. 中国新国民经济核算体系的基本框架**

我国现行的新国民经济核算体系的基本框架如图 2-1 所示。该体系由基本核算表、国民经济帐户和附属表构成。

中国新国民经济核算体系

- 基本核算表
  - 国内生产总值表
    - 国内生产总值总表
    - 生产法国内生产总值表
    - 收入法国内生产总值表
    - 支出法国内生产总值表
  - 投入产出表
    - 供给表
    - 使用表
    - 产品部门×产品部门表
  - 资金流量表
    - 实物交易表
    - 金融交易表
  - 国际收支表
    - 国际收支平衡表
    - 国际投资头寸表
  - 资产负债表
    - 期初资产负债表
    - 期末资产负债表
- 国民经济账户
  - 经济总体账户
    - 生产账户
    - 收入分配及支出账户
    - 资本账户
    - 金融账户
    - 资产负债账户
  - 机构部门账户
    - 生产账户
    - 收入分配及支出账户
    - 资本账户
    - 金融帐户
    - 资产负债账户
  - 国外账户
    - 经常账户
    - 资本账户
    - 金融账户
    - 资产负债账户
- 附属表
  - 自然资源实物量核算表
  - 人口资源与人力资本核算表

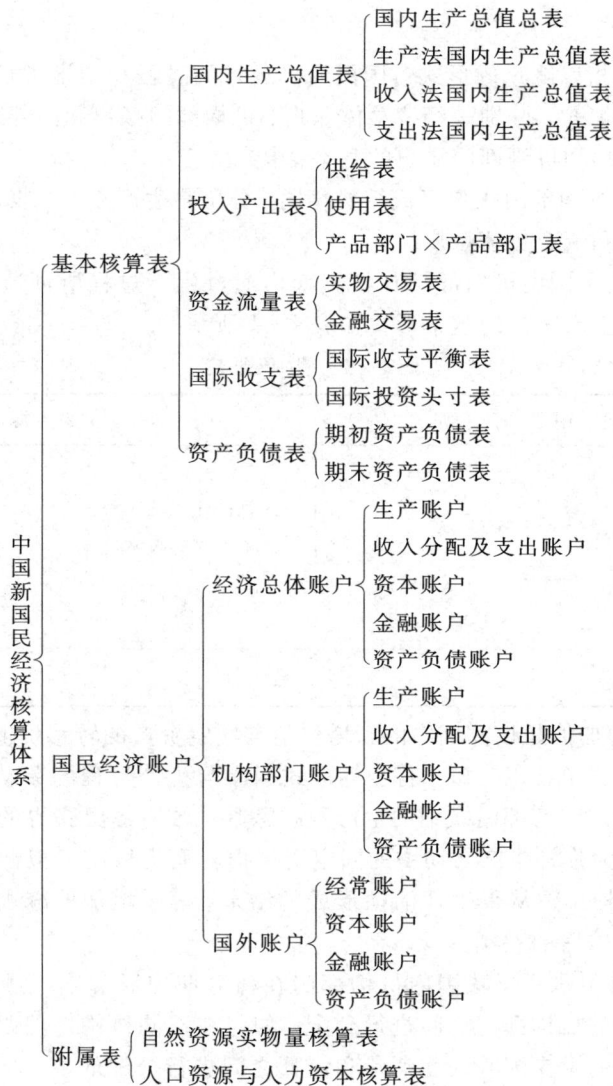

图 2-1 中国新国民经济核算体系的基本框架图

1）基本核算表

基本核算表包含了 5 大核算，分别是国内生产总值表、投入产出表、资金流量表、国际收支表和资产负债表。

（1）国内生产总值表以国内生产总值为核心指标，对国民经济活动基本经济总量进行全面、系统的核算。

（2）投入产出表详细地反映国民经济各产品之间、部门之间互相依存的技术经济联系。

（3）资金流量表以全社会资金运动为对象，核算各部门资金的来源和运用。

（4）国际收支表综合反映了国家的国际收支平衡、收支结构和外汇储备的状况。

（5）资产负债表反映了一个国家在一定时点上的国民经济资产和负债总量。

**2）国民经济账户**

国民经济账户是指以账户的形式对国民经济运行的过程和结果进行描述。国民经济账户中包括 3 个层次的账户，分别是经济总体账户、机构部门账户和国外账户。

（1）经济总体账户和机构部门账户的基本结构。

经济总体账户和机构部门帐户组成结构相同，分别是生产账户、收入分配及支出账户、资本账户、金融账户和资产负债账户。

① 生产账户反映了国内机构部门在核算期内通过生产过程所创造的价值以及与此价值对应的收入形态。生产账户的基本形式如表 2-1 所示

**表 2-1 生产账户**

| 使 用 | 来 源 |
|---|---|
| 1. 增加值<br>（1）劳动者报酬<br>（2）生产税净额<br>（3）固定资产折旧<br>（4）营业盈余 | 1. 总产出<br>2. 减：中间投入 |
| 合 计 | 合 计 |

在表 2-1 中，增加值是核算期内的新增价值与固定资产的转移价值之和；劳动者报酬是从事生产活动的机构单位以工资、薪金等形式向参与生产过程的劳动者支付的报酬；生产税净额是机构单位向政府部门缴纳的生产税扣除其从政府部门获得的生产补贴之后的差额；固定资产折旧是为弥补生产活动中的固定资产损耗而提取或虚拟计算的固定资产转移价值；营业盈余是机构单位从事生产活动形成的结余，等于增加值减去劳动者报酬、生产税净额和固定资产折旧后的差额。

② 收入分配及支出账户反映国内机构部门在核算期内通过生产过程形成的收入如何在拥有相应生产要素的机构部门之间进行分配，如何在不同机构部门之间进行转移，以及机构部门如何将它们的可支配收入在消费和储蓄之间进行分配的税。收入分配及支出账户的基本形式如表 2-2 所示。

**表 2-2 收入分配及支出账户**

| 使 用 | 来 源 |
|---|---|
| 1. 财产收入支付<br>2. 经常转移支出<br>3. 可支配总收入<br>4. 最终消费<br>5. 总储蓄 | 1. 营业盈余<br>2. 固定资产折旧<br>3. 财产收入<br>4. 劳动者报酬<br>5. 生产税净额<br>6. 经常转移收入 |
| 合 计 | 合 计 |

在表 2-2 中，财产收入支付是本部门对其他部门支付的财产收入；经常转移支出是本部门对其他部门的转移支出；可支配总收入是收入分配及支出账户来源方各项合计减去该账户使用方财产收入支付和经常转移支出后的差额；最终消费是可支配总收入中用于消费的部分；总储蓄是可支配总收入用于消费之后的剩余。营业盈余是来自生产账户的结转项目；财产收入、劳动者报酬是本部门从其他部门获得的要素收入；生产税净额仅适用于政府部门；经常转移收入是本部门从其他部门获得的转移收入。

③ 资本账户反映国内机构部门可用于资本形成的资金来源、资本形成的规模以及资金剩余或短缺的规模。资本帐户的基本形式如表 2-3 所示。

表 2-3 资本账户

| 使　用 | 来　源 |
|---|---|
| 1. 资本形成总额<br>2. 其他非金融资产获得减处置<br>3. 资金余缺 | 1. 总储蓄<br>2. 资本转移收入净额 |
| 合　计 | 合　计 |

④ 金融账户反映了国内机构部门通过各种金融工具所发生的各种金融交易，以及这些交易的净成果，即资金的净借入或净借出。金融账户的基本形式如表 2-4 所示。

表 2-4 金融账户

| 使　用 | 来　源 |
|---|---|
| 1. 通货<br>2. 存款<br>3. 贷款<br>4. 证券(不含股票)<br>5. 股票及其他股权<br>6. 保险准备金<br>7. 其他金融资产<br>8. 国外直接投资<br>9. 其他对外债权<br>10. 储备资产 | 1. 通货<br>2. 存款<br>3. 贷款<br>4. 证券(不含股票)<br>5. 股票及其他股权<br>6. 保险准备金<br>7. 其他负债<br>8. 国外直接投资<br>9. 其他对外债务<br>10. 国际收支净误差与遗漏小计<br>11. 资金余缺 |
| 合　计 | 合　计 |

⑤ 资产负债账户反映国内机构部门在核算期初或期末的资产负债存量。资产负债账户的基本形式如表 2-5 所示。

### 表 2-5　资产负债账户

| 使　用 | 来　源 |
|---|---|
| 1. 非金融资产<br>　（1）固定资产<br>　（2）存货<br>　（3）其他非金融资产<br>2. 金融资产<br>　（1）国内金融资产<br>　　　通货<br>　　　存款<br>　　　贷款<br>　　　证券（不含股票）<br>　　　股票和其他股权<br>　　　保险准备金<br>　　　其他金融资产<br>　（2）国外金融资产<br>　　　直接投资<br>　　　证券投资<br>　　　其他投资<br>3. 储备资产 | 1. 国内金融负债<br>　（1）通货<br>　（2）存款<br>　（3）贷款<br>　（4）证券（不含股票）<br>　（5）股票及其他股权<br>　（6）保险准备金<br>　（7）其他负债<br>2. 国外金融负债<br>　（1）直接投资<br>　（2）证券投资<br>　（3）其他投资<br>3. 资产负债差额 |
| 合　计 | 合　计 |

（2）国外账户的基本结构。

国外账户是从非常住经济单位的角度，反映常住经济单位与非常住经济单位之间发生的各种交易活动以及相应的存量状况。国外账户的组成结构包括经常账户、资本账户、金融账户和资产负债账户。

经常账户是记录生产、收入的分配、再分配以及收入使用的账户。经常账户的基本形式如表 2-6 所示。

### 表 2-6　经常账户

| 使　用 | 来　源 |
|---|---|
| 1. 货物和服务出口<br>2. 来自国外的劳动者报酬<br>3. 来自国外的财产收入<br>4. 来自国外的生产税净额<br>5. 来自国外的经常转移收入<br>6. 经常往来差额 | 1. 货物和服务进口<br>2. 支付国外的劳动者报酬<br>3. 支付国外的财产收入<br>4. 支付国外的生产税净额<br>5. 支付国外的经常转移 |
| 合　计 | 合　计 |

## 第二节　国民经济统计的主要分类

### 一、国民经济分类

国民经济分类是指将大量、丰富的国民经济核算资料分门别类地进行加工整理，使之条理化、系统化。只有以科学的国民经济分类为基础，才能正确地说明国民经济在各部门、各环节、各要素、各方面的相互联系和比例关系，进而深刻地反映出国民经济的内在结构机制和运行规律。

国民经济分类涉及到 3 个基本问题，分别是分类对象、分类单位和分类标志。

### 二、常住经济单位与非常住经济单位的区分

常住经济单位是指在本国经济领土上具有经济利益中心的机构型单位。一个国家的所有的常住经济单位或所有机构部门构成了该国的"国民经济总体"。

所有与常住经济单位发生经济往来或存在经济联系的非常住经济单位都统称为"国外"，其地位与国民经济总体相对应的。

### 三、国民经济核算的行业与部门分类

国民经济核算的行业与部门分类有 3 种，分别是机构部分类和活动部门分类，三次产业分类以及国民经济行业分类。

#### （一）机构部门分类和活动部门分类

**1. 机构部门分类**

机构部门分类是指按其在取得收入和支配收入、筹集资金和运用资金的财务决策权同一性标准进行分类的一种方法。分类的基本单位是能够拥有资产、承担负债，从事经济活动并与其他单位进行经济交易的实体。

在我国新国民经济核算体系中，常住经济单位分为 4 个机构部门：① 非金融企业部门；② 金融机构部门；③ 政府部门；④ 住户部门。

**2. 活动部门分类**

活动部门分类是指按各基层单位活动性质的同类性对掌握生产经营决策权的基层单位进行分类。这种分类存在层次差别，根据分析的需要，可粗可细。

#### （二）三次产业分类

三次产业分类是指依据社会经济活动的不同发展阶段，或者说人类生产活动的发展顺序和人类需要程度依次排序所作的分类。

第一类产业部门，又称第一次产业或初级生产，是以农业为主包括农、林、牧、渔、猎等业。第二类产业部门，又称第二次产业或次级生产，是以制造业为主包括采矿、建筑等业。第三类产业部门，又称第三次产业或第三级生产，是以服务业为主包括商业、交通运输、教育、卫生以及政府的行政管理等。产业分类是为了研究不同产业的发展变化，及三次

产业之间的衔接及其协调发展关系。

具体分类如下：

第一产业：农业（包括林业、牧业、渔业等）；

第二产业：工业（包括采掘业、制造业、自来水、电力、蒸汽热水、煤气）和建筑业；

第三产业：除上述第一、第二产业以外的其他各业。

### （三）国民经济行业分类

国民经济行业分类是一个相对完备的国民经济分类体系，是最为基本、也是最为重要的国民经济核算的行业与部门分类。

我国新的国民经济行业分类标准将国民经济分为 16 个门类，具体如下：① 农、林、牧、渔业；② 采掘业；③ 制造业；④ 电力、煤气及自来水的生产和供应业；⑤ 建筑业；⑥ 地质勘查业、水利管理业；⑦ 交通运输、仓储及邮电通讯业；⑧ 批发和零售贸易、餐饮业；⑨ 金融、保险业；⑩ 房地产业；⑪ 社会服务业；⑫ 卫生、体育和社会福利业；⑬ 教育、文化艺术及广播电视业；⑭ 科学研究和综合技术服务业；⑮ 国家机关、政党机关和社会团体；⑯ 其他行业。

## 四、经济类型分类

现行的经济类型分类标准（1992 年制定颁布）将经济类型划分为 9 种，具体分类如下：① 国有经济；② 集体经济；③ 私营经济；④ 个体经济；⑤ 联营经济；⑥ 股份制经济；⑦ 外商投资经济；⑧ 港、澳、台投资经济；⑨ 其他经济，即不便归类的或新近出现的其他经济类型。

## 第三节　国民经济统计常用的经济指标

## 一、国民经济统计指标体系

目前，常用的国民经济统计指标体系如图 2-2 所示。

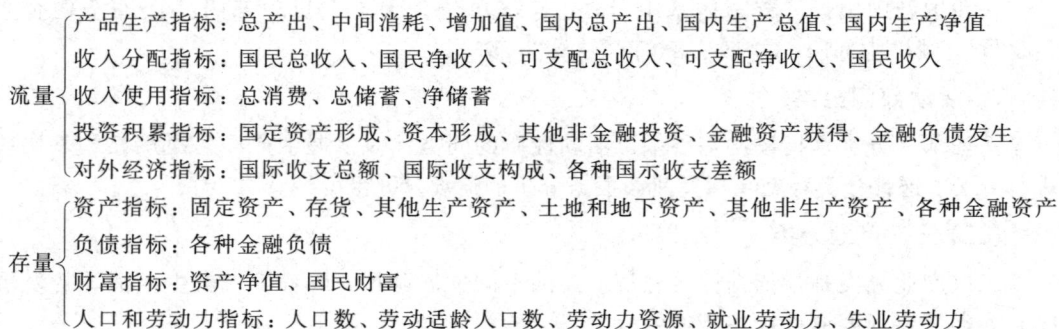

产品生产指标：总产出、中间消耗、增加值、国内总产出、国内生产总值、国内生产净值

收入分配指标：国民总收入、国民净收入、可支配总收入、可支配净收入、国民收入

流量 收入使用指标：总消费、总储蓄、净储蓄

投资积累指标：国定资产形成、资本形成、其他非金融投资、金融资产获得、金融负债发生

对外经济指标：国际收支总额、国际收支构成、各种国示收支差额

资产指标：固定资产、存货、其他生产资产、土地和地下资产、其他非生产资产、各种金融资产

负债指标：各种金融负债

存量 财富指标：资产净值、国民财富

人口和劳动力指标：人口数、劳动适龄人口数、劳动力资源、就业劳动力、失业劳动力

图 2-2　常用的国民经济统计指标体系图

## 二、国民经济生产指标

### (一) 国内总产出

国内总产出是指一定时期内国民经济各部门生产的社会总产品的价值总量。

从实物形态看，社会总产品可分为货物和服务两大类。从价值形态看，国内总产出是社会总产品完全价值的总和，其价值构成有两部分：(1)生产资料转移价值，包括劳动手段转移价值(固定资产折旧)和劳动对象转移价值(即中间消耗)；(2)活劳动新创价值，包括必要劳动价值和剩余劳动价值。

国内总产出含有生产资料转移价值的大量重复计算，并且这种重复计算的程度还与生产组织内部结构的变化有关。国内总产出只是一个有关国民经济生产的"总周转量"指标，它能够表明全社会生产活动的总规模，并能对国民经济各部门间的技术经济联系进行投入产出分析，但不能说明国民经济生产活动的最终成果。

### (二) 国内生产总值

国内生产总值，简称 GDP，是由本国常住经济单位所创造的社会最终产品的价值总量，同时又是全社会各常住经济单位所创造的增加值的总和。

国内生产总值指标的优越性有 4 个方面：① 覆盖了国民经济各行各业；② 避免了中间消耗的重复计算，能确切地反映社会生产活动最终成果的价值量；③ 能完整地反映社会最终产品的实物内容；④ 具有国际可比性。

国内生产总值指标也是有缺陷的，主要表现在以下两个方面：① 在计算生产成果时，未将本应由企业承担却让外部承担的成本加以抵扣；② 该指标只是反映生产成果的指标，仅依靠该指标并不能全面反映经济效益、生产效率和实际的生活福利。

### (三) 国内生产总值核算的"生产法"和"使用法"

**1. 从生产角度计算**

生产法计算国内生产总值的表达式如下：

$$GDP = \sum (各部门总产出 - 该部门中间消耗) = \sum 各部门的增加值$$

**2. 从使用角度计算**

使用法(或支出法)计算国内生产总值的表达式如下：

$$GDP = 总消费 + 总投资 + 净出口$$

在核算实践中，由于各种原因，使用不同的计算方法，结果会出现差异。西方国家通常以支出法的结果为准，通过"统计误差"调整其他两种方法的计算；而我国则多以生产法的计算结果为准。

### (四) 国内生产净值

国内生产净值(Net Domestic Product，NDP)等于国内生产总值减去国民经济所有部门的固定资产折旧。国内生产净值是一个没有任何重复计算的社会生产最终成果的指标。由于在实际核算中，固定资产损耗的影响因素很复杂，且具体的折旧计算方法有很多，每种方法都存在一定的假定性，全社会在计算折旧时都难以做到客观、统一，这些因素都会在某种程度上影响到国内生产净值作为一个宏观指标的客观性和稳定性。

## 三、国民收入分配指标

### （一）国内生产总值核算的"分配法"

国内生产总值也可以从分配的角度进行核算，这一核算过程中得到的分项指标，可以反映一个国家收入初次分配的基本状况，其表达式如下：

$$增加值 = 劳动者报酬 + 生产税净额 + 折旧 + 营业盈余$$

### （二）国民总收入和国民净收入

国民总收入（Gross National Income，GNI）是核算期内所有常住经济单位取得的初次分配收入的总和，该指标过去被称为国民生产总值。

国民总收入和国民净收入的表达式如下：

$$GNI = GDP - 付给国外的要素收入 + 来自国外的要素收入$$
$$= GDP + 来自国外的要素收入净额$$
$$国民净收入 = 国民总收入 - 固定资产折旧$$
$$= 国内生产净值 + 来自国外的要素收入净额$$

### （三）国民可支配收入及其使用

可支配收入是指各机构单位或部门在核算期内通过初次分配和再分配最终得到的、可自主支配的全部收入；而国民可支配收入则是指一个国家的所有机构部门的所有可支配收入之和。

国民可支配总收入和国民可支配净收入的表达式如下：

$$国民可支配总收入 = 国民经济各部门可支配总收入之和$$
$$= 国民总收入 + 来自国外的经常转移收入净额$$
$$= GDP + 来自国外的要素收入和经常转移收入净额$$
$$国民可支配净收入 = 国民可支配总收入 - 固定资产折旧$$

各部门可支配收入与消费支出的差额就是"储蓄"，包含固定资产折旧因素的储蓄则称作"总储蓄"，扣除折旧因素的储蓄则称作"净储蓄"。国民经济各部门的储蓄之和就是"国民储蓄"。

## 四、对外经济往来指标

我国现行的国际收支平衡表包括的主要项目有以下五个。

### （一）经常项目

经常项目是指与国外交往而经常发生的收支往来。

### （二）资本和金融项目

资本和金融项目由资本项目和金融项目两部分组成。资本交易引起资产所有权变更，金融交易则引起金融资产和负债的变化。

### （三）储备资产变动

储备资产是中央银行拥有的可直接对外支付的金融资产储备。

### （四）误差与遗漏

由于各个项目资料渠道不同或资料不完整，以及记录时间差异，不可避免地会出现一些误差，称为误差与遗漏。误差与遗漏在国际收支平衡表中起平衡数据的作用。

### （五）各项目之间的平衡关系

各项目之间的平衡关系表达式如下：

$$误差差额 ＝ －（经常账户差额 ＋ 资本和金融账户差额 ＋ 储备资产差额）$$

## 五、资产负债和国民财富指标

经济流量与存量的区别，其实就是统计上关于时期指标与时点指标的区别。前者是对某一时期内的现象连续观察和累计的结果，它有时间量纲（指标值的大小与时期的长短有关）；后者则是对某一时点之上的现象进行瞬时观察的结果，它没有时间量纲。

经济流量与存量的表达式如下：

$$期初存量 ＋ 期内流入量 － 期内流出量 ＝ 期末存量$$
$$期末存量 － 期初存量 ＝ 期内净流量$$

经济分析意义上的资产是指那些具有经济价值、能够为其所有者带来某种经济收益的资源或权益。经济资产具备两个基本特征：一是有明确的所有者；二是具有经济利用价值。

## 六、国民经济统计常用的分析指标

国民经济统计常用的分析指标有 3 种，分别是国民生产分析指标、收入分配分析指标以及最终消费和投资分析指标。

### （一）国民生产分析指标

国民生产分析指标包括经济增长速度、各部门增加值在 GDP 的所占比重、各部门对经济增长的贡献度和社会劳动生产率。

#### 1. 经济增长速度

采用当年价格计算的各个时期的 GDP，称为名义 GDP。如果采用固定价格、可比价格或某个特定时期的价格来计算，则 GDP 的数值变化就不包括价格因素的变化，称为实际 GDP。而经济增长速度应以消除了价格变动影响的实际 GDP 作为计算的基础。

从生产角度推算，实际 GDP 表达式如下：

$$实际 GDP ＝ 实际总产出 － 实际中间投入$$

从最终使用角度推算，实际 GDP 表达式如下：

$$实际 GDP ＝ 实际总消费 ＋ 实际总投资 ＋ 实际出口 － 实际进口$$
$$＝ \frac{现价总消费}{消费价格指数} ＋ \frac{现价总投资}{投资价格指数} ＋ \frac{现价出口}{出口价格指数} － \frac{现价进口}{进口价格指数}$$

GDP 紧缩价格指数表达式如下：

$$GDP 紧缩价格指数 ＝ \frac{名义 GDP}{实际 GDP}$$

经济增长速度的表达式如下：

$$经济增长速度 = \frac{报告期实际 GDP}{基期实际 GDP} - 100\%$$

$$= \frac{名义 GDP 指数}{GDP 紧缩价格指数} - 100\%$$

**2. 各部门增加值在 GDP 的所占比重**

各部门增加值在 GDP 的所占比重可以按三次产业分类计算，也可以按国民经济行业分类计算。

**3. 各部门对经济增长的贡献度**

某部门对经济增长贡献度表达式如下：

$$某部门对经济增长贡献度 = \frac{某部门增加值增量}{GDP 增量} \times 100\%$$

**4. 社会劳动生产率**

社会劳动生产率计算表达式如下：

$$社会劳动生产率 = \frac{GDP}{社会劳动者人数} \times 100\%$$

**（二）收入分配分析指标**

收入分配分析指标包括人均国内生产总值和人均国民总收入、各机构部门的分配构成以及居民收入分配差异分析指标。

**1. 人均国内生产总值和人均国民总收入**

人均国内生产总值和人均国民总收入是 GDP 和 GNI 与同期全国人口平均数的比值，分别反映了按人口平均的生产水平和收入水平。

**2. 各机构部门的分配构成**

各机构部分的分配构成是指利用国民经济分配的基本统计资料，分别计算各机构部门在初次分配和最终分配中所占的比重。

**3. 居民收入分配差异分析指标**

居民收入分配差异分析指标也就是基尼系数。基尼系数是 1943 年美国经济学家阿尔伯特·赫希曼根据洛伦兹曲线所定义的判断收入分配公平程度的指标。基尼系数是比例数值，取值在 0 到 1 之间，是国际上用来综合考察居民内部收入分配差异状况的一个重要分析指标，取值越接近 1，收入分配均衡程度就越低。

**（三）最终消费和投资分析指标**

最终消费和投资分析指标有消费率和储蓄率、恩格尔系数、投资率以及消费投资拉动系数。

**1. 消费率和储蓄率**

消费率和储蓄率的表达式如下：

$$消费率 = \frac{最终消费总额}{可支配总收入或 GDP} \times 100\%$$

$$储蓄率 = \frac{储蓄总额}{可支配总收入或 GDP} \times 100\%$$

储蓄率＝1 － 消费率(两者均按国民可支配总收入计算)

### 2. 恩格尔系数

19 世纪中期，德国统计学家和经济学家恩格尔对比利时不同收入的家庭消费情况进行了调查，研究了收入增加对消费需求构成的影响，提出了带有规律性的原理，此原理被命名为恩格尔定律。其主要内容是指一个家庭或个人收入越少，用于购买生存性的食物的支出在家庭或个人收入中所占的比重就越大。对一个国家而言，一个国家越穷，每个国民的平均支出中用来购买食物的费用所占比例就越大。恩格尔系数则由食物支出金额在总支出金额中所占的比重来决定，且认为恩格尔系数达 59％以上的家庭为贫困，50％～59％为温饱，40％～50％为小康，30％～40％为富裕，低于 30％为最富裕。

恩格尔系数的表达式如下：

$$恩格尔系数 = \frac{食品支出额}{消费支出总额} \times 100\%$$

随着收入水平提高，恩格尔系数不断下降是一个普遍规律。

### 3. 投资率

投资率是指一定时期内总投资占国内生产总值的比率。

投资率的表达式如下：

$$投资率 = \frac{总投资}{GDP} \times 100\%$$

### 4. 消费和投资拉动系数

消费和投资拉动系数是指一定时期内消费或投资增量占国内生产总值的比率。

$$消费或投资拉动系数 = \frac{消费或投资增量}{GDP 增量} \times 100\%$$

## 七、其他重要的分析指标

其它重要的分析指标包括外贸依存度、财政收入占 GDP 的比重、教育、科技投入占 GDP 或 GNI 的比重和能源使用效率。

### (一)外贸依存度

外贸依存度包括对外贸易依存度和出口贸易依存度。

### 1. 对外贸易依存度

对外贸易依存度是指一个国家的商品和服务的进出口总额占国内生产总值的比重，其表达式如下：

$$对外贸易依存度 = \frac{商品和服务的进出口总额}{GDP} \times 100\%$$

### 2. 出口贸易依存度

出口贸易依存度是指一个国家的商品和服务的出口总额占国内生产总值的比重，其表达式如下：

$$出口贸易依存度 = \frac{商品和服务的出口总额}{GDP} \times 100\%$$

### （二）财政收入占 GDP 的比重

财政收入占 GDP 的比重的表达式如下：

$$财政收入占 GDP 的比重 = \frac{财政收入}{GDP} \times 100\%$$

政府债务收入占 GDP 比重的表达式如下：

$$政府债务收入占 GDP 比重 = \frac{政府债务收入}{GDP} \times 100\%$$

### （三）教育、科技投入占 GDP 或 GNI 的比重

#### 1. 教育投入占 GNI 的比重

教育投入占 GNI 的比重，即政府公共教育经费占 GNI 的比重，其表达式如下：

$$政府公共教育经费占 GNI 的比重 = \frac{政府公共教育支出}{GNI} \times 100\%$$

#### 2. 科技投入占 GDP 的比重

科技投入占 GDP 的比重，即 R&D 经费支出占 GDP 的比重，其表达式如下：

$$R\&D 经费支出占 GDP 的比重 = \frac{R\&D 经费支出}{GDP} \times 100\%$$

### （四）能源使用效率

能源使用效率可以表现为单位 GDP 生产所消耗的能源总量和 GDP 实际增长率与能源消耗量增长率之差两个方面。

#### 1. 单位 GDP 生产所消耗的能源总量

单位 GDP 生产所消耗的能源总量即生产用能源消耗总量与 GDP 的比值，其表达式如下：

$$单位 GDP 生产所消耗的能源总量 = \frac{生产用能源消耗总量}{GDP}$$

#### 2. GDP 实际增长率与能源消耗量增长率之差

GDP 实际增长率与能源消耗量增长率之差表达式如下：

$$GDP 实际增长率与能源消耗量增长率之差 = GDP 实际增长率 - 同期能源消耗增长率$$

[ **本章自测** ]

问答题

1. 什么是国民经济核算体系？它的构成是什么？
2. 活动部门分类与机构部门分类的区别是什么？
3. 我国新国民经济核算体系是由哪 3 大部分组成的？
4. 从核算和分析的角度看，国内生产总值与国内生产净值两个指标各有何优劣？

[延伸阅读]

### 中央与各省市区 GDP 统计为什么会存在差异？

近年来，各省市区 GDP 合计大于全国 GDP 的数据引起了社会的广泛关注，从统计的角度讲，存在差异是可能的，主要有以下几方面的原因。

第一，GDP 是分级核算的。我国从 1985 年开始核算 GDP，并在国家和地区层面同时实施。而我国的 GDP 核算制度，是采用国家和地区的 GDP 分别独立核算的形式，即国家统计局负责核算国家 GDP，地区统计局负责核算本地区 GDP，由于资料来源不一，核算的结果也就存在不一致的情况。国外有的国家也采用这种 GDP 核算模式。一般情况下，只要采用这种模式，国家与地区 GDP 都存在程度不同的差距。

第二，在 GDP 核算中，国家与地区使用的基础资料不完全一致。一方面，基础资料存在缺口，GDP 核算要求相当多的基础数据，但在实践中，无论是国家，还是地区都存在资料缺口。针对不同的资料缺口，会采用不同的推算办法来解决。由于我国不同地区经济差异较大，而在推算中，只能制定推算的原则和幅度区间，很难制定全国统一的推算标准，因而会导致一定的差异。另一方面，各地区服务业统计状况差别较大。近年来，我国服务业发展很快，但各地区对服务业的统计水平参差不齐，而全国统一的服务业统计调查制度还没有建立起来。一些地区使用或部分地使用自己调查的服务业数据，这种差异会直接传递到 GDP 上。

第三，地区之间存在重复统计问题。随着我国市场经济的迅速发展，企业跨地区生产经营的情况越来越多，母公司和子公司所在地有可能将这种跨地区生产经营活动的收益同时统计在自己的地区，造成重复统计。尽管统计制度做了严格规定，不允许有重复计算，但在实际操作中往往很难达到要求。

第四，外部环境的影响。近年来，GDP 受关注的程度越来越高，且直接或间接地用于各种形式的工作业绩考核中。地区按 GDP 大小排位的顺序及其变化也是一个十分敏感的问题，人们普遍的心理是位次只能提前，不能后移。由于 GDP 被赋予了重要的考核功能，因此，不排除地区为了考核过关或政绩需要，高估 GDP 数据的可能。

即使存在这些原因，但国家与地区的 GDP 数据上下不一致仍然是一个问题，应该认真加以解决。而要想有效地解决这一问题，除了改进方法和手段外，在科学发展观指导下开展考核与评价工作，加强统计力量和统计法制建设，也是十分必要的。

（资料来源：国家统计局）

# 第三章 统 计 指 数

## 教学目的

通过本章的学习，学生要了解几种常用的经济指数的概念及编制方法，熟悉指数的基本概念及基本原理，熟悉指数体系及因素分析方法，掌握总指数的编制方法。

## 教学要点

（1）综合指数编制方法；

（2）平均指数编制方法；

（3）指数体系与因素分析。

## 第一节 指数概念与分类

### 一、指数的概念

指数，也称统计指数，是分析社会经济现象数量变化的一种重要的统计方法。它产生于 18 世纪后半叶，当时欧洲物价骤然上涨，引起了社会的普遍关注。经济学家为了测定物价的变动，开始尝试编制物价指数。在此后的 200 多年里，指数的理论和应用不断发展，逐步扩展到工业生产、进出口贸易、铁路运输、工资、成本、生活费用和股票证券等各个方面。其中有些指数，如零售商品物价指数、生活费用价格指数等，同人们的生活休戚相关；有些指数，如生产资料价格指数、股票价格指数等，则直接影响到人们的投资活动，成为社会经济的晴雨表。目前，指数已经成为分析社会经济和预测景气度的重要工具。

从广义上讲，凡是表明社会经济现象总体数量变动的相对数，都是指数。广义的指数所研究的现象总体是简单现象总体，即总体中的单位数或标志值可以直接加以总计。如某一种产品的产量、成本、产值和利润等。而本章所研究的内容主要是狭义上的指数，是反映复杂现象总体数量综合变动的相对数。而反映这种复杂现象总体的数量变动情况，就是狭义指数的编制方法。而构成复杂现象总体的单位数及标志值无法直接相加。例如，具有不同使用价值的汽车、煤炭等，其产量、价格和单位成本都不能直接相加。

### 二、指数的种类

从不同的角度出发，统计指数可以划分为以下几种主要类型。

#### （一）按研究对象的范围不同可分为个体指数和总指数

指数按其所反映对象的范围不同，可分为个体指数和总指数。个体指数是反映个体现象或个别事物的变动的相对数。如反映某种商品价格变动的个体价格指数；反映某种产品产量变动的个体产量指数等。显然个体指数是就简单现象总体而言的。

总指数综合反映多种项目数量变动的相对数，如工业产品产量、成本总指数、商品销售量和销售价格总指数等。总指数是在复杂现象总体的条件下编制的，其多种事物的使用价值不同，数量不具有直接综合的性质，所以总指数的计算不能使用个体指数直接对比的方法，而需要使用专门的方法。它的计算形式有综合指数和平均指数两种。指数法的运用要与科学分组法相结合，因而我们在编制总指数的同时，往往还要编制组指数或类指数，借以反映总体内部各部分现象数量上的变动程度，如工业总产量指数分为重工业和轻工业产量指数，居民消费价格指数分为食品类、衣着类和日用品类价格指数等。组指数或类指数是相对于总指数而言的，用以反映复杂现象总体的发展动态。组指数同总指数结合起来可以更全面地反映现象发展的动态。

### （二）按现象的性质不同可分为数量指标指数和质量指标指数

数量指标指数是反映数量指标变动程度的相对数，也就是被研究现象总体总规模的变动程度，如商品销售量指数和工业产品产量指数等，通常采用实物计量单位。质量指标指数是反映质量指标变动程度的相对数，可以说明生产经营所取得的效益状态，说明生产工作质量的提高程度，如产品价格指数和产品单位成本指数等，通常采用货币计量单位。

数量指标和质量指标的划分具有相对性。例如，单位产品原材料消耗量指标，相对于产品产量指标，它是质量指标；但对于单位原材料价格指标，它又是数量指标。把指标区分为数量指标和质量指标，更多地是为了讨论问题的方便。而可以分解为一个数量指标与质量指标乘积的总量指标变动的指数我们称为总量指数，如商品销售额指数、总产值指数、总成本指数和总产量指数等。

### （三）按选择的基期不同可分为定基指数和环比指数

定基指数在指数序列中以某一固定时期水平作为对比基期计算的指数，而环比指数是在指数序列中以其前一期水平作为对比的基期计算的指数。

上述各种分类是从不同角度对统计指数所作的一般分类，也可通过其他标准对统计指数进行分类，如按指数的对比内容不同分为动态指数和静态指数、按计算的形式不同分为简单指数和加权指数等，还可以交叉进行复合分类，如在个体指数和总指数中再区分数量指标指数和质量指标指数等。

## 第二节 总指数编制方法

通常所说的指数实际上是指总指数，它是个体指数的综合。综合指数和平均指数是总指数的两种计算形式。而总指数编制方法分为综合指数的编制方法和平均数指数的编制方法。

## 一、综合指数的编制方法

综合指数是总指数的一种形式，是用两个综合总量指标对比的方法计算的指数，当一个总量指标可以分解为两个或两个以上的因素指标时，只变动其中一个因素，固定其它因素，由此计算的总指数也称综合指数。

综合指数的编制方法是先综合后对比。也就是说综合指数的编制首先要解决不同度量单位的问题，使不能加总的、具有不同使用价值的各种商品或产品的总体，成为能够进行对比的两个时期的现象的总量。所以综合指数编制的第一个特点是，从现象因素的联系关系中来确定与要研究的现象（指数化指标）相联系的因素，从而加入这个相同的因素（同度量因素），使各种商品或产品的不同使用价值量改变为可以相互比较的价值形态也就是价值量。如在分析各种股票交易量的总变动时，我们把各种股票交易量乘以价格，得到总市值；在分析各种产品的单位成本和价格的总变动时，我们把它们分别乘以相应的产量，求得生产总值和总成本。这样我们就可以从两个时期的生产总值或总成本中进行比较分析。指数编制的这一特点表明，指数化指标不是孤立的，而是在同其他指标的相互联系中被观察研究的。而指数化指标乘以同它有关的指标，即是所谓的同度量因素，使得不同度量单位的现象总体转化为数量上可以加总的现象总体，并在客观上体现为其在实际经济现象或过程中的份额或比重。所以，同指数化指标相联系的同度量因素又称为指数权数，而指数权数乘以指数化指标的过程也称为加权。

但是指数化指标乘以同度量因素还没有解决指数的编制问题，即还没有完成分析各种产品产量或单位成本的综合动态的任务。这是因为，解决了同度量和加权问题后所得的生产总值，其变动包括了产量与出厂价格两个因素的变动，即总成本的变动，包括了单位成本与产量两个因素的变动。

综合指数编制的另一个特点是，把复杂现象总体所包括的两个因素中的一个因素，即同度量因素或权数加以固定，以便消除其变化，来测定我们所要研究的另一个因素即指数化指标的变动。也就是说，我们采用同一时期的价格或单位成本作为同度量因素，来计算两个时期的生产总值或总成本，进行对比以测定各种的产量动态；采用同一时期的产量作为同度量印务，来计算两个时期的生产总值或总成本，进行对比以反映各种产品价格、单位成本的综合变动。这样，我们分析各种产品产量和单位成本等指标动态的目的也就达到了。

综合指数的编制方法可分为数量指标综合指数的编制方法和质量指标综合指数的编制方法。

### （一）数量指标综合指数的编制方法

我们以例 3-1 来说明数量指标综合指数的编制方法。

例 3-1 某商场有甲、乙、丙三种商品 2018 年和 2019 年的资料如表 3-1 所示，其中下标为 0 表示 2018 年，下标为 1 表示 2019 年，$p$ 表示价格，$q$ 表示销售量。要求计算三种商品的销售量总指数，以综合反映商品销售量的变化。

表 3-1 某商场甲、乙、丙三种商品的销售量及销售价格资料

| 商品名称 | 计量单位 | 销售量 | | 价格/元 | | 销售额/万元 | | | |
|---|---|---|---|---|---|---|---|---|---|
| | | | | | | | | 假定 | |
| | | $q_0$ | $q_1$ | $p_0$ | $p_1$ | $p_0 q_0$ | $p_1 q_1$ | $p_0 q_1$ | $p_1 q_0$ |
| 甲 | 件 | 200 | 300 | 60 | 60 | 1.2 | 1.8 | 1.8 | 1.2 |
| 乙 | 双 | 400 | 500 | 20 | 30 | 0.8 | 1.5 | 1.0 | 1.2 |
| 丙 | 米 | 500 | 600 | 70 | 80 | 3.5 | 4.8 | 4.2 | 4.0 |
| 合计 | — | — | — | — | — | 5.5 | 8.1 | 7.0 | 6.4 |

销售量个体指数 $k_q$ 的计算公式如下：

$$k_q = \frac{q_1}{q_0} \qquad (3-1)$$

则三种商品的销售量个体指数如下：

$$k_{甲} = \frac{300}{200} = 150\% \;;\; k_{乙} = \frac{500}{400} = 125\% \;;\; k_{丙} = \frac{600}{500} = 120\%$$

通过计算三种商品的销售量个体指数，可以看到，三种商品的销售量的变动幅度是不同的，个体指数是以简单现象为前提计算的。

例题 3-1 中通过计算三种商品的销售量总指数，从而对复杂现象总体的销售量进行研究。如果需要编制甲、乙、丙三种商品的销售量总指数，就需要把各商品报告期和基期的销售量分别加总，再将两个时期的销售量进行对比。然而这三种商品的使用价值不同，计量单位也不同，把各销售量直接加总是没有实际意义的。同样，如果编制这三种商品的价格总指数，把各商品的价格加总也是没有意义的。

因此，研究时应注意三个问题。第一，引进同度量因素。尽管不同商品的销售量和价格不能直接加总，但每种商品的销售量和价格的乘积即销售额是可以加总的，而销售额的变化恰好反映了销售量增减和价格涨跌两个因素的影响。因此在编制销售量总指数时，可以通过价格这个同度量因素将销售量转化为可以加总的销售额。第二，要将同度量因素固定下来，以反映被研究指标的变动情况。如果将报告期的销售额与基期的销售额作对比，会发现销售额不但受销售量变动的影响，也同时受两个时期价格变动的影响。因此，以销售额的变动来反映销售量的变动，必须把同度量因素固定，即两个时期的销售额，均采用同一时期的价格计算，以消除价格变动的影响。第三，同度量因素所属时期的选择非常重要，应根据编制指数的具体任务以及实际经济内容来确定。一般采用的原则是编制数量指标指数将质量指标作为同度量因素，并将其固定在基期。

综上所述，得到数量指标综合指数 $K_q$ 的计算公式如下：

$$K_q = \frac{\sum q_1 p}{\sum q_0 p} \qquad (3-2)$$

式中，价格 $p$ 是权数。

### （二）质量指标综合指数的编制方法

质量指标综合指数的编制原理与数量指标综合指数的编制原理相同，只是同度量因素的固定时期不同。编制质量指标综合指数的一般原则：将数量指标作为同度量因素，并将其固定在报告期水平上。

质量指标综合指数的计算公式如下：

$$K_p = \frac{\sum p_1 q}{\sum p_0 q} \qquad (3-3)$$

式中，销售量 $q$ 是权数。

那么，根据质量指标综合指数中权数 $q$ 固定的时期不同，产生了两种指数，分别是拉式指数和帕氏指数。

拉式指数是德国统计学家拉斯贝尔斯（Laspeyres）于 1864 年提出的一种指数计算方

法。它在计算综合指数时将价格或销售量作为权数的同度量因素固定在基期。

拉式数量指标综合指数的计算公式如下：

$$K_q = \frac{\sum q_1 p_0}{\sum q_0 p_0}$$ (3-4)

拉式质量指标综合指数的计算公式如下：

$$K_p = \frac{\sum q_0 p_1}{\sum q_0 p_0}$$ (3-5)

帕氏指数是由德国另一位统计学家帕舍（H. Paasche）于 1874 年提出的一种计算方法。它在计算综合指数时将作为权数的同度量因素固定在报告期。

帕式数量指标综合指数的计算公式如下：

$$K_q = \frac{\sum q_1 p_1}{\sum q_0 p_1}$$ (3-6)

帕式质量指标综合指数的计算公式如下：

$$K_p = \frac{\sum q_1 p_1}{\sum q_1 p_0}$$ (3-7)

在拉氏指数和帕氏指数的计算公式中，$K_q$ 表示数量指标指数；$K_p$ 表示质量指标指数。$p_0$ 和 $p_1$ 分别表示基期和报告期的质量指标值；$q_0$ 和 $q_1$ 分别表示基期和报告期的数量指标值。

在例 3-1 中，若采用拉式指数，则计算结果如下：

由式（3-4），拉氏数量指标综合指数如下：

$$K_q = \frac{\sum q_1 p_0}{\sum q_0 p_0} = 127.27\%$$

由式（3-5），拉氏质量指标综合指数如下：

$$K_p = \frac{\sum q_0 p_1}{\sum q_0 p_0} = 116.36\%$$

若采用帕式指数，则计算结果如下：

由式（3-6），帕氏数量指标综合指数如下：

$$K_q = \frac{\sum q_1 p_1}{\sum q_0 p_1} = 126.56\%$$

由式（3-7），帕氏质量指标综合指数如下：

$$K_p = \frac{\sum q_1 p_1}{\sum q_1 p_0} = 115.71\%$$

由例 3-1 可以看出，权数定在不同时期，计算结果不同。一般认为，计算数量指数（如生产量指数）综合指标时，权数（价格）应该定在基期，这样才能剔除价格变动的影响，准确反映生产量的变化，按不变价计算产量指数就是出于这个原因。计算质量指数（如价格指数）综合指标时，不同时期的权数有不同的含义。若权数定在基期，反映的是在基期商品

（产品）结构下价格的整体变动，更能揭示价格变动的内容；若把权数定在报告期，反映的是在现实商品（产品）结构价格下的整体变动，商品（产品）结构变化的影响会融入价格指数，更能揭示价格变动的实际影响。编制指数的目的不同，权数确定的时期就可以不同。所以权数时期的选择主要取决于编制指数的目的，取决于指数要说明的问题。

## 二、平均数指数的编制方法

平均数指数是通过个体指数来编制总指数的，用来反映复杂现象总体的变动情况，是对个体指数进行平均加以计算的。平均数指数有加权算数平均数指数和加权调和平均数指数两种基本形式。

### （一）加权算术平均数指数

我们通过例 3-2 来讨论加权算术平均数指数的计算方法。

例 3-2　已知三种商品 A、B、C 的销售量和价格资料如表 3-2 所示，要求计算 3 种商品的销售量指数。

**表 3-2　三种商品的销售量和价格资料**

| 商品名称 | 计量单位 | 销售量 | | 价格/元 | |
|---|---|---|---|---|---|
| | | $q_0$ | $q_1$ | $p_0$ | $p_1$ |
| A | 件 | 200 | 140 | 68 | 70 |
| B | 米 | 460 | 500 | 300 | 320 |
| C | 双 | 120 | 180 | 240 | 200 |
| 合计 | — | | | | |

根据 A、B、C 三种商品的销售量和价格，可得到三种商品的销售量指数计算表，如表 3-3 所示。

**表 3-3　三种商品的销售量指数计算表**

| 商品名称 | 计量单位 | 销售量 | | | 基期销售额/元 | 基期销售额乘以个体指数/元 |
|---|---|---|---|---|---|---|
| | | 基期 | 报告期 | 个体指数/% | | |
| | | $q_0$ | $q_1$ | $k_q=\dfrac{q_1}{q_0}$ | $q_0 p_0$ | $k_q q_0 p_0$ |
| A | 件 | 200 | 140 | 70.00 | 13,600 | 9,520 |
| B | 米 | 460 | 500 | 108.70 | 138,000 | 150,006 |
| C | 双 | 120 | 180 | 150.00 | 28,800 | 43,200 |
| 合计 | — | — | — | — | 180,400 | 202,726 |

在表 3-3 中，以 $k_q$ 表示商品销售量个体指数，即 $k_q=\dfrac{q_1}{q_0}$，则加权算术平均数指数的计算公式如下：

$$\overline{k_q} = \frac{\sum k_q q_0 p_0}{\sum q_0 p_0} \quad\quad (3-8)$$

式中：$q_0 p_0$ 表示基期销售额，称为特定权数，以此权数来计算加权算术平均数指数。

销售量算数平均数指数计算如下：

$$\overline{k_q} = \frac{\sum k_q q_0 p_0}{\sum q_0 p_0} = 112.38\%$$

绝对数差额 $= \sum k_q q_0 p_0 - \sum q_0 p_0 = 202\,726 - 180\,400 = 22\,326（元）$

计算结果表明三种商品的销售量在报告期比基期综合提高了 12.38%，也可以表述为三种商品销售量的增长幅度不同，但三种商品销售量平均增长了 12.38%，由于销售量的增长使销售额增加 22 326 元。

### （二）加权调和平均数指数

下面仍通过例 3-2 讨论加权调和平均数指数的计算方法。

三种商品的销售价格指数计算表如表 3-4 所示。

**表 3-4 销售价格指数计算表**

| 商品名称 | 计量单位 | 销售价格 | | | 基期销售额/元 | 基期销售额除以个体指数/元 |
|---|---|---|---|---|---|---|
| | | 基期 | 报告期 | 个体指数/% | | |
| | | $p_0$ | $p_1$ | $k_p = \dfrac{p_1}{p_0}$ | $q_1 p_1$ | $\dfrac{1}{k_p} \cdot q_1 p_1$ |
| A | 件 | 68 | 70 | 102.94 | 9,800 | 9,520 |
| B | 米 | 300 | 320 | 106.67 | 160,000 | 149,953 |
| C | 双 | 240 | 200 | 83.33 | 36,000 | 43,202 |
| 合计 | — | — | — | — | 205,800 | 202,675 |

在表 3-4 中，$k_p$ 表示质量指标个体指数，$k_p = \dfrac{p_1}{p_0}$，则加权调和平均数指数的计算公式如下：

$$\overline{k_p} = \frac{\sum q_1 p_1}{\sum \dfrac{1}{k_p} \cdot q_0 p_0} \quad\quad (3-9)$$

式中：$q_1 p_1$ 表示报告期的销售额指标，称为特定权数，以 $q_1 p_1$ 为权数计算加权调和平均数指数是比较常用的形式。

销售价格调和平均数指数计算如下：

$$\overline{k_p} = \frac{\sum q_1 p_1}{\sum \dfrac{1}{k_p} \cdot q_0 p_0} = 101.54\%$$

绝对数差额 $= \sum q_1 p_1 - \sum \dfrac{1}{k_p} \cdot q_0 p_0 = 3106（元）$

计算结果表明三种商品的价格在报告期比基期综合提高了 1.5%，也可以表述为三种商品价格的升降幅度不同，但平均提高了 1.5%，由于价格提高使销售额提高了 3106 元。

加权算术平均数指数和加权调和平均数指数是综合指数的变形，编制数量指标指数一般以基期价值指标为权数，计算加权算术平均数指数；编制质量指标一般以报告期价值指标为权数计算加权调和平均数指数。

## 第三节　指数体系与因素分析

### 一、指数体系的概念

在实际运用当中，社会经济现象相互联系，因此可以借助由几个指数组成的指数体系来反映和分析社会经济现象之间的联系。例如：

销售额 ＝ 销售量 × 单位产品销售价格
总产值 ＝ 产量 × 单位产品价格
总成本 ＝ 产量 × 单位产品成本
销售利润 ＝ 销售量 × 单位产品销售价格 × 单位产品销售利润率

上述这些指标体系按指数形式表现时，乘积关系仍能实现，例如：

销售额指数 ＝ 销售量指数 × 单位产品销售价格指数
总产值指数＝产量指数 × 单位产品出厂价格指数
原材料消耗额指数 ＝ 产量指数 × 单位产品原材料消耗量指数
× 单位产品原材料价格指数
商品销售额指数 ＝ 商品销售量指数 × 商品价格指数

这些指数不仅在经济上有联系，而且在数量上也存在着对等的关系。所以指数体系是指由多个相互联系、相互影响，在数量上存在严格的推算关系的统计指数所构成的整体。根据综合指数的编制原则，指数体系的公式如下：

相对数形式表示如下：

$$\frac{\sum q_1 p_1}{\sum q_0 p_0}(K_{pq}) = \frac{\sum q_1 p_0}{\sum q_0 p_0}(K_q) \times \frac{\sum q_1 p_1}{\sum q_1 p_0}(K_p) \tag{3-10}$$

绝对数差额 $= \sum q_1 p_1 - \sum q_0 p_0 = \left(\sum q_1 p_0 - \sum q_0 p_0\right) + \left(\sum q_1 p_1 - \sum q_1 p_0\right)$

$$\tag{3-11}$$

式中，$\sum q_1 p_1$ 为报告期总量指标；$\sum q_0 p_0$ 为基期总量指标；$q$，$p$ 为因素指标，其中 $q$ 为数量指标，$p$ 为质量指标。综合指数等于各个因素指数的连乘积。指标的增减额等于各因素指标影响的增减额之和。

### 二、指数体系的作用

#### （一）利用指数体系可进行指数之间的相互推算

例如，在三个指数形成的指数体系中，已知其中任意两个指数，就可以依据指数体系推算出未知的第三个指数。

### （二）利用指数体系对现象进行因素分析

利用指数体系分析现象受各个因素的变动影响。例如，销售额指数＝销售量指数×销售价格指数，在这个指数体系中，可以将销售额的变动影响分解为销售量和销售价格变动两个因素影响的结果。

## 三、因素分析的内容

因素分析的内容包括相对数分析和绝对数分析。

相对数分析就是把互相联系的指数组成有乘积关系的体系，从指数计算结果本身来指出现象总体的总量指标或平均指标的变动是受哪些因素影响的结果。指数分析一般都是相对数分析。绝对数分析是由指数体系中各个指数分子与分母指标之差所形成的在绝对值上的因果关系，即原指标指数中分子与分母之差的总和等于结果指标指数中分子和分母之差。

相对数分析和绝对数分析，一般借助于综合指数法中以经济内容为根据的一般方法。作为权数的数量指标固定在报告期水平上，作为权数的质量指标固定在基期水平上，既可以使互为因果关系的指数乘积关系成立，维持指数体系；又可以通过指数的分子、分母差额明确体现经济效益。众所周知，不以经济内容为根据的综合指数和按非全面资料估计和推算的权数所编制的各种平均指数并不承担因素分析的任务。因此，从某种意义上说来，因素分析是以综合指数为依据，对统计指数研究的延续或深入。

## 四、因素分析的意义

因素分析就是借助于指数体系来分析社会经济现象变动中各种因素变动发生作用的影响程度。其意义主要涉及到以下两个方面。

第一，分析社会经济现象总体总量指标的变动受各种因素变动的影响程度。它是利用综合指数体系，从数量指标指数和质量指标指数的相互联系中，分析这种现象因素的变动影响关系。例如，编制多种产品的产量指数和成本指数，分析产量和成本的变动对总成本变动所起的影响；编制商品销售量和销售价格指数，分析销售量的增减和物价的升降对商品流转规模的影响程度。

第二，分析社会经济现象总体平均指标变动受各种因素变动的影响程度，利用综合指数的编制方法，通过平均指标指数体系来进行分析的。

这里的"各种因素"是指，在简单现象总体分为各个部分或局部的条件下，各部分标志值的平均水平和总体中各部分单位数的结构。例如，全厂工人平均工资的变动，不仅取决于各技术级别工人工资水平的变动，而且受工资水平不同的各级别工人数比重变化的影响。因此，在分析平均工资变动时，我们要分析工资变动有多大程度取决于各级别工人工资的平均水平变动，又有多大程度受各级别工人数比重变化的影响。

## 五、因素分析的应用举例

在经济管理中，因素分析法对揭露矛盾、挖掘潜力，发现现象的发展变化规律都有重要意义。因素分析的方法包括总量指标变动的因素分析和平均指标变动的因素分析。

## （一）总量指标变动的因素分析

### 1. 简单现象总体总量指标变动的两因素分析

我们以例 3-3 来说明简单现象总体总量指标变动的两因素分析。

**例 3-3** 某企业职工年工资情况如表 3-5 所示，要求分析报告期工资总额增加的变动因素。

**表 3-5 某企业职工年工资情况**

| 指标 | 符号 | 基期 | 报告期 |
|---|---|---|---|
| 工资总额/万元 | $pq$ | 1000 | 1360 |
| 职工人数/人 | $q$ | 500 | 400 |
| 平均工资/万元 | $p$ | 2 | 3.4 |

由表中数据可知，该企业工资总额的变动如下：

**工资总额指数** $= \dfrac{q_1 p_1}{q_0 p_0} = 136\%$

**工资总额指数增加额** $= q_1 p_1 - q_0 p_0 = 360$（万元）

职工人数的变动影响如下：

**职工人数指数** $= \dfrac{q_1 p_0}{q_0 p_0} = \dfrac{q_1}{q_0} = 80\%$

平均工资增加的变动影响如下：

**平均工资指数** $= \dfrac{q_1 p_0}{q_0 p_0} = \dfrac{p_1}{p_0} = 170\%$

由于平均工资的增加而增加的工资额 $=(p_1 - p_0)q_1 = 560$（万元）

此例中各指数的关系如下：

$136\% = 80\% \times 70\%$

$360$（万元）$= 560$（万元）$+ (-200)$（万元）

计算结果说明：报告期工资总额比基期工资总额增加了 360 万元，增长了 36%。

其中由于职工人数减少 20% 而减少的工资额为 200 万元；由于平均工资提高 70% 而增加的工资额为 560 万元。

### 2. 复杂现象总体总量指标变动的两因素分析

我们以例 3-4 来说明复杂现象总体总量指标变动的两因素分析。

**例 3-4** 三种商品销售情况如表 3-6 所示，要求分析商品销售额变动的因素。

**表 3-6 三种商品销售情况**

| 商品名称 | 计量单位 | 销售量 | | 价格/元 | | 销售额/元 | | |
|---|---|---|---|---|---|---|---|---|
| | | $q_0$ | $q_1$ | $p_0$ | $p_1$ | $q_0 p_0$ | $q_1 p_1$ | $q_1 p_0$ |
| 帽子 | 顶 | 200 | 140 | 68 | 70 | 13,600 | 9,800 | 9,520 |
| 上衣 | 件 | 460 | 500 | 300 | 320 | 138,000 | 160,000 | 150,000 |
| 皮鞋 | 双 | 120 | 180 | 240 | 200 | 28,800 | 36,000 | 43,200 |
| 合计 | — | — | — | — | — | 180,400 | 205,800 | 202,720 |

由表中数据可知三种商品销售额的变动，则销售额指数如下：

$$\overline{k}_{qp} = \frac{\sum q_1 p_1}{\sum q_0 p_0} = 114.08\%$$

**增加的销售额** $= \sum q_1 p_1 - \sum q_0 p_0 = 25\,400 (元)$

销售额的变动，是由于销售量和价格两个因素变动作用的结果。其中，销售量变动的影响，销售量指数如下：

$$\overline{k}_q = \frac{\sum q_1 p_0}{\sum q_0 p_0} = 112.37\%$$

由于销售量的增长对销售额变动的影响如下：

**绝对数差额** $= \sum q_1 p_0 - \sum q_0 p_0 = 22\,320 (元)$

价格变动的影响，价格指数如下：

$$\overline{k}_p = \frac{\sum q_1 p_1}{\sum q_1 p_0} = 101.52\%$$

由于价格提高对销售额变动的影响如下：

**绝对数差额** $= \sum q_1 p_1 - \sum q_1 p_0 = 3\,080 (元)$

把以上指数联系起来，组成的指数体系如下：

$$\frac{\sum q_1 p_1}{\sum q_0 p_0} = \frac{\sum q_1 p_0}{\sum q_0 p_0} \times \frac{\sum q_1 p_1}{\sum q_1 p_0}$$

$$114.08\% = 112.37\% \times 101.52\%$$

销售量和价格因素变动对销售额变动影响的绝对额，关系如下：

$$\sum q_1 p_1 - \sum q_0 p_0 = \left(\sum q_1 p_0 - \sum q_0 p_0\right) + \left(\sum q_1 p_1 - \sum q_1 p_0\right)$$

$$25\,400 (元) = 22\,320 (元) + 3080 (元)$$

以上指数体系说明了该商场三种商品销售额在报告期比基期增加了 14.8%，是由于销售量提高 12.37% 和销售价格提高 1.52% 两个因素共同影响的结果。由于销售量增加而增加的销售额为 22\,320 元，由于价格提高而增加的销售额为 3080 元，两个因素共同作用，使得销售额总共增加了 25\,400 元。

**（二）平均指标变动的因素分析**

两个平均指标在时间上对比的相对数，称为平均指标指数。平均指标指数的大小受变量值和权数两个因素的影响，即 $\overline{X} = \dfrac{\sum xf}{\sum f} = \sum x \cdot \dfrac{f}{\sum f}$。当两个时期的加权算术平均数进行对比时，即计算 $\overline{X_1} - \overline{X_0}$ 时，这两个因素的影响仍然存在。平均指标指数是把影响平均指标的两个因素分解，分别编制成独立的指数，又使这三个指数在数量上保持密切关系，形成一个指数体系。它们分别是可变构成指数、固定构成指数和结构影响指数。它们之间的关系如下：

**可变构成指数 ＝ 固定构成指数 × 结构影响指数**

我们以例 3-5 来说明平均指标变动的因素分析。

例 3-5　已知某公司下属 3 个商场的职工人数和工资资料表如 3-7 所示，要求分析该公司总平均工资水平的变动情况，并分析各商场工资水平及人数结构因素对其影响的程度和绝对数额。

**表 3-7　某商场职工人数和工资资料表**

| 商场 | 平均工资/元 | | 职工人数/人 | | 工资总额/万元 | | |
|------|------|------|------|------|------|------|------|
| | $x_0$ | $x_1$ | $f_0$ | $f_1$ | $x_0 f_0$ | $x_1 f_1$ | $x_0 f_1$ |
| 甲 | 310 | 350 | 150 | 180 | 4.65 | 6.3 | 5.58 |
| 乙 | 440 | 480 | 120 | 150 | 5.28 | 7.2 | 6.60 |
| 丙 | 470 | 530 | 200 | 180 | 9.4 | 9.54 | 8.46 |
| 合计 | — | — | 470 | 510 | 19.33 | 23.04 | 20.64 |

报告期平均工资计算如下：

$$\overline{X}_1 = \frac{\sum x_1 f_1}{\sum f_1} = \frac{23.04 \times 10\,000}{510} = 451.76(\text{元})$$

基期平均工资如下：

$$\overline{X}_0 = \frac{\sum x_0 f_0}{\sum f_0} = \frac{19.33 \times 10\,000}{470} = 411.28(\text{元})$$

工资水平固定在基期职工人数在报告期的平均工资如下：

$$\overline{X}_{01} = \frac{\sum x_0 f_1}{\sum f_1} = \frac{20.64 \times 10\,000}{510} = 404.71(\text{元})$$

通过计算可以看出，报告期平均工资比基期平均工资要高。总平均工资增长不但反映了职工人数变化也就是人数结构变动的影响，也反映了各商场平均工资变动的影响。这种同时反映两种变动影响的总平均工资指数也就是平均工资的可变构成指数，简称可变指数。

总平均工资的变动，即平均指标的可变指数计算如下：

$$K = \frac{\overline{X}_1}{\overline{X}_0} = \frac{451.76}{411.28} = 109.84\%$$

增加的平均工资计算如下：

$$\overline{X}_1 - \overline{X}_0 = 451.76 - 411.28 = 40.48(\text{元})$$

其中，由于商场职工人数（数量指标）变化产生的影响，必须清楚质量指标也就是各商场平均工资对总平均工资的影响，把各商场的平均工资水平固定在基期的水平上。这种只反映人数结构变动对总平均工资的影响指数，称为结构影响指数。

结构影响指数计算如下：

$$K_1 = \frac{\overline{X}_{01}}{\overline{X}_0} = \frac{404.71}{411.28} = 98.40\%$$

由于人数结构变动而增加的平均工资计算如下：

$$\overline{X}_{01} - \overline{X}_0 = 404.71 - 411.28 = -6.57(元)$$

为了分析各商场平均工资变化对总平均工资的影响,就必须消除结构变动影响,把各商场职工人数固定在报告期水平上。这种只反映各商场平均工资变动对总平均的影响指数,称为固定构成指数。

固定构成指数计算如下:

$$K_2 = \frac{\overline{X}_1}{\overline{X}_{01}} = \frac{451.76}{404.71} = 111.63\%$$

$$\overline{X}_1 - \overline{X}_{01} = 451.76 - 404.71 = 47.05(元)$$

通过上述计算可以看到,平均指标的可变指数可分解为结构影响指数和固定构成指数,它们的关系如下:

**可变构成指数＝固定构成指数×结构影响指数**

$$109.84\% = 98.40\% \times 111.63\%$$

由绝对数分析可知,

$\overline{X}_1 - \overline{X}_0$ 表明总平均指标增减的绝对额,$\overline{X}_{01} - \overline{X}_0$ 表明结构变动对总平均指标增减的绝对额,$\overline{X}_1 - \overline{X}_{01}$ 表明各商场平均指标的变动引起的总平均指标增减的绝对额。它们之间的数量关系如下:

$$\overline{X}_1 - \overline{X}_0 = (\overline{X}_{01} - \overline{X}_0) + (\overline{X}_1 - \overline{X}_{01})$$

$$40.48(元) = (-6.57)(元) + 47.05(元)$$

## 第四节 几种常用经济指数

### 一、消费价格指数

消费者物价指数(Consumer Price Index,CPI)是世界各国普遍编制的一种指数,是度量一组代表性消费品及服务项目价格水平随着时间而变动的相对数。它是消费品及服务价格水平的变动情况的重要宏观经济指标,也是宏观经济分析与决策以及国民经济核算的重要指标。

编制居民消费价格指数的目的,是了解全国各地价格变动的基本情况,分析研究价格变动对社会经济和居民生活的影响,满足各级政府制定政策和计划、进行宏观调控的需要。我国现行的统计制度包括了200多种各式各样的居民消费的商品和服务,并将其分为8个主要的类别。在计算消费者物价指数时,每一个类别都有一个能显示其重要性的权数。这些权数是通过调查成千上万的家庭和个人购买的产品和服务而确定的。权数每两年修正一次,以使它们与人们改变了的偏好相符。

消费价格指数的编制过程主要采用拉式指数。消费价格指数是每月编制、每月公布的,属于环比指数,权数固定在基期上。

### 二、工业生产指数

工业生产指数就是用加权算术平均数编制的工业产品实物量指数,是西方国家普遍用来计算和反映工业发展速度的指标,也是景气分析的首选指标。工业生产指数是相对指标,衡量制造业、矿业与公共事业的实质产出,衡量的基础是数量而非金额。工业生产指数的基本原理是依据报告期的各种代表产品产量与基期相比,从而计算出个体指数,然后用衡量各种产品在工业经济中重要性不同的权数,加权平均计算出产品产量的分类指数和总指数,而总指数就是工业综合发展速度。

需要指出,工业生产指数是相对指标.仅反映短期经济的景气状况和发展趋势,当研究速度和效益问题时,不能提供绝对量指标;同时也不能提供按企业标志分组的发展速度。

## 三、股票价格指数

股票价格指数,简称股价指数,是为度量和反映股票市场总体价格水平及其变动趋势而编制的股价统计相对数。股价指数可以按年、季、月来编制,但因股价涨跌迅速,一般要求按日编制。通常是报告期的股票平均价格或股票市值与选定的基期股票的平均价格或股票市值相比,并将两者的比值乘以基期的指数值,即为该报告期的股票价格指数。当股票价格指数上升时,表明股票的平均价格水平上涨;当股票价格指数下跌时,表明股票的平均价格水平下降。股票价格指数能灵敏地反映出市场所在国家(或地区)的社会、政治和经济变化状况。

## 四、采购经理指数

采购经理指数,简称PMI,是指通过对企业采购经理的月度调查结果统计汇总、编制而成的指数,它涵盖了企业采购、生产、流通等各个环节,包括制造业和非制造业领域,是国际上通用的监测宏观经济走势的先行性指数之一,具有较强的预测、预警作用。综合PMI产出指数是PMI指标体系中反映当期全行业(制造业和非制造业)产出变化情况的综合指数。PMI通常以50%作为经济强弱的分界点,当PMI高于50%时,表示经济总体扩张;当PMI低于50%时,则表示经济总体收缩。

$$[\ 本章自测\ ]$$

### 一、问答题
1. 什么是统计指数?它有何作用?
2. 什么是指数体系?它有何作用?

### 二、计算题
1. 某市1999年第一季度社会商品零售额为36 200万元,第四季度为35 650万元,零售价下跌了0.5%,试计算该市社会商品零售额指数、零售价格指数和零售量指数,以及由于零售价下跌产生的居民少支出的金额。
2. 某厂三种产品的产量情况如表3-8所示。

表3-8 某厂三种产品的产量情况

| 产品 | 计量单位 | 出厂价格/元 | | 产量 | |
|---|---|---|---|---|---|
| | | 基期 | 报告期 | 基期 | 报告期 |
| A | 件 | 8 | 8.5 | 13 500 | 15 000 |
| B | 个 | 10 | 11 | 11 000 | 10 200 |
| C | 千克 | 6 | 5 | 4 000 | 4 800 |

试分析出厂价格和产量的变动对总产值的影响。

3. 某地区 3 种水果的销售情况如表 3-9 所示

表 3-9　某地区 3 种水果的销售情况

| 水果品种 | 本月销售额/万元 | 本月比上月价格增减/% |
|---|---|---|
| 苹果 | 68 | -10 |
| 草莓 | 12 | 12 |
| 橘子 | 50 | 2 |

试计算该地区 3 种水果的价格指数及由于价格变动对居民开支的影响。

[延伸阅读]

**什么是社会消费品零售总额?**

社会消费品零售总额是指批发和零售业、住宿和餐饮业以及其它行业直接售给城乡居民和社会集团的消费品零售额。其中,对居民的消费品零售额是指售给城乡居民用于生活消费的商品金额;对社会集团的消费品零售额,是指售给机关、社会团体、部队、学校、企事业单位、居委会或村委会等,公款购买的用作非生产、非经营使用的公共消费的商品金额。

理解社会消费品零售总额指标时有以下 4 点需要注意:(1)它反映的是生活性消费而非生产性消费;(2)它是一个商品销售金额的概念,不包括自给性消费和服务消费;(3)它不仅包括居民生活用消费还包括社会集团用作非生产、非经营使用的公共消费;(4)它是全社会口径的指标,通过各种商品流通渠道向居民和社会集团供应生活消费品来满足他们的生活需要,是研究人民生活水平、社会消费品购买力、货币流通等问题的重要指标。

目前,社会消费品零售总额指标由各级政府统计部门按照国家统计制度规定组织统计调查取得。本指标由批发和零售业的零售额、住宿和餐饮业的零售额以及其他行业的零售额 3 个部分构成。

如果要计算省级社会消费零售总额,则要对限额以上批发和零售企业实施全面调查,对限额以下批发和零售企业实施抽样调查;对住宿和餐饮企业实施全面调查。个体经营户零售额通过抽样调查方法取得。而其他行业的零售额由省、市、县各级以经济普查、重点调查、典型调查为基础,根据一定的比例推算确定。

批发和零售这两个指标的划分,社会上存在有很多误解,多数人认为:购买量大就是批发,购买量小就是零售;批发价购买就是批发,以零售价购买就是零售;单位购买就是批发、个人购买就是零售等。其实从统计的角度来说,批发和零售的区分既不看购买数量,也不看购买价格,而是看购买商品的用途,也就是说如果购买商品的用途在于生活消费,那就是零售;如果购买商品的用途在于销售或用于生产,那就是批发。

(资料来源:国家统计局)

# 第四章 统计数据的搜集与整理

## 教学目的

通过本章的学习，学生要了解统计数据搜集的基本概念及方法、统计数据整理的概念和内容、统计分组、分配数列及统计表等的概念和内容，结合统计调查的方案设计，正确理解统计数据整理的意义和步骤，学会运用各种统计数据进行调查与编制，能够对原始数据资料及其分布特征进行整理与简单展示。

## 教学要点

（1）统计报表、普查、典型调查、重点调查、抽样调查的概念和适用条件；
（2）调查方案的组成内容；
（3）统计分组、分配数列编制的方法；
（4）统计汇总和整理资料的展示。

## 第一节 统计数据的搜集组织形式

统计数据的搜集是指按照统计研究所预定的目标和任务，运用恰当的统计方法，有组织、有计划地向调查对象搜集原始资料的工作过程。而原始资料是指向被调查单位搜集的没有经过汇总整理，需要由个体过渡到总体的统计资料。在整个统计工作过程中，所有的统计计算和统计研究都是在原始资料搜集的基础上建立的，也就是说，统计数据的搜集处于统计工作的基础阶段。

统计数据搜集的组织形式有统计报表制度、普查、重点调查、典型调查和抽样调查。其中统计报表制度、普查和抽样调查是目前国内统计数据搜集的主要的组织形式。

### 一、统计报表制度

统计报表以表格的形式提出反映社会经济发展情况的各种书面报告。这些书面报告长期以来在我国已经制度化，所以又称为统计报表制度。统计报表是我国依照《中华人民共和国统计法》的规定，自上而下统一布置、自下而上逐级提供基本统计数据的一种调查方式。

统计报表制度是一个国家掌握社会经济发展动态变化的基本情况，稳定获取统计资料的重要途径。国家统计部门利用统计报表，为政府制定政策、编制和检查计划提供了大量可靠的依据，也可以指导有关部门、企业的生产、经营、管理和决策。统计报表具有可靠性、全面性、统一性和经常性（周期性）等特点。

统计报表在经济建设中发挥重要作用，但也存在一定的局限性。搜集统计数据会花费大量的人力、物力和财力；报表的内容和程序比较固定，缺乏灵活性；统计数据资料的获取时间较长；统计数据不全面，还有一部分重要的数据无法通过统计报表获得，如居民消费数据等。所以，统计报表必须和其他调查方式相结合使用。

### （一）统计报表的种类

统计报表的种类可按照报送范围、所属时期、报送方式、填报单位和实施范围划分。

**1. 按报送范围划分**

统计报表按报送范围不同，可分为全面报表和非全面报表。全面报表是一种全面调查方式，要求调查对象的所有单位都必须填报，而非全面报表只要求调查对象的部分单位填报。例如，我国工业和商业企业的统计报表，就只要求部分重点企业填报。

**2. 按报表所属时期划分**

统计报表按报表所属的时期长短不同，可分为定期报表和年报。日报、月报、季报和半年报都属于定期报表。报表所属时期长短和指标的详简程度呈负相关。一般情况下，报表所属时期愈短，指标项目就越简单，反之指标项目就越详细。

**3. 按报送方式划分**

统计报表按报送的方式不同，可分为表式报表、电讯报表和网络报表。表式报表是通过邮局收发的，报送时间相对较慢，年报和季报等时效性要求不高的报表可采用。电讯报表是采用电话、电报、传真等方式报送的，传送速度快，但费用高，通常日报、旬报采用此方式。网络报表是通过互联网等现代化工具来传送资料的，传送速度快，廉价便捷。

**4. 按填报单位划分**

统计报表按填报单位不同，可分为基层统计报表和综合报表。基层统计报表是由企事业单位填报的报表，它是统计调查的基本资料。填报基层报表的单位被称为基层填报单位。综合报表是由主管部门根据基层报表逐级汇总填报的统计报表。填报综合统计报表的单位被称为综合填报单位。

**5. 按实施范围划分**

统计报表按实施范围不同，可分为国家统计报表，部门统计报表和地方统计报表。国家统计报表是用来反映国民经济和社会发展情况的统计报表，也称为国民经济基本统计报表。它是由国家统一制定并在全国范围内实施，用来搜集全国性资料的报表，能够为全国性的计划和决策提供依据，如《中国统计年鉴 2018》。部门统计报表是为满足各部门业务管理的需要而制定并颁发的专业性统计报表，如《中国农业年鉴》《中国物流年鉴》等。地方统计报表是为满足本地区工作和管理需要而制定的统计报表，其实施范围是各省、市、县等，主要目的是搜集地方性统计资料，为地方经济社会发展服务。

### （二）统计报表的内容

统计报表制度是我国重要的国家管理制度，其基本内容包括报表目录、报表表式和填表说明。

**1. 报表目录**

在统计报表制度中，编制全面详细的报表目录非常重要，它有利于填报单位及时完成上报任务，也有利于统计资料在全国范围内的汇总整理。各种不同的统计报表列入报表目录中，报表目录是各种统计报表的一览表，规定了各报表的填报单位、调查对象、报送时间和程序等。填报单位根据报表目录了解何时用何种方式向哪一级主管部门、报送什么报表以及报表数量。

**2．报表表式**

报表表式是由国家统计部门根据所研究的任务与目的而专门设计制定的统计报表表格，即统计报表的具体格式。报表表格包括主栏项目、宾栏项目、补充资料项目等。每张表中都列有表头、表号、审批单位、制表单位、批准文号、填报单位、报出日期，以及报送单位负责人和填表人的签名。

**3．填表说明**

填表说明是对统计报表的统计范围、指标、项目分类等作出的规定，即填表时应注意的一些具体事项和要求，涉及到 4 个方面：① 填报范围；② 指标解释，对列入表式的统计指标的口径、计算方法、计算中应注意的问题等进行具体的说明，以防止填报时引起误解；③ 分类目录；统计报表主栏中应进行填报的、有关项目的分类，是填报单位的重要依据；④ 其他有关事项的规定；如报送日期、接收报表的上级机构、报送方式等。

为保证报表的质量，制定的统计报表制度应遵循以下 3 项原则。

（1）适用与精简相结合。在满足统计调查研究的目标和任务的同时，力求统计报表言简意赅，切实可行。

（2）客观与实际紧密联系。统计报表应根据实际情况制定，需要填报的内容是能搜集到的资料。各填报单位应如实填写，不允许弄虚作假，虚报瞒报。

（3）统一与配套。统计报表的制定与颁发，只能由统计部门或业务部门的综合统计机构统一组织，即使由统计部门与主管部门分别制定、分别下达，也必须尽可能做到基层表格形式的统一。

**（三）统计报表的资料来源**

统计报表的资料来源于基层的原始记录、统计台账和内部报表。

统计报表的最基本资料的来源是原始记录。原始记录是基层单位通过一定的表格形式，对其生产经营管理活动的具体内容和状况进行的最初的数字和文字记载，如企业产品产量记录、职工出勤记录、产品入库单等。原始记录是统计报表的基础和依据，具有广泛性、经常性、群众性和真实性的特点。在制定原始记录时应注意 3 个方面：① 从实际出发，原始记录的制定不能强求一致，必须符合企业特点和需要；② 原始记录要符合统计核算、会计核算和业务核算的需要；③ 制定原始记录要简明扼要、通俗易懂。

统计台账是基层单位根据统计报表的要求和基层经营管理的需要而按时间顺序设置的一种系统积累统计资料的表册。统计台账分为单指标统计台账和多指标统计台账。统计台账可以作为填报统计报表的依据，具有 3 点作用：① 保证资料的准确性与时效性，反映日常生产经营情况；② 可以提高统计报表的及时性；③ 有利于较为全面系统地积累资料，便于整理存档以及今后稽核。

基层的内部报表只适合本企业，它是对本企业内部的生产经营活动情况的填报。基层内部报表能够向本单位领导提供资料，也能够以它为基础来填报上级规定的统计报表，它是统计报表的资料来源。

## 二、普查

### 1. 普查的定义

普查是指一个国家或地区为详细调查某项重要的国情、国力，专门组织的、一次性大规模的全面调查，其主要用来收集那些不能够或不适宜采用定期全面的调查报表来收集的统计资料，是其他调查方式无法代替的。普查一般用来调查社会经济现象在一定时点或一定时期内所达到的状态或水平，如我国的人口普查、经济普查等。通过普查可摸清一个国家或地区的人力、物力和财力等情况，还可以获得某些专门问题的详细资料，为政府部门进行宏观经济决策、制定长远发展规划等提供依据。所以对普查资料的要求是全面、详尽、系统，但普查的工作量大，耗时、耗资较多，不宜经常采用。

### 2. 普查的组织方式

普查的组织方式一般有两种。一是通过专门组织的普查机构，配备大量的普查人员，对调查单位直接进行登记，如我国的人口普查。另一种是利用调查单位的原始记录和核算资料，对调查单位发放统一的调查表格，由登记单位按要求如实填报，如我国的物资库存普查。

普查的任务繁重，调查内容要求高、时效性强，通常需要动员和组织许多人力、物力和财力。在具体组织普查时必须遵循以下 4 项基本原则。

（1）为避免数据资料的重复和遗漏，必须统一规定普查的标准时点，所有的普查资料都反映这一时点上的状况，如我国第 5 次人口普查的标准时点为 2000 年 11 月 1 日零时。

（2）在普查范围内，各调查单位和调查点要尽可能同时行动，并尽可能在最短的时间内完成，以做到步调一致、报送及时，如我国第 3 次人口普查，调查登记的时间规定在 10 天之内。

（3）普查项目和指标统一规定，不得任意改变或增减，以免影响数据汇总。同一现象在各时期的普查项目也应尽可能保持相同，便于进行对比分析。

（4）根据普查任务，正确选择普查时间。普查时间的间隔，应尽可能保持一定的周期，如我国的人口普查一般每隔 10 年进行一次，便于对比分析。

## 三、典型调查

典型调查是根据调查的目的和任务，在对调查对象全面分析的基础上，有意识地选择少数有典型意义或有代表性的单位进行深入、细致调查的一种非全面调查方式。

### （一）典型调查的特点

典型调查有如下两个特点。

（1）调查范围小，调查单位少，可节省调查时间和调查费用。根据调查任务，可多设计一些调查项目进行深入、细致的调查，用来研究某些复杂的专门问题。

（2）典型调查的目的是通过调查典型单位来揭示事物的本质和规律，因此选择的调查单位具有代表性和典型性，它们应能反映所研究问题的本质特征或属性。

### （二）典型调查的组织

典型调查的关键是如何正确地选择典型单位。典型单位是指一部分或个别单位在被研究总体中，能最现实、最充分、最集中地表现总体某一方面共同本质特征的单位（个体）。应当根据调查研究的目的、任务来选择不同的典型单位，常见的方法有如下 3 种。

**1. 选择新生事物作为典型**

如果要深入研究新生事物的发展趋势，预测其发展前景，可以从新生事物中选择个别事物作为典型，研究其发展现状，从而预测新生事物的发展趋势，促使新生事物向一定的目标和方向发展。

**2. 挑选先进或落后的事物作为典型**

如果为了总结经验，则可选择成功或失败的典型例子作为典型单位进行调查研究。

**3. 选择中等水平的对象作为典型**

如果为了了解一般情况或事物发展的一般规律，则要挑选中等水平的事物作为典型单位进行调查研究，因为中等水平的对象可以代表总体的一般水平。

**（三）典型调查的作用**

典型调查具有以下 4 点作用。

（1）可以研究新生事物，预测新生事物发展的趋势。

（2）可以弥补全面调查和其他非全面调查的不足。

（3）可以用来研究事物变化发展的规律。典型单位具有调查对象的总体共性特征，包含了某些普遍性或共性的东西在里面并表现出一定的规律性，而找出事物的普遍性和共性，就能找出事物总体的规律。

（4）一般情况下，典型调查的资料不能推断出总体指标。但当需要及时掌握全面情况而又无法采用其他调查方式取得全面资料时，就可以利用典型调查的资料进行估计。

## 四、重点调查

重点调查是一种专门组织的非全面调查，一般是在调查对象中选择一小部分重点单位进行调查，以了解总体的基本情况。

重点调查的关键在于正确选择重点单位。重点单位是指在总体中虽然个数不多，但它们的标志值的总和在总体标志总量中却占绝大部分比重。例如，要了解我国钢铁行业的经营情况，只需选择宝钢、首钢、武钢、包钢等几个大型钢铁集团进行重点调查即可。

一般而言，当调查任务只要求掌握基本情况，而部分单位又能比较集中地反映研究项目和指标时，采用重点调查较为适宜。

重点调查具有调查范围小，省时省力的特点，是一种有效的调查方式。但重点单位与一般单位的差别较大，通常不能用重点调查的结果来推断总体指标。

## 五、抽样调查

抽样调查是一种专门组织的非全面调查，它根据随机的原则，从调查总体中抽取部分单位进行观察，并根据这部分单位的调查资料，从数量方面推断总体指标。被抽取出来的这部分单位称为样本。抽样调查就是用样本指标数值来推断出总体指标数值的调查方法。抽样调查不仅节省人力、物力、财力和时间，还能提高资料的时效性，获取比较准确的全面统计资料。

重点调查、典型调查和抽样调查都是非全面调查，但是存在较大的区别。抽样调查根据随机的原则抽取样本单位，可以根据样本指标来推断总体数量的特征，而重点调查和典型调查的调查单位不具有随机性，不能根据调查结果推断总体指标。

## 第二节　统计数据的搜集方法

统计数据是在一定时期内对特定对象进行调查研究与搜集之后得到的数据，具有一定的社会经济价值。统计数据的搜集方法主要有询问调查法、观察法和实验法3大类。

## 一、询问调查法

询问调查法是通过询问的方式向被调查者了解市场情况，获取原始资料的一种方法。采用询问法进行调查，对所要调查了解的问题，一般都事先陈列在调查表中，按照调查表的要求询问。根据询问的方式不同，询问调查法可分为面谈访问法、邮寄调查、电话调查网上调查和座谈会与个别深度访问5种。

### （一）面谈访问法

面谈访问法是指派调查人员当面访问被调查者与营销有关问题的方法。目前，面谈访问法调查是国内使用最广泛的方法，主要涉及到消费者研究、媒介研究，产品研究和市场容量研究4个方面。

**1. 消费者研究**

消费者研究也称消费市场研究，其主要步骤包括制定研究目标、收集二手资料、分析数据、准备研究报告，运用统计数据的搜集方法获取有用资料并进行深入研究。例如，消费者的消费行为研究、消费者的生活形态研究和消费者的满意度研究等。

**2. 媒介研究**

媒介研究主要是研究消费行为产生之前、中及之后与媒介相关的行为特点。例如，媒介接触行为研究、广告效果研究等。

**3. 产品研究**

产品研究是市场供求关系研究的更深层次，主要包括两项内容：一是研究产品的生命周期，了解产品适应市场的时限；二是研究产品的特性与功能，了解产品适应市场的能力。例如，对某产品的使用情况和态度研究、对某产品的追踪研究以及新产品的开发研究等。

**4. 市场容量研究**

市场容量是指在不考虑产品价格或供应商的前提下，市场在一定时期内能够吸纳的某种产品或劳务的单位数目。例如，对某类产品的目前市场容量和近期市场潜量的估计、各竞争品牌的市场占有率研究等。

### （二）邮寄调查

邮寄调查也称邮寄问卷调查，是一种标准化的调查。它通过邮寄或宣传媒体等方式将调查表或调查问卷送至被调查者手中，由被调查者填写，然后将调查表寄回或投放到指定收集点的一种调查方法。邮寄调查法适用于以下3种情况。

**1．调查地区范围大**

在一个地区可以邮寄调查问卷到许多地方甚至是全国来进行调查。不受调查所在地区的限制，只要能够邮寄，就可选为调查样本。

**2．样本数目多，而费用开支少**

按随机的原则选定调查样本，调查地区范围大则可选的调查样本数量随之增多，能够同时发放和回收问卷，而且调查时间短。

**3．被调查者时间充裕且不受影响**

被调查者有较充裕的时间来考虑回答调查问卷上的问题，并可避免在面谈中受调查者倾向性意见的影响，从而能够得到较为真实和可靠的情况。

邮寄调查的主要步骤包括问卷设计、确定样本量、选择邮寄访问对象、联系邮寄访问对象、寄出问卷、再次进行电话联系、收回问卷与整理以及数据处理与分析这 8 个方面。

### （三）电话调查

电话调查是指调查人员通过电话向被调查者询问有关调查内容，从而收集市场信息资料的调查方法。电话调查一般以电话簿为基础，进行随机抽样，然后拨通电话进行调查，具有时效快、费用低等特点。

近年来由于我国经济的高速发展，通信事业不断进步，电话普及率很高，尤其是智能手机已普遍进入消费者家庭，运用电话向分散的消费个人（或家庭）进行调查比较方便。电话调查的应用范围包括 4 个方面：① 对热点问题、突发性问题的快速调查；② 关于某特定问题的消费者调查；③ 特定群体调查，如对于投资者近期投资意向和打算的调查；④ 已经掌握了相当的信息，只需进一步验证这些信息时。

电话访问的具体操作包括电话访问的准备工作、电话访问的开场白、电话访问进行中以及打完电话之后向被访者致谢这 4 个步骤。

### （四）网上调查

网上调查是通过互联网平台发布问卷，由上网的消费者自行选择填答的调查方法。网上调查是在互联网日益普及的背景下经常采用的一种调查方法，其主要优势是访问者可以即时浏览调查结果。

网上调查是开放的，相比于传统的调查方法，它具有及时性、交互性、客观性、突破时空性、可控性和低费用等特点。网上调查主要有 E-mail 问卷、交互式 CATI 系统和网络调研系统 3 种方法。

### （五）座谈会与个别深度访问

座谈会也称为集体访谈法，它是将被调查者集中在调查现场，让他们对调查的主题（如一种产品、一项服务或其他话题）发表意见，从而获取调查资料的方法。座谈会是一种圆桌讨论会议，参加座谈会的人数不宜过多，一般为 6~10 人。

座谈会侧重于定性研究，通过座谈会找到一个问题的相关影响因素。如果要获取定量的信息，通常需要在座谈会之后结合大样本调查，进而找到一个影响因素对该定量的影响程度。

个别深度访问是一种一次只有一名受访者参加的针对特殊问题的调查方法，也侧重于定性研究。"深访"是一种无结构的个人访问,调查人员运用大量的追问技巧,尽可能让受访者自由发挥,表达他的想法和感受。

## 二、观察法

观察法是指不与调查对象直接交流,而是以旁观者的身份对具体事件、人物、行为模式等特征和演变过程进行记录的数据搜集方法。它主要针对调查对象的行动和意识,调查人员需要边观察边记录。观察法分为直接观察法和间接观察法。

常用的观察法有如下 3 种。

(1)暗访观察。暗访观察是指由经过严格培训的调查员在规定的时间内扮演成顾客,对事先设计的一系列问题逐一进行评估或评定的一种方式。暗访观察属于直接观察法。调查员扮演的顾客以普通顾客身份进入客户指定的门店,观察店面,对店面环境、服务人员的行为语言、服务规范性等方面进行暗访。

(2)购买者行为研究。购买者行为研究常常被零售商用于分析顾客的购买倾向。例如,大型超市的入口处经常会陈列着厂家推销的新产品或者商店要推销的季节性商品。顾客走进商店时,多半会驻足观看和选购这些商品。观察人员通过观察消费者对新产品和季节产品的关注度及购买情况来形成购买者行为分析报告。

(3)消费痕迹观察法。消费痕迹观察法属于间接观察法的一种,观察员通过观察消费者留下的痕迹来推断其消费行为。例如,国外有一家饮料公司曾根据垃圾站饮料瓶的回收情况,来分析消费者口味的偏好。

## 三、实验法

实验法是通过实验来研究变量之间因果关系的一种特殊的数据搜集方法。它在特殊的实验场所、特殊状态下,对调查对象进行实验以取得所需资料。实验法可以分为室内实验法和市场实验法。

实验法常用来调查某种因素对市场销售量的影响。例如,某一商品在改变品种、品质、包装、设计、价格等因素时,可以在一定条件下进行小规模实验,通过观察用户的反应来做出是否推广的决策。

# 第三节　统计调查方案设计

统计调查方案是指事先制定的、用来组织和协调统计调查全面开展的工作计划书。它是统计设计阶段的一项重要内容,是保证统计调查顺利进行的前提,也是准确、即时、系统和完整地取得调查资料的重要条件。在统计调查中,首要任务是设计调查方案。调查方案在设计时包括确定调查的目的和任务,确定调查对象和调查单位,确定调查项目和设计调查表,确定调查时间以及调查的实施计划等内容。

## 一、确定调查的目的和任务

设计调查方案的首要问题是确定调查的目的和任务。它解决的是"为什么调查"的问题。调查的目的和任务主要根据我国现代化建设的实际情况和现实需要来确定。

## 二、确定调查对象和调查单位

调查对象是指需要进行调查的某一社会经济现象的总体，它由许多性质相同的调查单位组成。调查单位是指在调查对象中需要调查的具体单位（或个体），即在某项调查中登记其具体特征的单位。

确定调查对象和调查单位要解决的问题是"向谁调查"。科学合理地确定调查对象，才能正确界定统计研究的总体范围，才有可能保证所搜集到的数据的准确性和有用性。例如，要全面了解我国的国有大型企业的经营情况，那么我国所有的国有大型企业构成的整体是调查对象，每一家国有大型企业就是一个调查单位。

调查对象和调查单位的关系是统计总体与个体的关系，调查对象是统计总体，而调查单位是统计个体。调查对象包含调查单位，调查单位可以是调查对象中的全部单位，也可以是部分单位。例如，在全国工业企业普查中，调查单位是调查对象中的全部单位（即所有的工业企业）。而在全国人口 1% 的抽样调查中，调查单位只是调查对象中的部分单位。

调查单位与报告单位有一定的联系。报告单位即填报单位，是负责向上级部门报告并提交统计资料的单位。报告单位通常具有一定的经济、行政独立性，而调查单位可以是企事业单位，也可以是个人。调查单位与报告单位有时一致，有时不一致。例如，全面调查某市商业企业的经营状况，那么该市所有的商业企业构成的整体是调查对象，每一家商业企业既可以是调查单位，也可以是报告单位。

## 三、确定调查项目和设计调查表

### （一）确定调查项目

调查项目是指统计调查的具体内容，也就是调查中所要登记的调查单位的特征，即统计标志。调查项目可以是调查单位的品质特征也可以是数量特征。它要解决的是"调查什么"的问题。例如，居民家庭纯收入调查表中的人口数、具体收入等调查项目。

### （二）设计调查表

调查表也就是调查问卷，是将调查项目按照一定的顺序排列而成的一种表格形式，是统计工作中搜集原始资料的基本工具。在统计调查中用于登记、搜集原始统计资料的表格，只记录调查单位（即统计个体）的特征，不能反映统计总体的数量特征。

通常调查表有两种形式，分别是单一表和一览表。单一表中只登记一个调查单位，它可以容纳较多的调查项目，适合详细的调查，如居民家庭收入调查中的每一个家庭填写一张调查表。而一览表可登记较多调查单位。如果调查项目不多，可采用一览表，如某班全体学生的统计学考试成绩登记表。

调查表一般由表头、表体和表脚 3 个部分构成。表头是调查表的名称，填写调查单位的名称、性质、隶属关系，便于核实和复查调查内容。表体是调查表的主要部分，包括调查的具体项目。表脚一般由填报人签名、报表填写日期和填表说明等组成。

## 四、确定调查时间

调查时间包含有调查资料所属的时间和调查时限两层含义。

## （一）调查资料所属的时间

如果调查的是时期现象，则要规定调查现象所属的起止时间，从具体某一天开始直到结束的资料。如果调查的是时点现象，要规定资料所属的标准时点，如对某企业原材料的库存量进行月底清盘。

## （二）调查时限

调查时限，即整个调查工作的起止时间，包括搜集资料和报送资料所需要的时间，以便保证统计调查数据的时效性，如某校组织学生进行社会调查，要求在 2009 年 6 月至 9 月之间进行，调查时限为 4 个月。

# 五、调查的实施计划

周密细致的组织工作是保证统计调查顺利进行的前提。调查工作包括调查工作的组织领导机构，调查人员的培训，调查工作完成的期限和工作进度，调查经费的预算开支方法，调查方案的传达、试点以及其他前期准备工作等。

# 第四节  统计数据的整理与显示

统计数据整理是统计工作过程中的中间环节，它既是统计数据搜集调查的继续，又是统计分析的前提。

通过统计数据搜集调查所获得的各项原始资料只是一些零星的、分散的、不系统的原始资料，它只能反映事物的表面现象，还不能反映现象的本质，更不能从数量方面来揭示现象发展变化的规律。因此，必须对这些杂乱无章的资料去粗取精、去伪存真、由表及里，进行科学的加工整理，得出反映事物总体数量特征的综合资料。

统计数据整理就是根据统计研究的目的，将搜集到的各项原始资料按照科学的方法进行分类和汇总，让这些资料系统化、条理化，从而得到能够反映事物总体特征的综合资料的工作过程。其中还包括系统地整理资料与为研究特定问题而对资料进行的再加工。例如，对我市所有家电销售企业进行调查后，收集到的每个家电销售企业的资料，一般都只是反映企业自己的情况，如企业销售额、销售利润、职工人数、仓储费用等。而我们若想得到本市家电销售企业整体的情况，就必须对我们所收集到的资料进行分类、汇总等加工处理，这样才能更进一步地分析我市家电销售企业的经营状况、发展规模等，从而达到对我市家电销售企业的全面、系统的认识。

统计数据整理是整个统计工作的第三阶段，是统计数据搜集调查和统计分析之间必须经过的一个步骤，具有连接和过渡的作用。通过统计数据整理能将感性认识提升到理性认识的高度。一方面，它是统计调查的继续和深入，统计研究的基础是通过统计调查收集到的大量的统计数据，但是仅仅依靠这些原始数据是不足以得到分析结果的，所以需要对这些原始数据进行科学的整理和汇总；另一方面，统计整理又是统计分析的前提和基础，统计数据搜集调查获得的原始数据只有经过科学的加工、整理之后才能进行统计分析。所以统计数据的整理是否科学合理，将直接影响到统计分析和预测结论的正确性。

### 一、统计数据整理的基本步骤

统计数据整理是一项细致的工作，需要有计划、有步骤地进行。一般来说，统计数据整理分为以下 5 个步骤。

#### （一）设计统计数据整理方案

设计统计数据整理方案是进行统计整理工作的基础，制定正确的统计数据整理方案能保证统计整理工作有序进行。在进行具体的统计整理工作之前要进行统计数据整理方案的设计，所以应当首先明确统计研究的目的，以及统计整理的目标，同时还要确定统计分组，采用的汇总指标、汇总的形式和统计数据的体现形式等。

#### （二）对原始数据进行审核

在进行统计汇总前，为了保证统计数据的可靠性，要对它们的准确性、完整性和及时性进行审核，以求及时发现问题并加以修改。

数据的准确性是指调查项目的结果是否合理、无误，在计算的过程中是否有错误等。具体审核的方法有逻辑检查和计算检查两种。逻辑检查是利用逻辑理论来检查指标之间或数据之间是否有矛盾；计算检查是检查数据的计算方法和计量单位等是否符合要求，计算结果是否正确、是否符合实际情况。

数据的完整性是指所有的调查单位没有重复或者遗漏，调查表中的所有项目资料应该齐全。

数据的及时性是指数据应该按照规定的时间收集和上报。

#### （三）对原始数据进行统计分组、汇总和计算

按照数据整理的要求进行分组汇总，计算各组单位数和总体单位数，计算各组指标和综合指标。

#### （四）汇总后检查

对整理好的数据进行检查，检查纵横平衡关系、逻辑上的差错等，以便及时纠正在汇总过程中产生的各种差错。

#### （五）编制统计表或绘制统计图，显示汇总结果

统计表或统计图的制作是统计整理中的最后一个环节，在进行这个环节前应当对整理好的数据再次进行核对，及时纠正在汇总过程中发生的各种差错。要简明扼要地反映社会经济现象总体及总体各部分数量方面的有机联系和数量特征，最后得到统计整理的成果，形成统计表或者统计图。

## 二、统计分组

统计分组是指根据统计研究的目的和被研究对象的本质特征，将统计总体按照一定的标准划分为若干性质不同的部分。

各统计总体之间既有共性又有一定的差异，而统计分组就是建立在共性和差异的对立统一的基础上的。我们进行统计分组的目的就是通过对原始数据的分组来揭示各现象内部之间的差异，并将不同性质的单位分开来，把性质相同或者相近的单位合在一起。也就是说统计分组工作对统计总体来说是把统计总体按照一定的标准分为若干个部分；而对于总

体的单位来说是把性质相同或者相近的个体组合起来。而选定分组标志时，应该做到同组的个体单位之间都要具有一定的相同之处，不同组的个体单位之间都应具有一定的差异。所以，统计分组实际上是对统计总体内部的个体单位进行分类，而这种分类可以体现在性质、数量以及空间等方面。

统计分组贯穿于整个统计工作。统计分组的合适与否直接影响到能否整理出统计研究所需要的统计资料，所以说一个良好的统计分组对整个统计工作的成败有决定性的作用。

对社会经济现象进行分析研究，不仅包括总体的数量特征，而且还包括总体中各个组成部分，只有这样才能更全面、深刻地认识事物的本质及其规律性。

### （一）统计分组的作用

#### 1. 区分社会经济现象的类型

统计分组能够区分社会经济现象的类型。例如，企业按所有制形式可分为国有企业、集体企业、私营企业和其他类型企业，通过对比分析，可以充分揭示出各类企业的特征及其发展规律。

#### 2. 研究总体内部结构及其变化

利用统计分组，可将社会经济现象分成若干个组成部分，计算出各组成部分的数值在总体中所占的比重，就可揭示总体的内部构成情况。例如，表 4 - 1 所示是我国三次产业结构变化情况。

表 4 - 1　我国三次产业结构　　　　　　　　单位：%

| 产业 | 年份 | | | | | |
|---|---|---|---|---|---|---|
| | 1995 | 2000 | 2005 | 2010 | 2015 | 2017 |
| 第一产业 | 20.5 | 15.9 | 13.1 | 10.1 | 8.8 | 7.9 |
| 第二产业 | 48.8 | 50.9 | 46.1 | 46.8 | 40.9 | 40.5 |
| 第三产业 | 30.7 | 33.2 | 40.8 | 43.1 | 50.2 | 51.6 |

#### 3. 探讨现象之间的依存关系

社会经济现象之间都不是孤立的，而是相互联系、相互制约的。通过统计分组，可以揭示现象之间的这种依存关系。例如，表 4 - 2 所示是某镇按工人劳动生产率的分组情况。

表 4 - 2　某镇按工人劳动生产率分组表

| 工人劳动生产率/(万元/人) | 企业个数/个 | 成本利润率% |
|---|---|---|
| 2 以下 | 6 | 15 |
| 2～3 | 16 | 17 |
| 3～4 | 18 | 20 |
| 4～5 | 10 | 21 |

### （二）统计分组的方法

统计分组的关键是选择分组标志和划分各组界限。因此，统计分组的方法就是指分组标志的选择和正确划分各组界限。

**1. 分组标志的选择**

分组标志是分组的标准或依据。因此，分组标志选择得恰当与否，直接关系到能否正确反映总体内部的性质特征。所以在实际工作中应根据统计研究的目的与任务正确选择分组标志。

**2. 正确划分各组界限**

划分各组界限，就是要在分组标志的变异范围内，划定各相邻组间的性质界限或数量界限。划分各组界限时，应当依据统计研究的目的和要求，确定总体在已选定的分组标志下有多少种性质不同的具体表现，再确定各组之间的具体界限。一般来说，分组方式主要有按品质标志分组、按数量标志分组以及简单分组与复合分组这 3 种。

1）按品质标志分组

按品质标志分组就是按事物的性质、属性分组。品质标志分组一般较为简单，分组标志一旦确定，组数、组名、组与组之间的界限也就确定了。有些复杂的品质标志分组可根据统一规定的划分标准和分类目录进行。例如，表 4-3 中某班学生按性别分组，则界限明确。

**表 4-3　某班学生按性别分组表**

| 性别 | 人数/人 | 人数比重/% |
|---|---|---|
| 男 | 15 | 37.5 |
| 女 | 25 | 62.5 |
| 合计 | 40 | 100.0 |

2）按数量标志分组

按数量标志分组就是按照事物的数量特征进行分组。按数量标志分组的目的并不是单纯地确定各组在数量上的差别，而是要通过数量上的变化来区分各组的类型和性质。例如，表 4-4 中某班学生考试成绩分布依据数量分组，则其组别清晰。

**表 4-4　某班学生考试成绩分组表**

| 成绩/分 | 人数/人 |
|---|---|
| 60 以下 | 4 |
| 60～70 | 7 |
| 70～80 | 15 |
| 80～90 | 8 |
| 90～100 | 6 |
| 合计 | 40 |

数量标志分组的方法分为单项式分组和组距式分组、等距分组和不等距分组以及组限和组中值 3 种。

（1）单项式分组和组距式分组。对离散变量来说，如果变量值的变动幅度小，就可以一个变量值对应一组，称为单项式分组。例如，居民家庭按儿童数或人口数分组，均可采用单项式分组。如果变量值的变动幅度很大，需要变量值的个数较多，则需要把整个变量值依次划分为几个区间，各个变量值则按其大小确定所归并的区间，区间的距离称为组距，这样的分组方式称为组距式分组。

也就是说，离散变量根据情况既可用单项式分组，也可用组距式分组。在组距式分组中，相邻组既可以有确定的上下限，也可将相邻组的组限重叠。

连续变量由于不能一一列举其变量值，只能采用组距式的分组方式，且相邻的组限必须重叠。例如，以总产值、商品销售额、劳动生产率、工资等为标志进行分组，就只能是相邻组限重叠的组距式分组。

在相邻组组限重叠的组距式分组中，若某单位的标志值正好等于相邻两组重叠的上下限的数值，一般把此值归并到作为下限的那一组。

组距式分组使资料的真实性受到一定程度的影响。因为其分组的假定条件是变量在各组内的分布都是均匀的（即各组的标志值呈线性变化）。

通过组距式分组以后，各组内部各单位间的次要差异减小，而各组之间的主要差异突显出来，这样，各组分配的规律性就可以更容易显示出来。如果组距太小，分组过细，容易将属于同类的单位划分到不同的组，因而显示不出现象类型的特点；但如果组距太大，组数太少，会把不同性质的单位归并到同一组中，失去区分事物的界限，达不到正确反映客观事实的目的。因此，组距的大小、组数的多少应根据研究对象的经济内容和标志值的分散程度等因素确定，不可强求一致。

（2）等距分组和不等距分组。等距分组是各组保持相等的组距，也就是说各组标志值的变动都限于相同的范围。而不等距分组即是指各组组距不相等的分组。

统计分组时采用等距分组还是不等距分组，取决于研究对象的性质特点。在标志值变动比较均匀的情况下，宜采用等距分组。等距分组便于各组单位数和标志值进行直接比较，也便于计算各项综合指标。在标志值变动很不均匀的情况下，宜采用不等距分组。不等距分组有时更能说明现象的本质特征。

（3）组限和组中值。组距两端的数值称为组限。其中，每组的起点数值称为下限，终点数值称为上限。上限和下限的差称为组距，表示各组标志值变动的范围。而各组标志数的平均数在统计分组后很难计算出来，就常以组中值近似代替。组中值是上下限之间的中点数值，仅存在于组距式分组数列中，单项式分组中不存在组中值。

组中值的计算是有假定条件的，即假定各组标志值的变化是均匀的（与组距式分组的假定条件相同）。一般情况下，组中值等于上限值与下限值和的一半。

对于第一组是"多少以下"，最后一组是"多少以上"的开口组，组中值的计算可参照邻组的组距来决定。即：缺下限开口组的组中值等于上限值减去邻组组距的一半，缺上限开口组的组中值等于下限值加上邻组组距的一半。

3）简单分组与复合分组

简单分组是指对总体只按某一个标志进行分组。而复合分组是指对总体用两个或两个以上的标志进行层叠分组。例如，表4-5中，某校教师采用性别与职称两个标志进行层叠分组，人数、比重非常清晰。

表 4-5　某校教师按性别职称复合分组表

| 组别 | | 人数/人 | | 比重％ | |
|---|---|---|---|---|---|
| 男性 | 教授 | 92 | 4 | 42.2 | 1.8 |
| | 副教授 | | 18 | | 8.3 |
| | 讲师 | | 40 | | 18.3 |
| | 助教 | | 30 | | 13.8 |
| 女性 | 教授 | 126 | 3 | 57.8 | 1.4 |
| | 副教授 | | 22 | | 10.1 |
| | 讲师 | | 56 | | 25.7 |
| | 助教 | | 45 | | 20.6 |
| 合计 | | 218 | 218 | 100 | 100 |

# 三、分配数列

## （一）分配数列的概念与构成要素

### 1．分配数列的概念

在统计分组的基础上，将总体的所有单位按组归类整理，并按一定的顺序排列，形成总体中各个单位在各组间的分布，称为次数分配数列，简称分配数列。

在分配数列中，分布在各组的总体单位数目称为次数，又称为频数。各组的次数与总次数（总体单位总量）之比叫频率。各组的频率大于 0，所有组的频率总和等于 1。

在变量分配数列中，频数（频率）表明对应组标志值的作用程度。频数（频率）越大，表明该组标志值对于总体水平所起的作用越大；反之，频数（频率）越小，表明该组标志值对于总体水平所起的作用越小。

### 2．构成要素

次数分布主要由两个要素构成：一是总体按某个标志所分的组；二是各组的总体单位数，即次数或频数，如果用比重表示，则是频率。

分配数列是统计分组结果的主要表现形式，也是统计分析的一种重要方法。它可以表明总体单位在各组的分布特征和结构状况，并在这个基础上来进一步研究标志的构成、平均水平及其变动规律性。

## （二）分配数列的种类

分配数列按照分组的标志不同可分为品质数列和变量数列。

### 1．品质数列

按品质标志分组所编制的分配数列称为品质分配数列，简称品质数列。

编制品质分配数列，只要分组标志选择合理，分组标准定得恰当，则事物性质的差异会表现得比较明确，总体中各组的划分较容易。因而品质数列一般比较稳定，能够准确地反映总体的分布特征。例如,表4-6中将在校学生的分组标志确定为性别。

**表4-6  某大学在校学生的性别分布情况**

| 性别 | 学生人数/人 | 学生人数比重/% |
|------|-----------|---------------|
| 男性 | 11 696 | 85.5 |
| 女性 | 1984 | 14.5 |
| 合计 | 13 680 | 100.0 |

### 2. 变量数列

按数量标志分组所编制的分配数列称为变量数列。变量数列又可分为单项式变量数列和组距式变量数列。

1) 单项式变量数列

按每个变量值分别列组,所编制的变量数列称为单项式变量数列,又称为单项数列。它的数列组数等于数量标志所包含的变量值的数目。

单项变量数列一般在变量值不多且变量值的变动范围不大的条件下采用。例如,表4-7中将工人看管机器台数作为分组变量。

**表4-7  某车间工人看管机器台数分布**

| 按工人看管机器分组 | 工人数/人 | 工人比重/% |
|------------------|----------|-----------|
| 5 | 18 | 22.5 |
| 6 | 26 | 32.5 |
| 8 | 24 | 30.0 |
| 10 | 12 | 15.0 |
| 合计 | 80 | 100.0 |

2) 组距式变量数列

由表示一定变量范围(或距离)的两个变量分别列组,所编制的变量数列称为组距式变量数列,又称组距数列。例如,表4-8中将工人的工资水平作为变量进行分组。

**表4-8  某企业职工月工资情况**

| 按工资水平分组/元 | 工人数/人 | 比重/% |
|-----------------|----------|--------|
| 100~150 | 180 | 18 |
| 150~200 | 320 | 32 |
| 200~250 | 400 | 40 |
| 250 以上 | 100 | 10 |
| 合计 | 1 000 | 100.0 |

在组距式变量数列中，要清楚以下 3 个概念。

（1）组限。组限表示各组界限的变量值，分上限和下限。下限是每组最小的变量值，上限是每组最大的变量值。例如，表 4 - 8 中，100～150 元工资水平组中，100 元和 150 元是组限，100 元为下限，150 元为上限。

（2）组距。组距是指每组下限与上限之间的距离，等于上限与下限之差。

（3）组中值。组中值是指每组下限与上限之间的中点数值，即上限与下限值和的一半。例如，表 4 - 8 中，100～150 元工资水平组的组距 = 150 - 100 = 50（元），组中值 = $\frac{150+100}{2}$ = 125（元）。

编制组距式变量数列时，往往使用最小组缺下限或最大组缺上限，这样不确定组距的组称为开口组。开口组的组距以相邻组的组距作为本组的组距，确定其下限或上限，再计算组中值。例如，表 4 - 8 中，以 200～250 元工资水平组的组距作为 250 元以上工资水平组的组距，确定 250 元以上工资水平组的上限值为 300 元，即可得出 250 元以上工资水平组的组中值 = $\frac{250+300}{2}$ = 275（元）。

值得注意的是，组中值代表各组的一般水平，这种代表有一定的假定性，即假定次数在组内分布是均匀的。

组距式变量数列，根据各组的组距是否相等，可分为等距数列和异距数列。等距数列由于组距相等，各组次数的分布不受组距大小的影响。而异距数列各组次数多少受组距不同的影响，组距大则次数数值可能大，组距小则次数数值可能小。为了消除此影响，需要计算次数密度。次数密度是指单位组距的次数多少，又称为频数密度，即次数密度 = $\frac{次数}{组距}$。例如，表 4 - 8 中，100～150 元工资水平组的次数密度 = $\frac{180}{50}$ = 3.6。

组距式变量数列，一般在变量值较多且变量值的变动范围较大时采用。

### （三）组距数列的编制

组距数列的编制步骤：将原始数据按由小到大的顺序重新排列，确定全距，确定组距和组数，确定组限以及编制变量数列。以下是某班学生统计学考试分数的原始数据（单位：分）如下：

87、63、88、93、65、94、84、85、44、78、69、78、50、76、69、77、56、60
91、83、92、62、94、65、70、69、73、85、74、79、86、90、89、91、80

**1. 将原始数据按由小到大的顺序重新排列**

只有确定原始数据的顺序，才能得出变量分布的集中趋势和特点，为确定全距、组距和组数作准备。

某班学生统计学考试分数数据排列如下（单位：分）如下：
44、50、56、60、62 、63、65、65、69、69、69、70、73、74、76 、77、78、78
79、80、83、84、85、85、86 、87、88、89、90、91、91、92、93、94、94

**2. 确定全距**

全距是指变量值中最大值和最小值的差数，即 $R = X_{max} - X_{min}$。确定全距主要是为了确定变量值的变动范围和变动幅度。如果是变动幅度不大的离散变量，即可编制为单项式变量数列，如果是变量幅度较大的离散变量或者是连续变量，就要编制为组距式变量数列。

**3. 确定组距和组数**

组距的大小和组数的多少，是互为条件和互相制约的。当全距一定时，组距大，组数就少；组距小，组数就多。在实际应用中，组距一般是整数，最好是 5 或 10 的整倍数。在确定组距时，必须考虑原始数据的分布状况和集中程度，注意组距的同质性，尤其是对带有根本性的质量界限，绝不能混淆，否则就会失去分组的意义。

在等距分组条件下，存在以下关系：

$$组数 = \frac{全距}{组距}$$

**4. 确定组限**

当组数、组距确定以后，还需划定各组的数量界限，才可编制组距变量数列。组限的确定，除了应区分事物的性质和反映总体的分布特征外，还应注意以下 3 点。

（1）最小组下限低于最小变量值，最大组上限高于最大变量值；

（2）确定组限的形式。由于变量有连续型变量和离散型变量之分，其对组限的划分要求也不同。对于连续型变量，划分组限时相邻的组限必须重合，而习惯上规定，各组不包括其上限变量值的单位，即所谓"上组限不在内"的原则。对于离散型变量，划分组限时相邻组的组限必须间断。但是，在实际工作中，为了保证不重复不遗漏总体单位，离散变量也常常采用连续型变量的组限表示方法。

（3）确定开口组和闭口组。当变量出现极大值或极小值时，可采用开口组，即用"××以下"或"××以上"表示。

**5. 编制变量数列**

经过统计分组，明确了全距、组距、组数和组限以后，就可以把变量值归类排列，最后把各组单位数经综合后填入相应的表格中。某班统计学考试成绩表如表 4-9 所示。

表 4-9　某班统计学考试成绩表

| 按考试分数分组/分 | 学生人数/人 |
| --- | --- |
| 60 以下 | 3 |
| 60～70 | 8 |
| 70～80 | 8 |
| 80～90 | 9 |
| 90 以上 | 7 |
| 合计 | 35 |

# 四、统计表

## （一）统计表的概念

统计表是指用纵横交叉的线条绘制的，用以表现统计资料的表格，是表现统计资料最常用的一种形式。统计表是把一系列结果按照一定的持续和逻辑关系加以排列，利用表格的形式表达出来的一种方法。

从广义上讲，统计工作各阶段使用的一切表格都是统计表，如调查表、分组表、分析表等都可以称为统计表。但是从狭义上来说，统计表是指统计整理阶段的统计表，专指分析表和包含各种统计资料的表格。本书主要研究的是狭义上的统计表。

**（二）统计表的构成**

统计表从形式上看，主要由总标题、横标题、纵标题和指标数值4个部分构成。

总标题是统计表的名称，能够简明扼要地说明统计表中所反映的统计资料的基本内容，并为表中的资料指明时间和空间范围，一般位于表格的上端正中央。

横标题是统计表中数据所说明的对象，即总体各组或单位的名称，可以用来说明统计资料所反映的总体、总体单位及其分组名称，一般位于表的左端。

纵标题是说明总体、总体单位及其各组的统计指标的名称，一般位于表的右上方。有些时候根据具体需要，可以将统计表的横标题和纵标题交换位置，也就是横标题在表格的右上方，纵标题在统计表格的左端。

指标数值是列在横标题和纵标题交叉处的，用来说明总体、总体单位及其组成部分的数列特征，是统计表的核心部分。

除此之外，统计表还有计量单位。若全表使用同一个计量单位，则把它标在表格的右上角；如果横标题计量单位互不一致，则在横标题之后设置专门的计量单位栏；如果纵标题计量单位互不一致，则在纵标题之后加以注明。例如，表4-10为我国2017年国内生产总值统计表。表格上面为总标题，表格第一行为纵栏标题，表格第一列为横栏标题，表格中数值为指标数值。

**表4-10　我国2017年国内生产总值** ——→总标题

| 组别 | 增加值/亿元 | 比重/% |
|------|------------|--------|
| 第一产业 | 65 468 | 7.9 |
| 第二产业 | 334 623 | 40.5 |
| 第三产业 | 427 032 | 51.6 |
| 合计 | 827 122 | 100.0 |

（纵标题栏、指标数值、横行标题）

统计表从内容上来看，由主词和宾词两个部分构成。

主词也就是横标题，一般位于表格的左边，主要用来说明统计表所要反映的总体、总体的各个组的名称。

宾词一般位于统计表的右边，主要用来说明主词的各种统计指标，包括统计指标的名称和指标数值。

与横标题和纵标题一样，主词和宾词在必要的时候也可以相互交换位置或者合并排列。例如，表4-11我国2017年国内生产总值表格中，第一列为主词，第二、三列为宾词。

表 4 - 11    我国 2017 年国内生产总值

| 组别 | 增加值/亿元 | 比重/% |
|------|------------|--------|
| 第一产业 | 65 468 | 7.9 |
| 第二产业 | 33 4623 | 40.5 |
| 第三产业 | 42 7032 | 51.6 |
| 合计 | 827122 | 100.0 |

主词                               宾词

另外，统计表还包括补充资料、注解、资料来源、填表单位、填表人等。

**（三）统计表的种类**

统计表按主词是否分组及分组的程度，分为简单表、分组表和复合表。

**1. 简单表**

简单表是指主词未经任何分组的统计表，即主词仅罗列总体各单位的名称或时期。如表 4 - 12 我国 2006—2015 年粮食总产量中，主词为年份和总产量。

表 4 - 12    我国 2006—2015 年粮食总产量

单位：万吨

| 年份 | 2006 | 2007 | 2008 | 2009 | 2010 |
|------|------|------|------|------|------|
| 总产量 | 49 804 | 50 160 | 52 870 | 53 082 | 54 647 |
| 年份 | 2011 | 2012 | 2013 | 2014 | 2015 |
| 总产量 | 57 120 | 58 958 | 60 194 | 60 710 | 62 144 |

**2. 分组表**

分组表是指主词只按某一个标志进行分组的统计表。如表 4 - 13 我国 2017 年国内生产总值中，主词按产业类别分为第一列中第一产业、第二产业和第三产业。

表 4 - 13    我国 2017 年国内生产总值

| 组别 | 增加值/亿元 | 比重/% |
|------|------------|--------|
| 第一产业 | 65 468 | 7.9 |
| 第二产业 | 334 623 | 40.5 |
| 第三产业 | 427 032 | 51.6 |
| 合计 | 827 122 | 100.0 |

**3. 复合表**

复合表即主词按两个或两个以上的标志进行层叠分组的统计表，如表 4 - 14 所示。

表 4－14　某校教师按性别职称复合分组表

| 组别 | | 人数/人 | | 比重% | |
|---|---|---|---|---|---|
| 男性 | 教授 | 92 | 4 | 42.2 | 1.8 |
| | 副教授 | | 18 | | 8.3 |
| | 讲师 | | 40 | | 18.3 |
| | 助教 | | 30 | | 13.8 |
| 女性 | 教授 | 126 | 3 | 57.8 | 1.4 |
| | 副教授 | | 22 | | 10.1 |
| | 讲师 | | 56 | | 25.7 |
| | 助教 | | 45 | | 20.6 |
| 合计 | | 218 | 218 | 100 | 100 |

### （四）统计表的编制规则

为了使统计表能够简明扼要、准确地说明问题，在编制时应遵守以下 6 个规则。

（1）统计表的各种标题，特别是总标题，应简明、确切地概括表中的基本内容，以及资料所属的时间和空间。

（2）如果统计表的栏数较多，应加以编号，并可以标明其相互关系。主词栏和计量单位栏一般用甲、乙、丙、丁等文字编号。宾词各栏则用 1、2、3、4 等数字编号。

（3）统计表中的数字应对齐位数，当有相同数值时应填写该数，不能用"同上""同左""同右"等字样代替，若没有数字或不应该有数字，则要用短线"—"表示，当缺乏某项资料时，可用"……"标明，表示不是漏填。

（4）统计表中必须注明数字的计量单位或设计量单位栏，如果表中数据都是同一计量单位，可以将计量单位写在表的右上方。

（5）统计表一般采取开口式，即左右两边不封口。表的上下端横线用粗线表示。

（6）统计表的数据来源以及其他需要附加的说明可以写在表的下端，以便核查。

## 五、统计图

### （一）统计图的概念

统计图是指根据统计数据，利用点、线、面或立体图像等形式来表达其数量或变化动态的图形。

与统计表相比，统计图具有形象生动、一目了然、通俗易懂的特点，容易给人留下明确而深刻的印象。所以统计图也是表现统计资料的一种重要形式。

### （二）统计图的构成

统计图一般由图题、图目、图尺、图线、图形、图注等几个部分组成。

（1）图题是指统计图的标题或名称，它能够反映统计图的内容。

（2）图目是指在横轴的下面和纵轴的侧面所标注的表明事物的类型、地点、时间、指标等的文字或数字，说明横、纵轴所代表的事物及其单位。

（3）图尺是指测定指标数值大小的标尺，也称尺度，包括尺度线、尺度点和尺度数。

（4）图线是构成统计图的各种线，一般有基线（基准线）、图示线（表现各种几何图形的线）、指导线（网格线）、边框线等。

（5）图形是根据统计资料用较粗的图示线绘成的图形，它是统计图的主体部分，主要通过它来表明社会经济现象的数字资料。

（6）图注即统计图的注释和说明部分，包括图例和资料来源等。

### （三）统计图的种类

按统计图的形式不同，可分为几何图、象形图和统计地图。

几何图是利用几何图形来表现统计资料的图形，如散点图、柱形图、条形图、折线图、饼形图等。

象形图是利用事物的形象来表明统计资料的图形。

统计地图是指以地图为底本，利用点、线、面或实物形象等来表明各区域某项指标的大小及其分布状况的图形。

### （四）绘制统计图的一般要求

绘制统计图有以下 5 点要求。

（1）应根据统计资料的性质和研究目的，正确选择图形的类型。

（2）统计图的名称应简明扼要，切合图的内容，一般放在图形的下方或上方。

（3）在同一统计图中比较几种不同的事物时，须用不同的线条或颜色表示，并在图例中以文字说明。图例的形状、颜色、线纹图案等都应与图形本身一致。

（4）纵、横轴都应有图目，并注明统计资料的计量单位，计量单位应放在尺度线的顶端或外侧。尺度数的位数不宜过多，如果过多，应扩大其计量单位，以减少位数。

（5）如果省略图尺，应在图形上标注指标数值。

### （五）统计图的制作

目前，市面上有许多统计软件都能提供强大的统计作图功能。在本书中，主要介绍创建 Excel 图表，具体步骤如下。

步骤一：打开 Excel 工作簿，输入统计数据并选定用于作图的数据范围。

步骤二：利用"图表向导"作图。作图步骤如下。

（1）确定图表类型。选择"插入"菜单中的"图表"命令，或鼠标直接单击工具栏中的"图表"按钮，打开"图表类型"对话框，在对话框中选择图表类型，然后单击"下一步"按钮。

（2）确定图表源数据。打开"图表源数据"对话框，在"图形数据区域"文本框中选定图表中数据范围，默认区域为当前工作表的全部有效数据。用户也可以自定义工作表的区域范围。完成后单击"下一步"按钮。

（3）确定图表选项。打开"图表选项"对话框，不同的选项卡对应不同的功能。在"图表标题"选项卡的文本框中可输入图表的标题和图目；在"图例"选项卡中可确定是否需要图例以及图例的位置；在"数据标志"选项卡中可选择数据标志的显示方式。各选项卡都操作完成后，单击"下一步"按钮。

（4）确定图表的存放位置。在"图表位置"对话框中，需要确定图表存放的位置，可以存放在当前工作表中，也可以存放在新的工作表中。最后单击"完成"按钮。

步骤三：设置图表格式。

图表建立后仍然可以设置其格式，如改变统计图的类型、编辑标题、修改图例、设置坐标轴格式、调整网格线等。利用"图表"菜单中所包含的命令可以完成各项操作。

## ［本章自测］

### 一、问答题

1. 在工业企业生产设备普查中，工业企业的每一台生产设备是属于调查对象、调查单位、调查项目还是填报单位？

2. 要想了解我国节假日的铁路运输情况，需要对我国的主要铁路枢纽进行调查，这种调查方式是什么？

3. 重点调查中的重点单位的含义是什么？

4. 典型调查的特点和作用是什么？

5. 要了解某厂家生产的产品合格情况，抽取部分该厂的产品进行检测来推断出该产品的合格率，这种调查方式属于何种调查？

6. 统计数据整理的作用是什么？统计数据整理的基本步骤有哪些？

7. 影响频数分布的主要要素有哪些？

8. 统计分组的作用是什么？如何选择分组标志？

9. 什么是统计表？统计表的构成要素有哪些？

10. 什么是组中值？组中值计算的假定条件是什么？

### 二、计算题

1. 某地区工业企业按职工人数分为 100 人以下、100～499 人、500～999 人、1 000～2 999 人、3 000 人以上这几种类型。请问分组的标志变量是离散型的还是连续型的？属于什么类型的组距数列？

2. 某公司工人月收入水平分组及各组工人人数情况如表 4-15 所示。

**表 4-15　某公司工人月收入水平分组及各组工人人数情况**

| 月收入/元 | 工人人数/人 |
| --- | --- |
| 400～500 | 20 |
| 500～600 | 30 |
| 600～700 | 50 |
| 700～800 | 10 |
| 800～900 | 10 |

请问表中数据是按品质标志分组还是按数量标志分组的？请计算各组的组中值和频率

分布状况。

3. 抽样调查某省 20 户城镇居民平均每人全年可支配的收入（单位：百元）为 88、77、66、85、74、92、67、84、77、94、58、60、74、64、75、66、78、55、70、66。

（1）根据上述资料进行分组整理并编制频数分布数列。

（2）编制向上和向下累计频数、频率数列。

（3）根据所编制的频数分布数列绘制直方图和折线图。

**三、调查实践题**

某大学计划对在校生的消费观念、消费支出、费用来源进行调查以获取大学生消费支出的数据资料，你认为可以采取什么样的调查组织方式，并说明理由。请尝试设计一份合理的调查问卷。

[延伸阅读]

## 中国统计的"四大工程"

随着社会主义市场经济体制的逐步完善和中国经济社会的飞速发展，传统的自上而下层层布置调查任务、自下而上层层上报汇总纸介质数据的统计生产方式已无法适应新形势的需要。2012 年 1 月份起，国家统计局正式实施中国统计的"四大工程"，即重点建设统一完备的基本单位名录库、统一规范的企业一套表制度和安全高效的联网直报系统统一完善的数据采集处理软件系统。统计"四大工程"带来了统计数据生产方式的根本变革，实现了统计报表无纸化、数据采集电子化、传输处理网络化、业务流程规范化的中国统计新模式。

在新的数据生产方式下，所有针对企业或住户调查对象统计调查的设计方式由原来的分散设计改为统一设计，调查制度的布置由原来的分散布置改为统一布置，原始数据的采集方式由间接采集改为直接采集，企业在国家联网直报平台上填写电子报表，或者由调查员手持电子终端现场采数，通过网络将数据实时上报国家，实现国家统计局直接掌握原始数据，各级统计机构在线实时共享。目前数据生产流程分为以下 4 个部分。

（一）基本单位名录库

建设真实完整、及时更新的基本单位名录库，就是按照统一的标准，把作为统计调查对象的各类单位，包括国家机关、社会团体、企事业组织等整合在一起，为各类以基本单位为对象的常规统计调查和国情国力普查提供科学完备的调查单位库和抽样框。

按照"全国统一管理、专业分工协作、地方分级负责、各方共同参与、信息资料共享"的原则，以经济普查资料为基础，充分利用编制、民政、工商、税务、质监等部门行政记录和专业统计信息，及时更新核实基本单位名录，并以此为基础，加快建设覆盖全部基本单位，统一完整、不重不漏、及时更新的基本单位名录库。各级统计机构在实施统计调查时必须使用统一的名录库作为调查单位库或抽样框，严格遵循"先进库再有数，不在库不出数"的要求。

（二）企业一套表

建立统一规范、方便填报的企业一套表制度，就是将对企业分散实施的各项调查整合统一到一起，统一布置报表，统一采集原生性指标数据，统一统计标准。按照"统一设计、统一标准、统一调查单位、统一布置"的原则，清理了所有针对企业的统计调查报表，统一不同专业报表中相同指标的涵义、计算方法、分类标准和统计编码，建立了企业一套表统计调查核心指标体系和元数据标准，并以此为基础，统一设计了企业一套表统计报表制度和分行业统计报表，从而构建起统一规范的企业一套表制度。

目前，企业一套表制度的统计范围：规模以上工业、资质内建筑业、限额以上批发和零售业、限额以上住宿和餐饮业及全部房地产开发经营业等国民经济行业法人单位及所属的产业活动单位，重点服务业法人单位，以及其他第三产业重点耗能法人单位。企业一套表制度主要的统计内容为调查单位基本情况、从业人员及工资总额、财务状况、生产经营情况、能源和水消费、科技活动、信息化情况和经营情况等。

（三）联网直报

建设安全畅通、便捷高效的联网直报系统，就是要在经济普查、各类常规调查、专项调查等由调查对象填报的统计调查中，实现由调查对象通过互联网直接向全国数据中心报送原始数据；在价格、人口普查、住户等由调查员直接采集数据的工作统计调查中，普遍应用电子采价器、住户记账器等电子终端采集原始数据，并通过网络向全国数据中心报送原始数据。

在完善信息化软硬件的基础上，大力推行联网直报，已基本实现调查对象和调查人员通过互联网直接向全国数据中心报送原始数据、各级统计机构在线同步共享的工作模式。推行联网直报后，基层统计队伍的工作重点发生重大转变，从过去繁重的数据搜集汇总、填报转向对原始数据的核查和对企业基础统计工作的督导，有效消除了可能存在的中间环节对统计数据的干扰，提高了数据汇总效率和统计过程的透明度与可控性。

（四）数据采集处理软件系统

建设功能完善、统一兼容的数据采集处理软件系统，就是要实现各类统计调查，都使用统一的软件进行数据采集、录入、审核、编辑、汇总等。

为满足各项统计调查数据采集处理的需求，实现不同专业的数据共享，按照"功能完善、方便使用、标准统一、友好兼容"的总体要求，已经初步建成能够对统计调查制度进行统一电子化设计和布置，基本能够满足各级统计机构在线采集、处理、汇总、共享、存储数据的要求，并具有审核、修改、查询功能的企业一套表数据采集处理软件系统。

统计数据生产方式的根本性变革，大大增强了统计生产过程的可控性和规范性，能够有效预防中间环节可能存在的干扰，有效减轻调查对象和基层统计负担，极大提高了统计调查效率，使地区数据与国家数据、专业数据与综合数据高度衔接，确保了国家重要统计数据的真实可靠。

（资料来源：国家统计局）

# 第五章　数据分布特征描述

### 教学目的

通过本章的学习，学生能正确理解各种指标的概念及计算方法，能够运用相应的统计指标对数据的分布特征进行分析说明。

### 教学要点

（1）集中趋势的测度指标及其计算方法；

（2）离散趋势的测度指标及其计算方法；

（3）数据分布的偏度与峰度的测定。

## 第一节　数据分布集中趋势的测定

测定集中趋势是为了表示社会经济现象总体各单位某一标志在一定时间、地点条件下所达到的一般水平，即将总体各单位标志值的数量差异抽象化，反映总体在具体条件下各单位标志值达到的一般水平。

集中趋势的指标经常被作为评价事物和决策的数量标准或参考。具体地说，测定集中趋势的作用有以下 4 点。

（1）反映总体各单位变量分布的集中趋势和一般水平。

（2）比较同类现象在不同单位的发展水平。

（3）比较同类现象在不同时期的发展变化趋势或规律。

（4）分析现象之间的依存关系。

测定集中趋势的指标有位置平均数和数值平均数两类。位置平均数是根据变量值排列位置所确定的代表值，即在总体中将变量值按顺序排列得到的数列中某个特殊位置的值就称为位置平均数。常用的位置平均数有众数、中位数和其它分位数等。位置平均数可以用于测度品质数据和数量数据。数值平均数就是均值，即对总体中的所有数据计算平均值，用来反映所有数据的一般水平。根据计算方法不同，数值平均数可以分为算术平均数、调和平均数、几何平均数和幂平均数。数值平均数的特点是，统计总体中任何一项数据的变动都会在一定程度上影响到数值平均数的计算结果。

### 一、定类数据集中趋势的测度——众数

#### （一）众数的概念

众数是指总体数据中出现次数最多的变量值，用 $M_0$ 表示。从变量分布的角度看，众数

是具有明显集中趋势的数值，一组数据分布的最高峰点所对应的数值即为众数。当然，如果数据的分布没有明显的集中趋势或最高峰点，众数就不存在；如果有多个高峰点，也就有多个众数。

### （二）众数的计算

根据未分组数据或单变量值分组数据，在计算众数时，我们只需找出出现次数最多的变量值即可。对于组距分组数据，众数的数值与其相邻两组的频数分布有一定的关系，这种关系可作如下的理解。

设众数组的频数为 $f_m$，众数前一组的频数为 $f_{-1}$，众数后一组的频数为 $f_{+1}$。

当众数相邻两组的频数相等时，即 $f_{-1} = f_{+1}$，众数组的组中值即为众数；当众数组的前一组的频数多于众数组后一组的频数时，即 $f_{-1} > f_{+1}$ 时，则众数会向其前一组靠，众数小于其组中值；当众数组后一组的频数多于众数组前一组的频数时，即 $f_{-1} < f_{+1}$ 时，则众数会向其后一组靠，众数大于其组中值。

基于这种思路，借助于几何图形而导出的分组数据众数的计算公式如下：

下限公式：

$$M_O = L + \frac{f_m - f_{-1}}{(f_m - f_{-1}) + (f_m - f_{+1})} \times d \qquad (5-1)$$

上限公式：

$$M_O = U - \frac{f_m - f_{+1}}{(f_m - f_{-1}) + (f_m - f_{+1})} \times d \qquad (5-2)$$

式中：$L$ 表示众数所在组的下限；

$U$ 表示众数所在组的上限；

$d$ 表示众数所在组的组距。

### 1. 由单项数列确定众数

根据单项数列确定众数比较容易，可以直接观察确定，即出现次数最多的标志值就是众数。

**例 5-1** 某生产车间工人日产量次数分布如表 5-1 所示，请找出众数的标志值。

**表 5-1 某车间工人日产量次数分布**

| 日产量/件 | 工人人数/人 |
| --- | --- |
| 10 | 3 |
| 11 | 5 |
| 12 | 7 |
| 13 | 16 |
| 14 | 9 |
| 15 | 5 |
| 合　计 | 45 |

**解** 从表中资料可以看出，工人人数最多的是第 4 组，达到 16 人，所以该组的标志值

13 件为众数。

**2. 由组距数列确定众数**

首先要根据次数最多的原则确定众数所在的组,即众数组,再用比例插值法推算众数的近似值。

**例 5 - 2** 某企业 50 名工人加工零件分布如表 5 - 2 所示,请计算 50 名工人日加工零件数的众数。

**表 5 - 2 某企业 50 名工人加工零件分布表**

| 按零件数分组 | 组中值 $x$ | 频数 $f$ |
|---|---|---|
| 105~110 | 107.5 | 3 |
| 110~115 | 112.5 | 5 |
| 115~120 | 117.5 | 8 |
| 120~125 | 122.5 | 14 |
| 125~130 | 127.5 | 10 |
| 130~135 | 132.5 | 6 |
| 135~140 | 137.5 | 4 |
| 合　计 | — | 50 |

**解** 从表中的数据可以看出,最大的频数值是 14,即众数组为 120~125 这一组,根据分组数据众数的计算公式得 50 名工人日加工零件的众数为

$$M_O = 120 + \frac{14-8}{(14-8)+(14-10)} \times 5 = 123(件)$$

或

$$M_O = 125 - \frac{14-10}{(14-8)+(14-10)} \times 5 = 123(件)$$

## 二、定序数据集中趋势的测度——中位数和分位数

### (一) 中位数的概念

把总体各单位某一数量标志值按从小到大的顺序排列,居于中间位置的标志值就是中位数。由于中位数的位置居中,也是一种位置平均数,由于它是处于中间位置的标志值,因此不受极端值的影响,在某些情况下可以用来反映现象的一般水平。

### (二) 中位数的计算

根据未分组资料和分组资料都可确定中位数。

**1. 根据未分组资料确定中位数**

对于未分组资料,确定中位数的步骤如下。

第一步:将总体各单位标志值按从小到大的顺序排列。

第二步:按公式计算中位数所在的位置,该位置对应的标志值即为中位数。

若总体单位数 $N$ 为奇数，处于中间位置的标志值即为中位数；若单位数 $N$ 为偶数，则处于中间位置的两个标志值的算术平均数即为中位数。

**例 5-3**　某企业生产线甲组 9 个工人的日产量（件）分别为 15、17、18、19、20、21、22、23、24。请求出中位数。

**解**　中位数的位置：$\dfrac{n+1}{2} = \dfrac{9+1}{2} = 5$

即排在第 5 位工人的日产量 20 件为中位数。

**例 5-4**　某生产小组 10 个工人的日产量（件）分别为 15、17、18、19、20、21、22、23、24、25。求出中位数。

中位数的位置表示如下：

$$\frac{n+1}{2} = \frac{10+1}{2} = 5.5$$

将排在第 5、第 6 位的工人的产量进行算术平均，中位数 $= \dfrac{20+21}{2} = 20.5$（件），即日产量 20.5 件为中位数。

**2. 根据单项数列确定中位数**

根据单项数列确定中位数的步骤如下。

第一步：计算累计次数。

第二步：按 $\dfrac{\sum f + 1}{2}$ 计算中位数所在的位置，该位置对应的标志值即为中位数。

**例 5-5**　某企业工人生产某种产品所需要的时间分布数列如表 5-3 所示。请计算生产单位产品所需时间的中位数。

表 5-3　某企业工人生产某种产品所需时间分布数列

| 生产单位产品所需时间/分钟 | 工人人数/人 | 累计次数/人 |
| --- | --- | --- |
| 15 | 3 | 3 |
| 16 | 5 | 8 |
| 17 | 10 | 18 |
| 18 | 20 | 38 |
| 19 | 12 | 50 |
| 20 | 5 | 55 |
| 合计 | 55 | — |

**解**　因为累计次数 $\sum f = 55$，所以中位数的位置如下：

$$\frac{\sum f + 1}{2} = \frac{55+1}{2} = 28$$

从上表可以看出，第 28 位次落在第四组内，所以第四组的标志值 18 分为中位数。

### 3. 根据组距数列确定中位数

根据组距数列确定中位数的步骤如下。

第一步：计算累计次数 $\sum f$。

第二步：按 $\dfrac{\sum f}{2}$ 计算中位数所在的组。

第三步：用插值法按比例计算中位数的近似值。

计算公式如下：

下限公式（较小制累计时用）如下：

$$M_e = X_L + \frac{\dfrac{\sum f}{2} - S_{m-1}}{f_m} \cdot d$$

上限公式（较大制累计时用）如下：

$$M_e = X_U - \frac{\dfrac{\sum f}{2} - S_{m+1}}{f_m} \cdot d$$

式中：$M_e$ 表示中位数；

$\quad X_L$ 表示中位数所在组的下限；

$\quad X_U$ 表示中位数所在组的上限；

$\quad f_m$ 表示中位数所在组的频数；

$\quad S_{m-1}$ 表示较小制累计频数栏中中位数所在组前一组的累计次数；

$\quad S_{m+1}$ 表示较大制累计频数栏中中位数所在组后一组的累计次数；

$\quad d$ 表示中位数所在组的组距。

**例 5 - 6** 某公司职工年收入次数分布如表 5 - 4 所示。请计算年收入的中位数。

表 5 - 4 某公司职工年收入次数分布

| 年收入/万元 | 职工人数/人 | 较小制累计次数 | 较大制累计次数 |
|---|---|---|---|
| 2.0～2.5 | 6 | 6 | 64 |
| 2.5～3.0 | 10 | 16 | 58 |
| 3.0～3.5 | 12 | 28 | 48 |
| 3.5～4.0 | 18 | 46 | 36 |
| 4.0～4.5 | 11 | 57 | 18 |
| 4.5～5.0 | 7 | 64 | 7 |
| 合计 | 64 | — | — |

**解** 从上表可以看出中位数落在第四组内，再利用公式确定中位数的具体数值（计算结果保留一位小数）。

按下限公式计算如下：

$$M_{e} = X_{L} + \frac{\frac{\sum f}{2} - S_{m-1}}{f_{m}} \cdot d = 3.5 + \frac{\frac{64}{2} - 28}{18} \times 0.5 = 3.6 (万元)$$

按上限公式计算：

$$M_{e} = X_{U} - \frac{\frac{\sum f}{2} - S_{m+1}}{f_{m}} \cdot d = 4 - \frac{\frac{64}{2} - 18}{18} \times 0.5 = 3.6 (万元)$$

## （三）分位数

中位数是从中间点将全部数据等分为两部分。与中位数类似的还有四分位数、十分位数和百分位数等，它们分别是用 3 个点、9 个点和 99 个点将数据四等分、10 等分和 100 等分后各分位点上的数值。本书只介绍四分位数的计算，其他分位数与之类似。

一组数据排序后处于 25% 和 75% 位置上的值，称为四分位数，也称四分位点。

四分位数是通过 3 个点将全部数据等分为四部分，其中每部分包含 25% 的数据。很显然，中间的四分位数就是中位数，因此通常所说的四分位数是指处在 25% 位置上的数值（下四分位数）和处在 75% 位置上的数值（上四分位数）。与中位数的计算方法类似，根据未分组数据计算四分位数时，首先应对数据进行排序，然后确定四分位数所在的位置。

### 1. 四分位数位置的确定

设下四分位数为 $Q_{L}$，上四分位数为 $Q_{U}$，对于未分组的原始数据，各四分位数的位置分别如下：

（1）未分组数据：

$$Q_{L} 位置 = \frac{N+1}{4}$$

$$Q_{U} 位置 = \frac{3(N+1)}{4}$$

当四分位数的位置不在某一个位置上时，可根据四分位数的位置，按比例分摊四分位数两侧的差值。

**例 5-7**　在某城市中随机抽取 9 个家庭，调查得到每个家庭的人均月收入数据（单位：元）为 1500、750、780、1080、850、960、2000、1250、1630，请计算人均月收入的四分位数。

**解**　$Q_{L}$ 的位置 $= \frac{N+1}{4} = \frac{9+1}{4} = 2.5$，即 $Q_{L}$ 在第 2 个数值（780）和第 3 个数值（850）之间 0.5 的位置上，因此

$$Q_{L} = (780 + 850) \div 2 = 815 (元)$$

$Q_{U}$ 的位置 $= \frac{3(n+1)}{4} = \frac{3 \times (9+1)}{4} = 7.5$，即 $Q_{U}$ 在第 7 个数值（1 500）和第 8 个数值（1 630）之间 0.5 的位置上，因此

$$Q_{U} = (1\ 500 + 1\ 630) \div 2 = 1\ 565 (元)$$

$Q_{L}$ 和 $Q_{U}$ 之间包含了约 50% 的数据，因此，我们可以说大约有一半的家庭人均月收入在 815 ~ 1565 元之间。

（2）组距分组数据：

$$Q_L \text{ 位置} = \frac{\sum f}{4} \qquad Q_U \text{ 位置} = \frac{3\sum f}{4}$$

数值型分组数据的四分位数计算如下：

下四分位数：

$$Q_L = L_L + \frac{\dfrac{\sum f}{4} - S_L}{f_L} \times i_L \qquad (5-3)$$

上四分位数：

$$Q_U = L_U + \frac{\dfrac{3\sum f}{4} - S_U}{f_U} \times i_L \qquad (5-4)$$

## 三、数值型数据集中趋势的测度

### （一）算术平均数

算术平均数也称为均值，是全部数据算术平均的结果。算术平均法是计算平均指标最基本、最常用的方法。其计算公式如下：

$$\text{算术平均数} = \frac{\text{总体标志量}}{\text{总体单位量}}$$

算术平均数在统计学中具有重要的地位，是集中趋势的最主要度量值，通常用 $\bar{x}$ 表示。根据所掌握数据形式的不同，算术平均数有简单算术平均数和加权算术平均数两种。

**1. 简单算术平均数**

未经分组整理的原始数据，其简单算术平均数的计算就是直接将各个数值相加然后除以数值个数。设统计数据为 $x_1, x_2, \cdots, x_n$，则其算术平均数 $\bar{x}$ 的计算公式如下：

$$\bar{x} = \frac{x_1 + x_2 + \cdots + x_n}{n} = \frac{\sum\limits_{i=1}^{n} x_i}{n} \qquad (5-5)$$

**例 5-8** 某小组 8 位同学的统计学原理考试成绩分别为：70 分、72 分、78 分、82 分、85 分、86 分、90 分、98 分，请求出该组 8 位同学的平均成绩。

**解** 该组 8 位同学的平均成绩为

$$\bar{x} = \frac{70+72+78+82+85+86+90+98}{8} = \frac{661}{8} = 82.6（分）$$

**2. 加权算术平均数**

如果要对已经分组整理的数据计算加权算术平均数，就要以各组变量值出现的次数或频数作为权数。设原始数据被分成 $k$ 组，各组的变量值为 $x_1, x_2, \cdots, x_k$，各组变量值的次数或频数分别为 $f_1, f_2, \cdots, f_k$，则加权算术平均数的计算公式表示如下：

$$\bar{x} = \frac{x_1 f_1 + x_2 f_2 + \cdots + x_k f_k}{f_1 + f_2 + \cdots + f_k} = \frac{\sum\limits_{i=1}^{k} x_i f_i}{\sum\limits_{i=1}^{k} f_i} \qquad (5-6)$$

**例 5 - 9** 现有 40 名同学的统计学成绩汇总如表 5 - 5 所示，请根据此表格中的资料计算平均成绩。

**表 5 - 5　40 名同学统计学成绩汇总表**

| 成绩（分） | 频数 $f_i$ | 组中值 $x_i$ | $x_i f_i$ |
|---|---|---|---|
| 60 以下 | 2 | 55 | 110 |
| 60～70 | 8 | 65 | 520 |
| 70～80 | 16 | 75 | 1200 |
| 80～90 | 10 | 85 | 850 |
| 90～100 | 4 | 95 | 380 |
| 合 计 | 40 | — | 3060 |

**解**　根据式（5 - 6）得

$$\bar{x} = \frac{\sum\limits_{i=1}^{k} x_i f_i}{\sum\limits_{i=1}^{k} f_i} = \frac{3\ 060}{40} = 76.5（分）$$

在实际生活中，我们也会经常遇到根据相对数计算平均数的情况。一般来说，根据相对数求平均数时，应采用加权平均的方法，此时，用于加权平均的权数不再是频数或频率，而应根据相对数的含义，选择适当的权数。

**例 5 - 10**　某公司所属的 10 个企业的资金利润率分组资料如表 5 - 6 所示，要求计算该公司所属的 10 个企业的平均利润率。

**表 5 - 6　某公司所属 10 个企业资金利润率分组资料**

| 资金利润率 $x_i$/% | 企业数 $n_i$ | 资金总额 $f_i$/万元 | 利润总额 $x_i f_i$/万元 |
|---|---|---|---|
| 5 | 4 | 40 | 2 |
| 10 | 3 | 80 | 8 |
| 15 | 3 | 140 | 21 |
| 合　计 | 10 | 260 | 31 |

**解**　该例中的平均对象是各企业的资金利润率，表中的企业数虽然是次数或频数，但却不是合适的权数。要正确计算该公司所属的 10 个企业的平均资金利润率，就要以资金总额为权数，因为资金利润率 $=\dfrac{利润总额}{资金总额}$。因此，该公司 10 个企业的平均利润率计算如下：

$$\bar{x} = \frac{\sum\limits_{i=1}^{k} x_i f_i}{\sum\limits_{i=1}^{k} f_i} = \frac{5\% \times 40 + 10\% \times 80 + 15\% \times 140}{40 + 80 + 140} = \frac{31}{260} = 11.9\%$$

算术平均数在统计学中具有重要的地位，它是进行统计分析和统计推断的基础。从统计思想上看，算术平均数是一组数据的重心所在，它是消除了一些随机因素影响后或者数据误差相互抵消后的必然的结果。例如，在研究季节变动的数量特征时，各年同季度的观测数据由于受到一些偶然性随机因素的影响，其数值表现出一定的差异性，但将各年同季度的数据加以平均，计算的算术平均数就消除了一些随机因素的影响，能够反映出季节变动必然性的数量特征。再如，对同一事物进行多次测量，由于存在测量误差，或者其它因素的偶然影响，使得测量结果不一致，但利用算术平均数作为其代表值，就可以使误差相互抵消，反映出事物固有的数量特征。另外，算术平均数具有一些重要的数学性质，在实际中有着广泛的应用，同时也体现了算术平均数的统计思想。

① 各变量值与其算术平均数的离差之和等于零，即

$$\sum_{i=1}^{n}(x_i-\bar{x})=0 \qquad 或 \qquad \sum_{i=1}^{k}(x_i-\bar{x})f_i=0$$

② 各变量值与其算术平均数的离差平方和最小，即

$$\sum_{i=1}^{n}(x_i-\bar{x})^2=\min(最小) \quad 或 \quad \sum_{i=1}^{k}(x_i-\bar{x})^2f_i=\min(最小)$$

### （二）调和平均数

在实际工作中，经常会遇到只有各组变量值和各组标志总量而缺少总体单位数的情况，这时就要用调和平均数法来计算平均指标。

**例 5 - 11** 市场上蔬菜的价格早、中、晚各不相同，分别是早晨 0.67 元/千克，中午 0.5 元/千克，晚上 0.4 元/千克。现在，我们分别按 4 种方法在购买蔬菜，分别计算平均价格。（不管按什么方法购买，平均价格都应该等于花费的现金除以所买蔬菜的数量）

**解** 第一种买法：早、中、晚各买 1 千克。

则蔬菜平均价格如下：

$$\bar{X}_1=\frac{\sum x}{n}=\frac{0.67+0.5+0.4}{3}=0.523（元/千克）$$

第二种买法：早晨买 1 千克，中午买 2 千克，晚上买 3 千克。

则蔬菜平均价格如下：

$$\bar{X}_2=\frac{\sum xf}{\sum f}=\frac{0.67\times1+0.5\times2+0.4\times3}{1+2+3}=0.478（元/千克）$$

第三种买法：早、中、晚各买 1 元。

在这种情况下，我们得先计算出 1 元钱所购买蔬菜的数量，然后再计算蔬菜的平均价格。

$$早晨购买蔬菜的数量=\frac{1}{0.67}\approx1.5（千克）$$

$$中午购买蔬菜的数量=\frac{1}{0.5}=2（千克）$$

$$晚上购买蔬菜的数量=\frac{1}{0.4}=2.5（千克）$$

则蔬菜的平均价格为如下：

$$\bar{X}_3=\frac{1+1+1}{\frac{1}{0.67}+\frac{1}{0.5}+\frac{1}{0.4}}=\frac{3}{1.5+2+2.5}=0.5（元/千克）$$

这种计算平均指标的方法同算术平均法有很大的不同，由于缺乏总体单位总量，所以，

不可能直接用算术平均的方法计算平均指标。为了达到计算目的，首先要用变量值的倒数计算出总体单位总量来，然后再计算平均指标，也就是调和平均数法，正是由于这个原因，调和平均数又称为倒数平均数。

第四种买法，早晨买 1 元钱，中午买 2 元钱，晚上买 3 元钱。

和第三种买法一样，我们还是得先计算出早晨、中午和晚上所购买蔬菜的数量，然后再计算平均价格。

$$早晨购买蔬菜的数量 = \frac{1}{0.67} \approx 1.5（千克）$$

$$中午购买蔬菜的数量 = \frac{2}{0.5} = 4（千克）$$

$$晚上购买蔬菜的数量 = \frac{3}{0.4} = 7.5（千克）$$

蔬菜平均价格如下：

$$\overline{X}_4 = \frac{1+2+3}{\dfrac{1}{0.67}+\dfrac{2}{0.5}+\dfrac{3}{0.4}} = \frac{6}{1.5+4+7.5} = 0.46（元/千克）$$

在上述计算平均价格的过程中，早、中、晚 3 个时段购买蔬菜所花费的现金是计算平均价格的权数，这种方法我们称为加权调和平均法。

由以上分析过程可知：调和平均数是各个变量值倒数的算术平均数的倒数，习惯上用 $H$ 表示。

简单调和平均数的计算公式如下：

$$H = \frac{1}{\dfrac{\dfrac{1}{x_1}+\dfrac{1}{x_2}+\cdots+\dfrac{1}{x_n}}{n}} = \frac{n}{\displaystyle\sum_{j=1}^{k} x_j} \tag{5-7}$$

加权调和平均数的计算公式如下：

$$H = \frac{m_1+m_2+\cdots+m_k}{\dfrac{m_1}{x_1}+\dfrac{m_2}{x_2}+\cdots+\dfrac{m_k}{x_k}} = \frac{\displaystyle\sum_{i=1}^{k} m_i}{\displaystyle\sum_{i=1}^{k} \dfrac{m_i}{x_i}} \tag{5-8}$$

在实际工作中，调和平均数通常是作为算术平均数的变形使用的，由于所给资料有限，有时不能直接采用算术平均数的计算公式计算平均数，这就需要使用调和平均数的计算方法。

**例 5 - 12**　某商品有 3 种不同的规格，该商品 3 种规格的销售数据如表 5 - 7 所示，求这 3 种不同规格商品的平均销售单价。

**表 5 - 7　某商品 3 种规格的销售数据**

| 商品规格 | 销售单价（元/件）<br>$x_i$ | 销售量（件）<br>$f_i$ | 销售总额（元）<br>$x_i f_i$ |
|---|---|---|---|
| A 型 | 45 | 60 | 2700 |
| B 型 | 38 | 72 | 2736 |

续表

| 商品规格 | 销售单价(元/件) $x_i$ | 销售量(件) $f_i$ | 销售总额(元) $x_i f_i$ |
|---|---|---|---|
| C 型 | 22 | 88 | 1936 |
| 合计 | — | 220 | 7372 |

**解** 平均价格的计算如下：

$$平均价格 = \frac{销售}{销售量}$$

根据题中给出的原始数据(三种规格的销售单价和销售量)，可以求出销售额的数值，因此计算平均价格在形式上采用的是加权算术平均数公式，即

$$\overline{X} = \frac{\sum_{i=1}^{k} x_i f_i}{\sum_{i=1}^{k} f_i} = \frac{7372}{220} = 33.51 \text{(元/件)}$$

### (三)几何平均数

几何平均数是 $n$ 个变量值乘积的 $n$ 次方根，可分为简单几何平均数和加权几何平均数两种。

简单几何平均数的计算公式如下：

$$G = \sqrt[n]{x_1 \cdot x_2 \cdot \cdots \cdot x_n} = \sqrt[n]{\prod_{i=1}^{n} x_i} \tag{5-9}$$

加权几何平均数的计算公式如下：

$$G = \sqrt[\sum_{i=1}^{k} f_i]{x_1^{f_1} \cdot x_2^{f_2} \cdot \cdots \cdot x_k^{f_k}} = \sqrt[\sum_{i=1}^{k} f_i]{\prod_{i=1}^{k} x_i^{f_i}} \tag{5-10}$$

式中，$\prod$ 为连乘符号。

几何平均数是适应于计算特殊数据的一种平均数，在实际生活中，通常用来计算平均比率和平均速度。当所掌握的变量值本身是比率的形式，且各比率的乘积等于总的比率时，就应采用几何平均法计算平均比率。

**例 5-13** 某产品需经 3 个车间连续加工，已知 3 个车间制品的合格率分别为 95%、90%、98%，求 3 个车间的平均合格率。

**解** 由于产品是由 3 个车间连续加工完成的，第 2 个车间加工的是第 1 个车间完工的合格制品，第 3 车间加工的又是第 2 车间完工的合格制品，因此，3 个车间总合格率是 3 个车间相应合格率的连乘积，求平均合格率就不能采用算术平均法，而应当用几何平均法。

3 个车间的平均合格率为如下：

$$G = \sqrt[n]{\prod_{i=1}^{n} x_i} = \sqrt[3]{95\% \times 90\% \times 98\%} = 94.28\%$$

**例 5-14** 某工商银行的某项投资年利率是按复利计算的，20 年的利率分配如表 5-8 所示，请计算 20 年的平均年利率。

表 5 - 8　某工商银行某项投资 20 年的利率分配表

| 年份 | 第 1 年 | 第 2～4 年 | 第 5～15 年 | 第 16～20 年 |
|---|---|---|---|---|
| 年利率/% | 5 | 8 | 15 | 18 |

**解**　要计算平均年利率，首先要计算平均年本利率，用平均年本利率减 1（或 100%）即可得到平均年利率。

因为总本利率如下：

$$(105\%)^1 \times (108\%)^3 \times (115\%)^{11} \times (118\%)^5 = 1407.82\%$$

所以平均年利率如下：

$$\bar{x}_G = \sqrt[20]{1.05^1 \times 1.08^3 \times 1.15^{11} \times 1.18^5} = 114.14\%$$

即 20 年的平均年利率为 114.14%−1=14.14%。

# 第二节　数据分布离散趋势的测定

描述一组数据离散程度常用异众比率、四分位差、极差、平均差、方差和标准差（含比率的标准差）、变异系数等指标。

## 一、变异指标含义

平均指标是统计总体中各单位的某一数量标志的一般水平，反映了总体分布的集中趋势。集中趋势只是数据分布的一个特征，它所反映的是各变量值向其中心值聚集的程度。而这种聚集的程度显然有强弱之分，这与各变量值的差异有着密切的联系。变量值的差异越大，数据的集中趋势越弱，变量值的差异越小，数据的集中趋势越强。因此，要全面描述数据的分布特征，除了要对数据的集中趋势加以度量外，还要对数据的差异程度进行度量。数据的差异程度就是各变量值远离其中心值的程度，因此也称为离中趋势。

### （一）变异指标的概念

在统计研究中，通常把一组数值之间的差异程度称为标志变动度，而测定标志变动度大小的指标称为标志变异指标。标志变动度与标志变异指标在数值上成正比。如果说平均指标说明总体分布的集中趋势的话，标志变异指标则说明总体分布的离散趋势。

### （二）变异指标的作用

变异指标是描述数据分布的一个很重要的特征值，因此，它在统计分析、统计推断中具有很重要的作用，具体可以概括为以下 4 点。

（1）反映总体各单位变量值分布的均衡性。

一般来说，标志变异指标数值越大，总体各单位变量值分布的离散趋势越高、均衡性越低，反之，变量值分布的的离散趋势越低、均衡性就越高。

（2）判断平均指标对总体各单位变量值代表性的高低。

平均指标作为总体各单位某一数量标志的代表值，其代表性的高低与总体差异程度有直接关系：总体的标志变异指标值愈大，平均数的代表性愈低；反之，总体的标志变异指标值愈小，平均数代表性愈高。另一方面，平均指标代表性的高低同总体各单位变量值分布的均衡性也有直接关系：总体各单位变量值分布的均衡性越高，平均指标代表性就越高；反之，总体各单位变量值分布的均衡性越低，平均指标代表性就越低。

（3）在实际工作中，借助标志变异指标还可以对社会经济活动过程的节奏性和均衡性进行评价。

（4）标志变异指标是衡量风险大小的重要指标。

### （三）变异指标的类型

根据所依据数据类型的不同，变异指标有异众比率、四分位差、全距、平均差、方差和标准差、离散系数等。

## 二、定类数据离散趋势的测度——异众比率

非众数组的频数占总频数的比率，称为异众比率，用 $V_r$ 表示。

异众比率的计算公式如下：

$$V_r = \frac{\sum f_i - f_m}{\sum f_i} = 1 - \frac{f_m}{\sum f_i} \qquad (5-11)$$

式中：$\sum f_i$ 为变量值的总频数；

$f_m$ 为众数组的频数。

异众比率的作用是衡量众数对一组数据的代表性程度的指标。异众比率越大，说明非众数组的频数占总频数的比重就越大，众数的代表性就越差；反之，异众比率越小，众数的代表性就越好。异众比率主要用于测度分类数据的离散程度，当然，顺序数据也可以计算异众比率。

**例 5-15** 一家市场调查公司为研究不同品牌饮料的市场占有率，对随机抽取的一家超市进行了调查。调查员在某天对 50 名顾客购买饮料的品牌进行了纪录。整理得到不同品牌饮料的频数分布资料如表 5-9 所示，要求根据资料计算异众比率。

**表 5-9 不同品牌饮料的频数分布资料**

| 饮料名称 $f_i$ | 频数 | 比例 | 百分比例/% |
|---|---|---|---|
| 可口可乐 | 15 | 0.3 | 30 |
| 旭日升冰茶 | 11 | 0.22 | 22 |
| 百事可乐 | 9 | 0.18 | 18 |
| 汇源果汁 | 6 | 0.12 | 12 |
| 露露 | 9 | 0.18 | 18 |
| 合计 | 50 | 1.00 | 100 |

**解** $V_r = \dfrac{\sum f_i - f_m}{\sum f_i} = 1 - \dfrac{f_m}{\sum f_i} = \dfrac{50 - 15}{50} = 0.7 = 70\%$

计算结果说明在所调查的 50 人当中，购买其他品牌饮料的人数占 70%，异众比率比较大。因此，用"可口可乐"来代表消费者购买饮料品牌的状况，其代表性不是很好。

此外，利用异众比率还可以对不同总体或样本的离散程度进行比较。假定我们在另一个超市对同一问题抽查了 100 人，购买可口可乐的人数为 40 人，则异众比率为 60%。通过比较可知，本次调查的异众比率小于上一次调查，因此，用"可口可乐"作为消费者购买饮料品牌的代表值比上一次调查要更好。

## 三、定序数据离散趋势的测度——四分位差

上四分位数与下四分位数之差，称为四分位差，亦称为内距或四分间距，用 $Q_d$ 表示。

四分位差的计算公式如下：

$$Q_d = Q_U - Q_L \qquad\qquad (5-12)$$

四分位差反映了中间 50% 的数据的离散程度，其数值越小，说明中间的数据越集中；数值越大，说明中间的数据越分散。此外，由于中位数处于数据的中间位置，因此，四分位差的大小在一定程度上也说明了中位数对一组数据的代表程度。

四分位差主要用于测度顺序数据的离散程度。当然，对于数值型数据也可以计算四分位差，但不适用于分类数据。

**例 5 – 16**　某企业 100 名职工收入的分布如表 5 – 10 所示。

① 求出上四分位数和下四分位数的位置；

② 计算这两个四分位数之差。

**表 5 – 10　某企业 100 名职工收入分布**

| 收入 $X$/元 | 职工数 $f$/人 | 累计频数 | 组中值 | $X_f$ |
|---|---|---|---|---|
| 100～199 | 10 | 10 | 150 | 1 500 |
| 200～299 | 10 | 20 | 250 | 2 500 |
| 300～399 | 40 | 60 | 350 | 14 000 |
| 400～499 | 20 | 80 | 450 | 9 000 |
| 500～599 | 20 | 100 | 550 | 11 000 |
| 合计 | 100 | | | |

**解**　由上表 $Q_L$ 位置如下：

$$Q_L \text{ 位置} = \frac{n+1}{4} = \frac{100+1}{4} = 25.25$$

所以 $Q_L$ 在 300～399 组内；

$Q_U$ 位置如下：

$$Q_U \text{ 位置} = \frac{3(n+1)}{4} = \frac{3(100+1)}{4} = 75.75$$

所以 $Q_U$ 在 400～499 组内。

$$Q_L = 300 + \frac{\frac{100}{4} - 20}{40} \times 100 = 312.5 \text{（元）}$$

$$Q_U = 400 + \frac{\frac{3 \times 100}{4} - 60}{20} \times 100 = 475 \text{（元）}$$

所以四分位差 $Q = Q_U - Q_L = 162.5$（元）

## 四、全距

全距又称极差，是一组数据中最大值与最小值之差，用 $R$ 表示。其计算公式如下：

$$R = \max(X_i) - \min(X_i) \tag{5-13}$$

式中，$\max(X_i)$、$\min(X_i)$ 分别表示为一组数据的最大值与最小值。

由于全距是根据一组数据的两个极值表示的，所以全距表明了一组数据数值的变动范围。$R$ 越大，表明数值变动的范围越大，即数列中各变量值差异大，反之，$R$ 越小，表明数值变动的范围越小，即数列中各变量值差异小。

**例 5 - 17** 40 个同学统计学的考试成绩中，最高成绩为 99 分，最低成绩为 36，请计算全距。

**解** $R = 99 - 36 = 63$（分）

资料经过整理后，形成组距分配数列，全距的近似表示如下：

$$R \approx 最高组上限值 - 最低组下限值$$

全距是描述离散程度的最简单度量值，计算简单直观，易于理解，但其数值大小易受极端变量值的影响，且不反映中间变量值的差异，因而不能准确描述出数据的离中程度。

## 五、平均差

平均差是各变量值与其算术平均数离差绝对值的平均数，用 $M_d$ 表示。根据掌握资料的不同，平均差有简单平均法和加权平均法两种计算方法。

### 1. 简单平均法

对于未分组资料，采用简单平均法。其计算公式如下：

$$M_d = \frac{\sum_{i=1}^{n} |x_i - \bar{x}|}{n} \tag{5-14}$$

**例 5 - 18** 某厂甲、乙两组工人生产某种产品的产量资料如表 5 - 11 所示。请计算甲、乙两组工人生产产品的产量的平均差。

**表 5 - 11　某厂甲、乙两组工人生产某种产品的产量资料**

| 甲组 | | | 乙组 | | |
|---|---|---|---|---|---|
| 生产件数 $x$ | 离差 $x - \bar{x}$ | 离差绝对值 $|x - \bar{x}|$ | 生产件数 $x$ | 离差 $x - \bar{x}$ | 离差绝对值 $|x - \bar{x}|$ |
| 73 | $-2$ | 2 | 50 | $-25$ | 25 |
| 74 | $-1$ | 1 | 65 | $-10$ | 10 |
| 75 | 0 | 0 | 70 | $-5$ | 5 |
| 76 | 1 | 1 | 90 | 15 | 15 |
| 77 | 2 | 2 | 100 | 25 | 25 |
| 合计 | 0 | 6 | 合计 | 0 | 80 |

**解** 根据表 5-11 的资料可知，$\bar{x}_{甲}$ 表示如下：

$$\bar{x}_{甲} = \frac{\sum_{i=1}^{n} x_i}{n} = \frac{375}{5} = 75（件）$$

$$M_{d甲} = \frac{\sum_{i=1}^{n} |x_i - \bar{x}|}{n} = \frac{6}{5} = 1.2（件）$$

$$\bar{x}_{乙} = \frac{\sum_{i=1}^{n} x_i}{n} = \frac{375}{5} = 75（件）$$

$$M_{d乙} = \frac{\sum_{i=1}^{n} |x_i - \bar{x}|}{n} = \frac{80}{5} = 16（件）$$

从计算结果看，甲、乙两组工人的平均生产件数相等，但由于甲组的平均差（1.2件）小于乙组的平均差（16件），因而甲组平均数的代表性比乙组大。

**2. 加权平均法**

在资料分组的情况下，应采用加权平均法，其计算公式如下：

$$M_d = \frac{\sum_{i=1}^{k} |x_i - \bar{x}| f_i}{\sum_{i=1}^{k} f_i} \qquad (5-15)$$

**例 5-19** 某单位职工月工资资料如表 5-12 所示，请计算职工月工资的平均差。

**表 5-12 某单位职工月工资资料**

| 月工资 /元 | 职工人数比重 $\frac{f}{\sum f}$ /% | 组中值 $x$ /元 | $\sum x \cdot \frac{f}{\sum f}$ | $\|x - \bar{x}\|$ （$\bar{x} = 798$） | $\sum \|x - \bar{x}\| \cdot \frac{f}{\sum f}$ |
|---|---|---|---|---|---|
| 500 以下 | 4 | 450 | 18.0 | 348 | 13.92 |
| 500~600 | 10 | 550 | 55.0 | 248 | 24.80 |
| 600~700 | 15 | 650 | 97.5 | 148 | 22.20 |
| 700~800 | 18 | 750 | 135.0 | 48 | 8.64 |
| 800~900 | 22 | 850 | 187.0 | 52 | 11.44 |
| 900~1000 | 20 | 850 | 190.0 | 152 | 30.40 |
| 1000 以上 | 11 | 1050 | 115.5 | 252 | 27.72 |
| 合计 | 100 | — | 798.0 | — | 139.12 |

**解**
$$平均工资 \bar{x} = \sum x \cdot \frac{f}{\sum f} = 798（元）$$

$$平均差 = \frac{\sum |x - \bar{x}| \cdot f}{\sum f} = \sum |x - \bar{x}| \cdot \frac{f}{\sum f} = 139.12（元）$$

计算结果说明，该单位每个职工的月工资收入与总体平均工资额相差 139.12 元。

平均差是依据总体各单位标志值计算的，所以它可以表明所有离差的一般水平。而它的不足之处在于采用了绝对值，因此难以对其作进一步的数学处理，在统计实践中应用较少。

## 六、方差和标准差

方差是各变量值与其算术平均数离差平方的算术平均数。标准差是方差的平方根。

方差和标准差同平均差一样，也是根据全部数据计算的，反映每个数据与其算术平均数相比平均相差的数值，因此它能准确地反映出数据的差异程度。但与平均差不同是，在计算时的处理方法不同，平均差是取离差的绝对值消除正负号，而方差和标准差是取离差的平方消除正负号，这更便于处理。因此，方差和标准差是实际中应用最广泛的离中程度度量值。由于总体的方差、标准差与样本的方差、标准差在计算上有所区别，故下面将分别加以介绍。

### （一）总体的方差和标准差

设总体的方差为 $\sigma^2$，标准差为 $\sigma$，对于未分组整理的原始资料，方差和标准差的计算公式分别如下：

$$\sigma^2 = \frac{\sum\limits_{i=1}^{N} (X_i - \bar{X})^2}{n} \tag{5-16}$$

$$\sigma = \sqrt{\frac{\sum\limits_{i=1}^{N} (X_i - \bar{X})^2}{n}} \tag{5-17}$$

对于分组数据，方差和标准差的计算公式分别如下：

$$\sigma^2 = \frac{\sum\limits_{i=1}^{k} (X_i - \bar{X})^2 F_i}{\sum\limits_{i=1}^{k} F_i} \tag{5-18}$$

$$\sigma = \sqrt{\frac{\sum\limits_{i=1}^{k} (X_i - \bar{X})^2 F_i}{\sum\limits_{i=1}^{k} F_i}} \tag{5-19}$$

例 5-20　某生产车间中，工人生产某种产品所需要时间的统计资料如表 5-13 所示，请根据资料计算其标准差。

表 5-13　工人生产某种产品所需要时间的统计资料

| 时间 $x$ /分 | 人数 $f$ /人 | $xf$ | $(x-\bar{x})^2$ | $(x-\bar{x})^2 \cdot f$ |
| --- | --- | --- | --- | --- |
| 10 | 2 | 20 | 8.41 | 16.82 |
| 11 | 4 | 44 | 3.61 | 14.44 |
| 12 | 5 | 60 | 0.81 | 4.05 |
| 13 | 8 | 104 | 0.01 | 0.08 |

续表

| 时间 $x$/分 | 人数 $f$/人 | $xf$ | $(x-\bar{x})^2$ | $(x-\bar{x})^2 \cdot f$ |
|---|---|---|---|---|
| 14 | 6 | 84 | 1.21 | 7.26 |
| 15 | 5 | 75 | 4.41 | 22.05 |
| 合计 | 30 | 387 | — | 64.70 |

**解**　　　平均每人所需时间 $\bar{x} = \dfrac{\sum xf}{\sum f} = \dfrac{387}{30} = 12.9$（分）

标准差 $\sigma = \sqrt{\dfrac{\sum (x-\bar{x})^2 \cdot f}{\sum f}} = \sqrt{\dfrac{64.7}{30}} \approx 1.47$（分）

### （二）样本的方差和标准差

样本的方差、标准差与总体的方差、标准差在计算上有所差别。总体的方差和标准差在对各个离差平方平均时是除以数据个数或总频数，而样本的方差和标准差在对各个离差平方平均时是用样本数据个数或总频数减 1 去除总离差平方和的。

设样本的方差为 $s^2$，标准差为 $s$，对于未分组整理的原始资料，方差和标准差的计算公式如下：

$$s^2 = \dfrac{\sum\limits_{i=1}^{n} (x_i - \bar{x})^2}{n-1} \tag{5-20}$$

$$s = \sqrt{\dfrac{\sum\limits_{i=1}^{n} (x_i - \bar{x})^2}{n-1}} \tag{5-21}$$

对于分组数据，方差和标准差的计算公式如下：

$$s^2 = \dfrac{\sum\limits_{i=1}^{k} (x_i - \bar{x})^2 f_i}{\left(\sum\limits_{i=1}^{k} f_i\right) - 1} \tag{5-22}$$

$$s = \sqrt{\dfrac{\sum\limits_{i=1}^{k} (x_i - \bar{x})^2 f_i}{\left(\sum\limits_{i=1}^{k} f_i\right) - 1}} \tag{5-23}$$

### （三）是非标志的方差与标准差

在实际生活中，有些事物或现象的特征只表现为两种性质上的差异。例如，产品的质量表现为合格或不合格，人的性别表现为男或女，人们对某种意见表示为同意或不同意，学生考试成绩可分为及格和不及格等。这些只表现为是与否、有或无的标志，称为是非标志，也称为交替标志。在进行抽样估计时，是非标志的方差或标准差具有很重要的意义。

**1. 成数（比例）**

如前所述，是非标志只有两种表现，我们把总体或样本中具有某种表现或不具有某种表现的单位数占全部单位数的比重称为成数，它反映了总体或样本中"是"与"非"的构成，并且代表着两种表现或性质各反复出现的程度，即频率。例如，某一批产品中，合格品占95%，不合格品占5%。在这里，95%和5%均为成数。

若以 $N_1$ 表示总体中具有某种表现的单位数，$N_0$ 表示总体中不具有某种表现的单位数，$N$ 表示总体单位数，则成数可表示如下：

$$\pi = \frac{N_1}{N} \quad 或 \quad 1 - \pi = \frac{N_0}{N}$$

对于样本来说，与总体 $N_1$ 对应的就是 $n_1$，与总体 $N_0$ 对应的就是 $n_0$，样本单位数为 $n$，则成数可表示如下：

$$p = \frac{n_1}{n} \quad 或 \quad 1 - p = \frac{n_0}{n}$$

**2. 是非标志的平均数**

是非标志是一种品质标志，其表现为文字。因此，在计算平均数时，首先需要将文字表现进行数量化处理。用"1"表示具有某种表现，用"0"表示不具有某种表现，然后以"1"和"0"作为变量值，计算加权算术平均数。

以总体为例，其是非标志的平均数如下：

$$\overline{X}_\pi = \frac{1 \times N_1 + 0 \times N_0}{N_1 + N_0} = \frac{N_1}{N} = \pi \tag{5-24}$$

由此可知，总体是非标志的平均数，即为被研究标志具有某种表现的成数 $P$，同样可得样本是非标志的平均数，即为被研究标志具有某种表现的成数 $p$。

**3. 是非标志的方差与标准差**

将经过量化处理的是非标志的表现"1"和"0"作为变量值代入总体的方差计算公式：

$$\sigma_\pi^2 = \frac{\sum (X_i - \overline{X})^2 F_i}{\sum F_i} = \frac{(1 - \pi)^2 N_1 + (0 - \pi)^2 N_0}{N_1 + N_0} = \pi(1 - \pi)$$

为区别于一般变量值的方差，我们将是非标志的方差记为 $\sigma_\pi^2$，即

$$\sigma_\pi^2 = \pi(1 - \pi) \tag{5-25}$$

是非标志的标准差如下：

$$\sigma_\pi = \sqrt{\pi(1 - \pi)} \tag{5-26}$$

类似地，可得样本是非标志的方差 $s^2$ 和标准差 $s$ 如下：

$$s_p^2 = p(1 - p) \tag{5-27}$$

$$s_p = \sqrt{p(1 - p)} \tag{5-28}$$

**例 5 - 21** 从一批产品中随机抽取 100 件产品进行质量测试，测试的结果为 96 件合格，4 件不合格，试计算成数的方差和标准差。

**解** 根据所给资料可得

$$p = \frac{96}{100} = 96\%$$

$$1 - p = \frac{4}{100} = 4\%$$

$$s_p^2 = 96\% \times 4\% = 3.84\%$$

$$s_p = \sqrt{3.84\%} = 19.6\%$$

当 $p = 0.5$ 时是非标志的方差、标准差取得最大值，方差最大值为 0.25，标准差最大值为 0.5，也就是说，此时是非标志的变异程度最大。如某学生群体中男生数和女生数相等，即男女生的成数均为 0.5（或 50%），说明该学生群体性别差异程度最大。是非标志的方差、标准差的最小值均为 0。

**4. 方差的数学性质**

① 变量的方差等于变量平方的平均数减去变量平均数的平方，即

$$\sigma^2 = \overline{X^2} - (\overline{X})^2 \tag{5-29}$$

其中，$\overline{X^2} = \dfrac{\sum\limits_{i=1}^{N} X_i^2}{N}$，$\overline{X} = \dfrac{\sum\limits_{i=1}^{N} X_i}{N}$

② 各变量值对算术平均数的方差，小于等于对任意常数的方差，即

$$\frac{\sum\limits_{i=1}^{N}(X_i - \overline{X})^2}{N} \leqslant \frac{\sum\limits_{i=1}^{N}(X_i - A)^2}{N} \quad (A \text{ 为任意常数}) \tag{5-30}$$

# 七、相对离散程度——离散系数

全距、平均差、方差和标准差都是反映一组数值变异程度的绝对值，其数值的大小，不仅取决于数值的变异程度，而且还与变量值水平的高低、计量单位的不同有关。所以，不宜直接利用变异指标对不同水平、不同计量单位的现象进行比较，应当先做无量纲化处理，即将反映数据绝对差异程度的变异指标转化为反映数据相对差异程度的指标，然后再进行对比。

离散系数是反映一组数据相对差异程度的指标，是各变异指标与其算术平均数的比值。离散系数是一个无名数，可以用于比较不同数列的变异程度。离散系数通常用 $V$ 表示，常用的离散系数有平均差系数和标准差系数。

平均差系数计算公式如下：

$$V_M = \frac{M_d}{\overline{X}} \times 100\% \tag{5-31}$$

标准差系数的计算公式如下：

$$V_\sigma = \frac{\sigma}{\overline{X}} \times 100\% \tag{5-32}$$

**例 5-22** 甲乙两组工人的平均工资分别为 138.14 元、176 元，标准差分别为 21.32 元、24.67 元。请计算两组工人工资水平离散系数。

**解**
$$V_{\sigma甲} = \frac{21.32}{138.14} \times 100\% = 15.43\%$$

$$V_{\sigma乙} = \frac{24.67}{176} \times 100\% = 14.02\%$$

从标准差来看，乙组工人工资水平的标准差比甲组大，但不能断言，乙组平均工资的代表性小。这是因为两组工人的工资水平处在不同的水平上，所以不能直接根据标准差的大小作结论。而正确的方法是要用消除了数列水平的离散系数进行比较。从两组的离散系数可以看出，甲组相对的变异程度大于乙组，因而乙组平均工资的代表性要大。

## 第三节  数据分布偏度与峰度的测定

偏度是对数据分布在偏移方向的程度所作的进一步描述，而峰度是指对数据分布的扁平程度所做的描述。对于偏斜程度的描述要用偏态系数，对于扁平程度的描述要用峰度系数。

集中趋势和离中趋势是数据分布的两个重要特征，但要全面了解数据分布的特点，还需要知道数据分布的形状是否对称、偏斜的程度以及分布的扁平程度等。偏态和峰度就是对这些分布特征的描述。

### 一、偏态的度量

偏态是对分布偏斜方向及程度的度量。从前面的内容中我们已经知道，频数分布有对称的，也有不对称的即偏态的。在偏态的分布中，又有两种不同的形态，即左偏和右偏。我们可以利用众数、中位数和算术平均数之间的关系判断分布是左偏还是右偏，但要度量分布偏斜的程度，就需要计算偏态系数。偏态系数的计算方法很多，这里介绍算术平均数与众数之间的关系和动差法两种方法。

#### （一）由算术平均数与众数之间的关系求偏态系数

任何一个频数分布的算术平均数与众数之间的差异情况，与这个频数分布的形态有固定的关系。若频数分布是对称的，则算术平均数等于众数；若频数分布为右偏，则算术平均数大于众数；若频数分布为左偏，则算术平均数小于众数。用其二者的差量除以标准差，即可求得偏态系数，计算公式如下：

$$SK = \frac{\bar{X} - M_O}{\sigma} \tag{5-33}$$

当 $\bar{X} = M_O$ 时，$SK = 0$，大体表明频数分布是对称的；当 $\bar{X} > M_O$ 时，$SK > 0$，表明频数分布右偏，偏态系数越大，表明右偏程度越大；若 $\bar{X} < M_O$，$SK < 0$，表明频数分布左偏，偏态系数越小，表示左偏程度越大。

#### （二）动差法

动差又称矩，原是物理学上用以表示力与力臂对重心关系的术语，这个关系和统计学中变量与权数对平均数的关系在性质上很类似，所以统计学也用动差来说明频数分布的性质。

一般来说，取变量的 $a$ 值为中点，所有变量值与 $a$ 之差的 $K$ 次方的平均数称为变量 $X$ 关于 $a$ 的 $K$ 阶动差，即

$$\frac{\sum (X - a)^K}{N}$$

当 $a = 0$ 时，变量以原点为中心，上式称为 $K$ 阶原点动差，用大写英文字母 $M$ 表示。

一阶原点动差：$M_1 = \frac{\sum X}{N}$，即算术平均数。

二阶原点动差：$M_2 = \dfrac{\sum X^2}{N}$，即平方平均数。

三阶原点动差：$M_3 = \dfrac{\sum X^3}{N}$，即三次方平均数。

当 $a = \bar{X}$ 时，变量以算术平均数为中心，上式称为 $K$ 阶中心动差，用 $m$ 表示。

一阶中心动差：

$$m_1 = \frac{\sum (X - \bar{X})}{N} = 0$$

二阶中心动差：

$$m_2 = \frac{\sum (X - \bar{X})^2}{N} = \sigma^2$$

三阶中心动差：

$$m_3 = \frac{\sum (X - \bar{X})^3}{N}$$

需要注意的是，计算各阶原点动差和各阶中心动差，如果依据的资料是分组资料，则应用各组的频数或频率加权平均。由于中心动差计算起来比较繁杂，而计算原点动差相对比较简单，通常多从原点动差来推算中心动差。只要展开中心动差的各项，就容易求得它与原点动差的关系。

$$m_1 = M_1 - M_1 = 0$$
$$m_2 = M_2 - M_1^2$$
$$m_3 = M_3 - 3M_2 M_1 + 2M_1^3$$

采用动差法计算偏态系数是用变量的三阶中心动差 $m_3$ 与 $\sigma^3$ 进行对比，其计算公式如下：

$$\alpha = \frac{m_3}{\sigma^3} \tag{5-34}$$

当分布对称时，变量的三阶中心动差 $m_3$ 由于离差三次方后正负相互抵消而取得 0 值，则 $\alpha = 0$；当分布不对称时，正负离差不能抵消，就形成正的或负的三阶中心动差 $m_3$。当 $m_3$ 为正值时，表示正偏离差值比负偏离差值要大，可以判断为正偏或右偏；反之，当 $m_3$ 为负值时，表示负偏离差值比正偏离差值要大，可以判断为负偏或左偏。$|m_3|$ 越大，表示偏斜的程度就越大。由于三阶中心动差 $m_3$ 含有计量单位，为消除计量单位的影响，就用 $\sigma^3$ 去除 $m_3$，使其转化为相对数。同样的，$\alpha$ 的绝对值越大，表示偏斜的程度就越大。

**例 5-23** 某地区农民家庭人均收入数据如表 5-14 所示，请计算偏态系数。

**表 5-14　某地区农民家庭人均收入数据**

| 按年人均收入分组（元） | 组中值 $x_i$ | 产数比重 $p_i$ | $x_i p_i$ | $(x_i - \bar{x})^3 p_i$ | $(x_i - \bar{x})^4 p_i$ |
|---|---|---|---|---|---|
| 1 000~1 200 | 1 100 | 0.06 | 88 | −9 761 914.9 | 4 841 909 780 |
| 1 200~1 400 | 1 300 | 0.16 | 206 | −4 149 493.8 | 1 226 250 153 |

| 按年人均收入分组(元) | 组中值 $x_i$ | 产数比重 $p_i$ | $x_i p_i$ | $(x_i - \bar{x})^3 p_i$ | $(x_i - \bar{x})^4 p_i$ |
|---|---|---|---|---|---|
| 1 400~1 600 | 1 500 | 0.35 | 525 | −309 657.6 | 29 727 129.6 |
| 1 600~1 800 | 1 700 | 0.20 | 340 | 224 973.8 | 23 397 171.2 |
| 1 800~2 000 | 1 900 | 0.09 | 171 | 2 528 501.8 | 768664535 |
| 2 000~2 200 | 2 100 | 0.07 | 147 | 8 961 684.5 | 4 516 688 978 |
| 2 200~2 400 | 2 300 | 0.04 | 92 | 13 965 546.6 | 9 825 408 778 |
| 2 400~2 600 | 2 500 | 0.01 | 25 | 7 387 632.6 | 6 678 429 907 |
| 合计 | — | 1 | 1 596 | 18 838 272 | 27 912 466 432 |

注：表中 $p_i$ 为各组户数在总户数中所占比重，即频率。

**解** 根据表 5-14 中数据可计算得

$$\bar{x} = \sum_{i=1}^{K} x_i \frac{f_i}{\sum\limits_{i=1}^{k} f_i} = \sum_{i=1}^{k} x_i p_i = 1596(元)$$

$$\sigma = \sqrt{\sum_{i=1}^{k} (x_i - \bar{x})^2 \frac{f_i}{\sum\limits_{i=1}^{k} f_i}} = \sqrt{\sum_{i=1}^{k} (x_i - \bar{x})^2 p_i} = 305.26(元)$$

$$m_3 = \sum_{i=1}^{k} (x_i - \bar{x})^3 \frac{f_i}{\sum\limits_{i=1}^{n} f_i} = \sum_{i=1}^{k} (x_i - \bar{x})^3 p_i = 18838272$$

将计算结果代入(5-34)式得

$$\alpha = \frac{m_3}{\sigma^3} = \frac{18\,838\,272}{(305.26)^3} = 0.662$$

从计算结果可以看出，偏态系数为正值，而且数值较大，说明该地区农民家庭人均收入的分布为右偏分布，即人均收入较少的家庭占据多数，而人均收入较高的家庭则占少数，且偏斜的程度较大。

## 二、峰度的度量

峰度是用来衡量分布的集中程度或分布曲线的尖峭程度的指标。其计算公式如下：

$$\beta = \frac{m_4}{\sigma^4} - 3 \tag{5-35}$$

分布曲线的尖峭程度与偶数阶中心动差的数值大小有直接的关系，$m_2$ 是方差，于是就以四阶中心动差 $m_4$ 来度量分布曲线的尖峭程度。$m_4$ 是个绝对数，含有计量单位，为消除计量单位的影响，将 $m_4$ 除以 $\sigma^4$，就得到无量纲的相对数。衡量分布的集中程度或分布曲线的尖峭程度往往是以正态分布的峰度作为比较标准的。在正态分布条件下，$\frac{m_4}{\sigma_4} = 3$，将各种不同分布的尖峭程度与正态分布比较,即 $\left(\dfrac{m_4}{\sigma^4}-3\right)$,就是峰度 $\beta$ 的测定公式。

当峰度 $\beta>0$ 时,表示分布的形状比正态分布更瘦更高,这意味着分布比正态分布更集中在平均数周围,这样的分布称为尖峰分布,如图 5-1(a)所示;

当峰度 $\beta=0$ 时,分布为正态分布;

当峰度 $\beta<0$,表示分布比正态分布更矮更胖,意味着分布比正态分布更分散,这样的分布称为平峰分布,如图 5-1(b)。

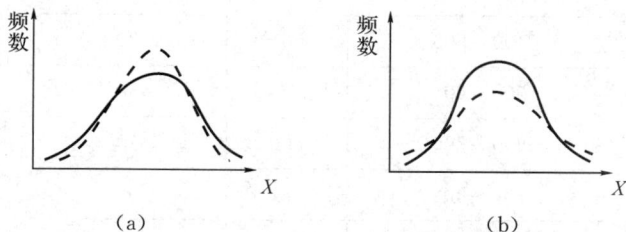

图 5-1 尖峰分布与平峰分布示意图
(a)尖峰分布;(b)平峰分布

## [本章自测]

### 一、问答题

1. 考察一个分布数列的特征时,为什么必须同时运用集中趋势指标和离散趋势指标?

2. 对总体进行集中趋势的描述时应遵循哪些基本原则?

3. 试比较极差、平均差和标准差 3 种变异指标的特点,并说明为什么标准差是最常用、最基本的变异指标?

4. 试比较算术平均数、调和平均数、几何平均数、中位数与众数的特点。

### 二、计算题

1. 甲乙两企业生产 3 种产品的单位成本和总成本资料如表 5-15 所示,试比较哪个企业的平均成本高,并分析其原因。

表 5-15 甲乙企业 ABC 产品生产资料

| 产品 | 单位成本/元 | 总成本/元 | |
|---|---|---|---|
| | | 甲企业 | 乙企业 |
| A | 15 | 2100 | 3255 |
| B | 20 | 3000 | 1500 |
| C | 30 | 1500 | 1500 |

2. 某城市对 3 000 户居民户均月消费支出如表 5-16 所示。

表 5-16    3000 户居民户均月消费支出

| 居民户月均支出 /元 | 户数 | 比重 /% |
|---|---|---|
| 200 以下 | 30 | 1 |
| 200～300 | 180 | 6 |
| 300～400 | 450 | 15 |
| 400～500 | 600 | 20 |
| 500～600 | 1050 | 35 |
| 600～700 | 300 | 10 |
| 700～800 | 180 | 6 |
| 800～900 | 120 | 4 |
| 900～1 000 | 60 | 2 |
| 1 000 以上 | 30 | 1 |
| 合计 | 3000 | 100.00 |

要求：

(1) 计算居民户总平均月支出；

(2) 计算居民户月均支出标准差和变异系数；

(3) 计算居民月均支出中位数和众数。

3. 某管理局下属 8 家企业的产品销售数据如表 5-17 所示。试比较其产品销售额和销售利润的离散程度。

表 5-17    8 家企业的产品销售数据

| 企业 | 产品销售额($X_1$) /万元 | 销售利润($X_2$) /万元 |
|---|---|---|
| 1 | 170 | 8.1 |
| 2 | 220 | 12.5 |
| 3 | 390 | 18.0 |
| 4 | 430 | 22.0 |
| 5 | 480 | 26.5 |
| 6 | 650 | 40.0 |
| 7 | 950 | 64.0 |
| 8 | 1000 | 69.0 |

[延伸阅读]

## 描述统计学数值量度价值

华盛顿大学医疗中心的 Barnes 医院，建于 1914 年，是为圣路易斯及其邻近地区的居民提供医疗服务的主要医院，该医院被公认为美国最好的医院之一。Barnes 医院有一个收容计划，用以帮助身患绝症的人及其家人提高生活质量。负责收容工作的小组包括一名主治医师、一名助理医师、护士长、家庭护士和临床护士、家庭健康服务人员、社会工作者、牧师、营养师、经过培圳的志愿者以及提供必要的其他辅助服务的专业人员。通过收容工作组的共同努力，患者的家人及其家庭会获得必要的指导和支持，以帮助他们克服由于疾病、隔离和死亡而带来的紧张情绪。

在收容工作组的协作和管理上，采用每月报告和季度总结来帮助小组成员回顾过去的服务。对于工作数据的统计概括，也可以用作方针措施的规划和执行的基础。例如，他们搜集了有关病人被工作组收容的时间的数据。一个含有 67 个病人记录的样本表明，病人被收容的时间在 1～185 天内变化。频数分布表的使用对于概括总结收容天数的数据也是很有用的。此外，描述统计学数值量度也被用于提供有关收容时间数据的有价值的信息，如平均数为 35.7 天、中位数为 17 天、众数为 1 天。

平均数即对病人的平均收容时间是 35.7 天，也就是 1 个月多一点。而中位数则表明半数病人的收容时间在 17 天以下，半数病人的收容时间在 17 天以上。众数是发生频数最多的数据值，众数为 1 天则表明许多病人仅仅被收容了短短的 1 天。

有关该收容计划的其他统计汇总还包括住院金额、病人在家时间与在医院时间的对比、痊愈出院的病人数目、病人在家死亡和在医院死亡的数目。这些汇总结果将根据病人的年龄和医疗普及程度的不同进行分析。总之，描述统计学为收容服务提供了有价值的信息。

（资料来源:《管理统计案例》）

# 第六章　时间数列分析

### 教学目的

通过本章的学习，学生能掌握时间数列的概念、类型，学会各种动态分析指标的计算方法；学会各种水平和速度指标的计算方法，并能对时间数列的趋势进行分析和预测。

### 教学要点

（1）时间数列的概念与种类；

（2）动态分析指标的计算；

（3）长期趋势、季节变动、循环变动的测定。

## 第一节　时间数列分析指标

### 一、时间数列的概念和作用

将社会经济现象在不同时间上的统计变量值，按时间先后顺序整理编排所形成的数列，称为时间数列或动态数列，又称时间序列。它反映了社会经济现象的发展变化过程及其趋势。

时间数列由两个基本要素构成：一个是资料所属时间，另一个是各时间上的统计指标数值，又称为时间数列中的发展水平。

时间数列分析方法是统计学中的重要分析方法，具有以下 4 点重要作用。

（1）时间数列可以反映社会经济现象发展变化的过程和结果。

（2）利用时间数列可以计算动态分析指标，研究社会经济现象发展的方向、速度、趋势及规律性。

（3）根据时间数列可以预测现象未来的发展趋势。

（4）对相互联系的两组或多组时间数列可以进行对比分析或相关分析。

### 二、时间数列种类

时间数列按统计数据的表现形式不同，可以分为绝对数时间数列、相对数时间数列和平均数时间数列。

#### （一）绝对数时间数列

将一系列同类的绝对数按时间先后顺序排列而形成的时间数列就称为绝对数时间数列。它反映了被研究现象的规模或水平的变动情况。根据指标反映的时间状况不同，时间数列又分为时期数列和时点数列两种。

### 1. 时期数列

时期数列是由一系列时期指标值所构成的时间数列,数列中各变量值是反映现象在某一段时间内发展变动的总量或绝对水平。例如,表6-1所示是某商场上半年的销售额。

**表6-1　某商场上半年销售额**

单位:万元

| 月份 | 1月 | 2月 | 3月 | 4月 | 5月 | 6月 |
|---|---|---|---|---|---|---|
| 销售值 | 60 | 60 | 64 | 68 | 72 | 76 |
| 利润额 | 8 | 8 | 10 | 12 | 10 | 12 |

时期数列的特征主要有以下3点。

(1) 时期数列中各指标数值可以相加,相加后的变量值表示现象在更长时期内发展过程的总量。

(2) 时期数列中每项指标数值的大小与其对应的时期长短有直接关系。一般而言,时期愈长,变量值愈大;反之,变量值愈小。

(3) 时期数列中的各变量值,一般通过连续记录的方法获得。

### 2. 时点数列

时点数列是由一系列时点指标所构成的时间数列,数列中各变量值是反映现象在某一时刻上的总量或水平。例如,表6-2所示是某商场上半年的统计资料。

**表6-2　某商场上半年有关统计资料**

| 月份 | 1月 | 2月 | 3月 | 4月 | 5月 | 6月 |
|---|---|---|---|---|---|---|
| 月初职工人数/人 | 120 | 122 | 120 | 118 | 122 | 124 |
| 月初固定资产额/万元 | 50 | 50 | 51 | 54 | 54 | 60 |

时点数列的特征主要有以下3点。

(1) 时点数列中各变量值相加无实际经济意义,因此各变量值不具有可加性。

(2) 时点数列中指标数值大小与时间间隔没有直接关系。

(3) 时点数列中的变量值一般通过一次性记录的方法获得。

### (二) 相对数时间数列

相对数时间数列是由一系列同类的相对指标按时间先后顺序排列而形成的时间数列,它的各指标数值是不能相加的。例如,某企业2014~2018年各年计划产值完成程度如表6-3所示,其中,计划完成程度指标是相对指标,形成的时间数列是一个相对数时间数列。

**表6-3　某企业2014~2018年各年计划产值完成程度**

| 年份 | 2014 | 2015 | 2016 | 2017 | 2018 |
|---|---|---|---|---|---|
| 计划完成程度/% | 106.50 | 110 | 104 | 108 | 102.80 |

### （三）平均数时间数列

平均数时间数列是由一系列同类的平均数按时间先后顺序排列而形成的时间数列。在平均数时间数列中各指标数值也是不能相加的。例如，表 6-4 所示是某商场 2018 年各季度平均销售额。

**表 6-4 某商场 2018 年各季度平均销售额**

单位：万元

| 年份 | 一季度 | 二季度 | 三季度 | 四季度 |
|---|---|---|---|---|
| 平均月销售额/万元 | 500 | 550 | 580 | 650 |

## 三、时间数列的编制原则

编制时间数列的目的是要通过数列中各指标的比较，来研究社会经济现象的发展及其规律，保证数列中各个指标数值的可比性，是编制时间数列的基本原则。因此，编制时间数例具体有以下 3 点要求。

### （一）时间一致

对于时期数列，各指标值所属的时期长短应一致。而对于时点数列，各指标的时点间隔长短应一致。

### （二）口径一致

口径一致主要包含 4 个方面。一是现象总体范围应一致。无论是时期数列还是时点数列，指标值的大小都与现象总体范围有着密切的关系，若指标的总体范围不一致，就失去了比较的意义。二是计算价格应一致。价值指标有不变价和现行价两种，而不变价又有不同时期的不变价，编制价值指标的时间数列要保证各指标的计算价格相同，才具有比较的意义。三是计量单位一致。实物量指标度量单位有吨、千克以及标准实物量和混合实物量等，编制实物量指标时间数列时要保证各指标的计量单位相同。四是经济内容要一致。例如，新中国成立以来，我国曾经采用过工农业总产值、社会总产值、国民收入和国内生产总值等指标来反映我国的经济活动总量。而这些指标都有不同的经济内容，在编制新中国成立以来的经济活动总量的时间序列时，就需要对这些指标加以区别和调整，才能符合可比性的要求。

### （三）计算方法一致

指标名称、总体范围、计算价格和计量单位以及经济内容都一致的指标，有时也会因计算方法不一致，导致数值上的差异。如 GDP 指标，可以用生产法、分配法和支出法来计算，从理论上来讲，3 种方法的计算结果应一致，但由于资料来源的渠道不同，这 3 种方法计算的结果往往存在差异。因此，在编制时间数列时，应注意各指标的计算方法是否统一，以确保指标可比。

## 四、时间数列的指标

时间数列指标分为两类，一类是水平指标，另一类是速度指标。

### （一）水平指标

时间数列的水平指标主要有发展水平、平均发展水平、增长量和平均增长量 4 种。

#### 1. 发展水平

发展水平是指时间数列中各项具体的指标数值，是时间数列的两个构成要素之一，也是计算其他动态分析数据的基础。它既可以用绝对数表示，也可以用相对数或平均数表示。

时间数列中的第一个指标数值称为最初水平，最后一个指标数值称为最末水平，其余各个指标数值称为中间水平。在动态分析中，将所研究的某一时期的指标数值称为报告期水平或计算期水平，而将用来比较的基础时间的指标数值称为基期水平。用符号 $a_0$，$a_1$，$a_2$，$\cdots$，$a_{n-1}$，$a_n$ 代表数列中的各个发展水平，则 $a_0$ 就是最初水平，$a_n$ 就是最末水平，其余各项 $a_1$，$a_2$，$\cdots$，$a_{n-1}$ 为中间水平。期初、期末、报告期、基期发展水平的概念是相对的，随研究目的的不同而不同。

#### 2. 平均发展水平（序时平均数）

平均发展水平是时间数列中各期发展水平的平均值，也称为序时平均数或动态平均数。

平均发展水平表示被研究现象在一定发展阶段的一般水平。序时平均数与前面所学的静态平均数有共同之处，都是把现象的个别数量差异抽象化，反映现象的一般水平。但二者也有明显的差别，主要表现在以下 3 个方面。

第一，静态平均数是将同一时期的标志总量与总体单位数对比求得；而序时平均数则是将不同时期的指标值加以平均而得到。

第二，静态平均数是总体各单位之间标志值的平均；而序时平均数则是动态数列中各时间单位之间发展水平的平均。

第三，静态平均数是从静态上说明现象在一定时间范围内的一般水平；而序时平均数则是从动态上说明现象在某一段时间内的一般水平。

不同性质指标的动态数列，其序时平均数的计算方法不同，分为绝对数时间数列的序时平均数计算和相对数时间数列的序时平均数计算两种。

1）绝对数（总量指标）时间数列的序时平均数计算

时期数列的序时平均数可采用简单算术平均数计算，因为时期数列中各项指标值可以相加。设时期数列中各项指标的数值为 $a_0$，$a_1$，$a_2$，$\cdots$，$a_{n-1}$，$a_n$，序时平均数为 $\bar{a}$，时期项数为 $n$，则 $\bar{a}$ 的计算公式如下：

$$\bar{a} = \frac{a_1 + a_2 + \cdots + a_n}{n} = \frac{\sum a}{n}$$

时点数列的序时平均数一般不能采用简单算术平均数，因为时点数列中的指标数值不能直接相加。时点数列中各项指标值可以是连续排列的，也可以是不连续排列的。排列方法不同，序时平均数的计算方法一般也不相同。

（1）连续时点数列是指对各时点上的指标值逐个记录后按时间顺序连续排列其表现形式有以下两种。

① 各个时点的指标值是按时间顺序排列的，没有经过任何分组，此时可采用简单算术

平均方法计算序时平均数。其计算公式如下：

$$\bar{a} = \frac{a_1 + a_2 + \cdots + a_n}{n} = \frac{\sum a}{n}$$

**例 6 - 1**  某单位一周内职工的出勤人数如表 6 - 5 所示，求日平均出勤人数。

**表 6 - 5  某单位一周内职工的出勤人数**

| 星期 | 星期一 | 星期二 | 星期三 | 星期四 | 星期五 | 合计 |
|------|--------|--------|--------|--------|--------|------|
| 出勤人数/人 | 230 | 218 | 225 | 222 | 220 | 1115 |

**解**  单位日平均出勤人数 $\bar{a} = \dfrac{\sum a}{n} = \dfrac{1115}{5} = 223$（人）

② 将时点数列中的指标值进行加工整理，形成分组数列形式。此时需要将每次变动持续的时间间隔长度作为权数进行加权算术平均数计算。其计算公式如下：

$$\bar{a} = \frac{a_1 f_1 + a_2 f_2 + \cdots + a_n f_n}{f_1 + f_2 + \cdots + f_n} = \frac{\sum af}{\sum f}$$

**例 6 - 2**  某单位 5 月份职工的出勤人数如表 6 - 6 所示，求日平均出勤人数。

**表 6 - 6  某单位 5 月份职工的出勤人数**

| 时间 | 1～10 日 | 11～20 日 | 21～31 日 | 合计 |
|------|---------|-----------|-----------|------|
| 每日出勤人数 $a$/人 | 255 | 248 | 253 | — |
| 日数 $f$ | 10 | 10 | 11 | 31 |
| $af$ | 2550 | 2480 | 2783 | 7813 |

**解**  单位日平均出勤人数 $\bar{a} = \dfrac{a_1 f_1 + a_2 f_2 + \cdots + a_n f_n}{f_1 + f_2 + \cdots + f_n} = \dfrac{\sum af}{\sum f} = \dfrac{7813}{31} = 252$（人）

（2）间断时点数列是指指标值不是逐日记录逐日排列，而是有一定间断时间。它可分为间隔相等的时点数列和间隔不相等的时点数列这两种情况。

① 时间间隔相等的时点数列，即掌握间隔相等的每期期末或期初的资料，此时可采用简单算术平均法进行计算序时平均数。

先将每期期初和期末的数值进行简单算术平均，作为该时期的代表值。设数列的各时点的发展水平为 $a_1, a_2, \cdots, a_{n-1}, a_n$，则各时期的代表值分别如下：

$$\frac{a_1 + a_2}{2}, \frac{a_2 + a_3}{2}, \frac{a_3 + a_4}{2}, \frac{a_4 + a_5}{2}, \cdots, \frac{a_{n-1} + a_n}{2}$$

然后将求出的各时期的代表值再进行简单算术平均，可计算出序时平均数，即

$$\bar{a} = \frac{\dfrac{a_1 + a_2}{2} + \dfrac{a_2 + a_3}{2} + \dfrac{a_3 + a_4}{2} + \cdots + \dfrac{a_{n-1} + a_n}{2}}{n - 1}$$

$$= \frac{\dfrac{a_1}{2} + a_2 + a_3 + a_4 + \cdots + a_{n-2} + a_{n-1} + \dfrac{a_n}{2}}{n - 1}$$

上述计算方法被称为"首末折半法"。

**例6-3** 某汽车仓库第四季度的各月末汽车库存量资料如表6-7所示，请计算该汽车仓库第四季度的平均库存量。

表6-7 某汽车仓库第四季度的各月末汽车库存量

| 月份 | 10月初 | 10月末 | 11月末 | 12月末 |
|---|---|---|---|---|
| 月末汽车库存量/万辆 | 60 | 80 | 110 | 150 |

**解** 该车库第四季度的平均库存量如下：

$$\bar{a} = \frac{\frac{a_1}{2} + a_2 + a_3 + a_4 + \cdots + a_{n-2} + a_{n-1} + \frac{a_n}{2}}{n-1}$$

$$= \frac{\frac{60}{2} + 80 + 110 + \frac{150}{2}}{4-1} = \frac{295}{3} = 98.33(万辆)$$

② 时间间隔不相等的时点数列，即掌握的资料是间隔不相等的期初或期末资料，此时可以用时点之间的间隔长度为权数，用求加权平均数的方法来计算序时平均数。计算公式为

$$\bar{a} = \frac{(\frac{a_1+a_2}{2})f_1 + (\frac{a_2+a_3}{2})f_2 + (\frac{a_3+a_4}{2})f_3 + \cdots + (\frac{a_{n-1}+a_n}{2})f_{n-1}}{\sum f}$$

**例6-4** 某企业某年职工人数如表6-8所示，请计算某年某企业职工月平均人数。

表6-8 某企业某年职工人数

| 时间 | 1月1日 | 6月30日 | 9月30日 | 12月31日 | 合计 |
|---|---|---|---|---|---|
| 出勤人数/人 | 1 100 | 1 120 | 1 130 | 1 150 | 4 500 |

**解** 从表6-8中的数据可知，各个时点指标间的间隔是不等的，1月1日到6月30日隔6个月，6月30日到9月30日隔3个月，9月30日到12月31日隔3个月。则该企业某年月平均职工人数计算如下：

$$\bar{a} = \frac{(\frac{a_1+a_2}{2})f_1 + (\frac{a_2+a_3}{2})f_2 + (\frac{a_3+a_4}{2})f_3 + \cdots + (\frac{a_{n-1}+a_n}{2})f_{n-1}}{\sum f}$$

$$= \frac{(\frac{1\,100+1\,120}{2}) \times 6 + (\frac{1\,120+1\,130}{2}) \times 3 + (\frac{1\,130+1\,150}{2}) \times 3}{6+3+3}$$

$$= \frac{13\,455}{12}$$

$$= 1121(人)$$

2) 相对数（相对指标）时间数列的序时平均数计算

由于不同时间上的相对指标数值不能相加，因此不能根据相对数时间数列直接计算序

时平均数，必须先计算各相对数的分子数列和分母数列的序时平均数，最后将分子数列与分母数列的序时平均数进行对比，所得的比值就是相对数时间数列的序时平均数。计算公式如下：

$$\bar{c} = \frac{\bar{a}}{\bar{b}}$$

式中，$\bar{c}$ 为相对数时间数列的序时平均数；$\bar{a}$ 为分子数列的序时平均数；$\bar{b}$ 为分母数列的序时平均数。

当相对数时间数列的分子和分母都为时期指标时，其计算公式如下：

$$\bar{c} = \frac{\bar{a}}{\bar{b}} = \frac{\dfrac{\sum a}{n}}{\dfrac{\sum b}{n}} = \frac{\sum a}{\sum b}$$

**例 6 - 5** 某商场 2018 年第四季度各月商品的计划销售额与实际销售额资料如表 6 - 9 所示，请计算该商场第四季度月平均计划的完成程度。

**表 6 - 9 某商场 2018 年第四季度各月商品的计划销售额与实际销售额资料**

| 月份 | 10 月 | 11 月 | 12 月 | 合计 |
|---|---|---|---|---|
| 商品实际销售额 $a$ /万元 | 540 | 500 | 350 | 1390 |
| 商品计划销售额 $b$ /万元 | 500 | 450 | 400 | 1350 |
| 计划完成程度 $c$ /% | 108.00 | 111.11 | 87.50 | — |

**解** 该商场第四季度月平均计划完成程度如下：

$$\bar{c} = \frac{\bar{a}}{\bar{b}} = \frac{\sum a}{\sum b} = \frac{1390}{1350} = 102.96\%$$

当相对数（相对指标）时间数列的分子和分母都为时点指标时，如果相对数时间数列的分子和分母的资料是逐日登记排列的，则相对数时间数列的序时平均数的计算公式如下：

$$\bar{c} = \frac{\bar{a}}{\bar{b}} = \frac{\dfrac{\sum a}{n}}{\dfrac{\sum b}{n}} = \frac{\sum a}{\sum b}$$

如果相对数时间数列的分子和分母数列的资料不是逐日登记排列的，则相对数时间数列的计算方式分为如下两种情况。

① 若时间间隔相等，则应该采用"首末折半法"计算，计算公式如下：

$$\bar{c} = \frac{\bar{a}}{\bar{b}} = \frac{\dfrac{\sum a}{n}}{\dfrac{\sum b}{n}} = \frac{\dfrac{\dfrac{a_1}{2} + a_2 + a_3 + \cdots + a_{n-1} + \dfrac{a_n}{2}}{n-1}}{\dfrac{\dfrac{b_1}{2} + b_2 + b_3 + \cdots + b_{n-1} + \dfrac{b_n}{2}}{n-1}} = \frac{\dfrac{a_1}{2} + a_2 + a_3 + \cdots + \dfrac{a_n}{2}}{\dfrac{b_1}{2} + b_2 + b_3 + \cdots + \dfrac{b_n}{2}}$$

**例 6-6**　某高校 2014 年～2018 年全部职工人数和专职教师人数资料如表 6-10 所示，请计算在这段时间里该高校教师占全部职工的平均比重。

**表 6-10　某高校 2014 年～2018 年全部职工人数和教师人数资料**

| 年份 | 2014 年底 | 2015 年底 | 2016 年底 | 2017 年底 | 2018 年底 |
|---|---|---|---|---|---|
| 专职教师人数 $a$/人 | 140 | 150 | 200 | 210 | 240 |
| 全部职工 $b$/人 | 200 | 220 | 240 | 270 | 300 |
| 教师占全部职工的比重/% | 70 | 68.18 | 83.33 | 77.78 | 80 |

**解**　该高校教师占全部职工的平均比重如下：

$$\bar{c} = \frac{\bar{a}}{\bar{b}} = \frac{\dfrac{a_1}{2} + a_2 + a_3 + \cdots + \dfrac{a_n}{2}}{\dfrac{b_1}{2} + b_2 + b_3 + \cdots + \dfrac{b_n}{2}} = \frac{\dfrac{140}{2} + 150 + 200 + 210 + \dfrac{240}{2}}{\dfrac{200}{2} + 220 + 240 + 270 + \dfrac{300}{2}} = \frac{750}{980} = 76.53\%$$

② 若时间间隔不相等，则要用各个时间间隔的长度作为权数，用加权平均法。计算公式如下：

$$\bar{c} = \frac{\bar{a}}{\bar{b}} = \frac{\dfrac{\left(\dfrac{a_1 + a_2}{2}\right)f_1 + \left(\dfrac{a_2 + a_3}{2}\right)f_2 + \left(\dfrac{a_3 + a_4}{2}\right)f_3 + \cdots + \left(\dfrac{a_{n-1} + a_n}{2}\right)f_{n-1}}{\sum f}}{\dfrac{\left(\dfrac{b_1 + b_2}{2}\right)f_1 + \left(\dfrac{b_2 + b_3}{2}\right)f_2 + \left(\dfrac{b_3 + b_4}{2}\right)f_3 + \cdots + \left(\dfrac{b_{n-1} + b_n}{2}\right)f_{n-1}}{\sum f}}$$

**例 6-7**　某企业 2018 上半年全部职工人数和工人人数资料如表 6-11 所示，请计算该企业工人人数占全部职工人数比重的平均值。

**表 6-11　某企业 2018 年上半年全部职工人数和工人人数资料**

| 月份 | 1 月初 | 3 月末 | 4 月末 | 6 月末 |
|---|---|---|---|---|
| 工人人数 $a$ | 204 | 165 | 161 | 200 |
| 全部职工 $b$ | 240 | 220 | 230 | 250 |
| 教师占全部职工的比重 $c$/% | 85 | 75 | 70 | 80 |

**解**　若要求出该企业工人人数占全部职工人数比重的平均值，应先算出 $\bar{a}$，$\bar{b}$，然后利用如下公式

$$\bar{c} = \frac{\bar{a}}{\bar{b}} = \frac{\dfrac{\left(\dfrac{a_1 + a_2}{2}\right)f_1 + \left(\dfrac{a_2 + a_3}{2}\right)f_2 + \left(\dfrac{a_3 + a_4}{2}\right)f_3 + \cdots + \left(\dfrac{a_{n-1} + a_n}{2}\right)f_{n-1}}{\sum f}}{\dfrac{\left(\dfrac{b_1 + b_2}{2}\right)f_1 + \left(\dfrac{b_2 + b_3}{2}\right)f_2 + \left(\dfrac{b_3 + b_4}{2}\right)f_3 + \cdots + \left(\dfrac{b_{n-1} + b_n}{2}\right)f_{n-1}}{\sum f}}$$

计算 $\bar{c}$ 。

$$\bar{a} = \frac{(\frac{204+165}{2}) \times 3 + (\frac{165+161}{2}) \times 1 + (\frac{161+200}{2}) \times 2}{3+1+2} = \frac{1\ 077.5}{6} = 179.58(\text{人})$$

$$\bar{b} = \frac{(\frac{240+220}{2}) \times 3 + (\frac{220+230}{2}) \times 1 + (\frac{230+250}{2}) \times 2}{3+1+2} = \frac{1\ 395}{6} = 232.5(\text{人})$$

$$\bar{c} = \frac{\bar{a}}{\bar{b}} = \frac{179.58}{232.5} \times 100\% = 77.24\%$$

### 3. 增长量

增长量是时间数列在一定时间内增长的绝对数量值,它是报告期水平与基期水平之差。增长量的计算公式如下:

$$增长量 = 报告期发展水平 - 基期发展水平$$

按采用的基期不同,增长量可以分为逐期增长量和累计增长量。

逐期增长量是指报告期发展水平与前一期发展水平之差,它表示本期比上一期增长的绝对数量值。而累计增长量是指报告期发展水平与某一固定时期(基期)发展水平之差,它表示本期比某一固定时期增长的绝对数量值。这两个指标可用公式表示如下:

逐期增长量:

$$a_1 - a_0, a_2 - a_1, a_3 - a_2, \cdots, a_n - a_{n-1}$$

累计增长量:

$$a_1 - a_0, a_2 - a_0, a_3 - a_0, \cdots, a_n - a_0$$

逐期增长量与累计增长量的关系有如下两点。

(1) 各逐期增长量之和等于相应的累计增长量,即

$$(a_1 - a_0) + (a_2 - a_1) = (a_2 - a_0)$$

$$(a_1 - a_0) + (a_2 - a_1) + (a_3 - a_0) = (a_3 - a_0)$$

$$(a_1 - a_0) + (a_2 - a_1) + (a_3 - a_2) + \cdots + (a_{n-1} - a_{n-2}) + (a_{n-2} + a_{n-1}) = a_n - a_0$$

(2) 相邻的两个累计增长量之差等于对应的逐期增长量,即

$$(a_2 - a_0) - (a_1 - a_0) = (a_2 - a_1)$$

$$(a_3 - a_0) - (a_2 - a_0) = (a_3 - a_2)$$

$$(a_n - a_0) - (a_{n-1} - a_0) = (a_n - a_{n-1})$$

在实际工作中,计算年距增长量指标时,常用报告期水平与上年同期水平之差表示,计算公式如下:

$$年距增长量 = 报告期发展水平 - 上年同期发展水平$$

### 4. 平均增长量

平均增长量是逐期增长量时间数列的序时平均数,反映现象在一定时期内平均每期增长的数量。平均增长量的计算公式如下:

$$平均增量 = \frac{逐期增尺量之和}{逐期增长量个数} = \frac{累计增长量}{时间数列项数 - 1}$$

**例 6 - 8**  2014~2018 年某省农村居民年人均纯收入及其增长量如表 6 - 12 所示,请计算 2014~2018 年某省农村居民年人均纯收入的平均增长量。

**表 6 - 12 2014～2018 年某省农村居民人均纯收入及其增长量**

单位：元

| 年份 | 2014 | 2015 | 2016 | 2017 | 2018 |
|------|------|------|------|------|------|
| 符号 | $a_0$ | $a_1$ | $a_2$ | $a_3$ | $a_4$ |
| 农村居民人均纯收入 | 5000 | 5200 | 5500 | 5800 | 6000 |
| 逐期增长量 | — | 200 | 300 | 300 | 200 |
| 累计增长量 | — | 200 | 500 | 800 | 1000 |

**解** 农村居民年人均纯收入的平均增长量 $= \dfrac{6000-5000}{5-1} = 250(元)$

### （二）速度指标

**1. 发展速度**

发展速度是指现象报告期水平与基期水平的比率，用来表明某种现象发展程度的相对指标，其表达式如下：

$$发展速度 = \frac{报告期水平}{基期水平} \times 100\%$$

若发展速度的数值＞100%，表明现象是上升的；若发展速度的数值＜100%，则表明现象是下降的。由于计算的基期不同，发展速度可分为环比发展速度和定基发展速度这两种。

1）环比发展速度

环比发展速度是指报告期水平与前一期水平对比得到的动态相对数，表示社会经济现象逐期发展的变化程度。其计算公式如下：

$$环比发展速度 = \frac{报告期水平}{前一期水平} \times 100\%$$

也可用符号表示如下：

$$\frac{a_1}{a_0}, \frac{a_2}{a_1}, \frac{a_3}{a_2}, \cdots, \frac{a_n}{a_{n-1}}$$

2）定基发展速度

定基发展速度是指报告期水平与某一固定期水平对比得到的动态相对数，表示社会经济现象在一段时期内总的发展变化程度。其计算公式如下：

$$定期展速度 = \frac{报告期水平}{某一固定期水平} \times 100\%$$

也可用符号表示如下：

$$\frac{a_1}{a_0}, \frac{a_2}{a_0}, \frac{a_3}{a_0}, \cdots, \frac{a_n}{a_0}$$

环比发展速度与定基发展速度具有如下两方面的相互关系。

（1）定基发展速度等于相应的各个环比发展速度的连乘积，即

$$定基发展速度\left(\frac{a_n}{a_0}\right) = \frac{a_1}{a_0} \times \frac{a_2}{a_1} \times \frac{a_3}{a_2} \times \cdots \times \frac{a_n}{a_{n-1}};$$

（2）两个相邻定基发展速度之比等于相应时期的环比发展速度，即

$$环比发展速度 = \frac{\dfrac{a_n}{a_0}}{\dfrac{a_{n-1}}{a_0}} = \frac{a_n}{a_{n-1}}$$

**2. 增长速度**

增长速度是指现象增长程度的相对指标，计算公式为

$$增长速度 = \frac{报告期增长量}{基期水平} \times 100\% = \frac{报告期水平 - 基期水平}{基期水平} \times 100\% = 发展速度 - 1$$

与发展速度一样，由于采用的基期不同，增长速度可分为环比增长速度和定基增长速度。

1）环比增长速度

环比增长速度是指现象逐期的增长程度，其计算公式如下：

$$环比增长速度 = \frac{报告期逐期增长量}{前一期水平} \times 100\% = \frac{告期水平 - 前一期水平}{前一期水平} \times 100\%$$

$$= 环比发展速度 - 1$$

2）定基增长速度

定基增长速度是指现象在一定时间内总的增长程度，其计算公式如下：

$$定基增长速度 = \frac{报告期累计增长量}{固定基期水平} \times 100\%$$

$$= \frac{报告期水平 - 固定基期水平}{固定基期水平} \times 100\%$$

$$= 定基发展速度 - 1$$

注意：环比增长速度与定基增长速度并无直接的换算关系。

**例 6-9** 某公司 2013～2018 年的销售额资料如表 6-13 所示，请进一步验证环比发展速度与定基发展速度的换算关系。

**表 6-13  某公司 2013～2018 年的销售额资料**

| 时间 | | 2013 | 2014 | 2016 | 2017 | 2018 |
|---|---|---|---|---|---|---|
| 销售量/万元 | | 80 | 160 | 320 | 400 | 480 |
| 发展速度（%） | 环比 | — | 200 | 200 | 125 | 120 |
| | 定基 | 100 | 200 | 400 | 500 | 600 |
| 增长速度（%） | 环比 | | 100 | 100 | 25 | 20 |
| | 定基 | | 100 | 300 | 400 | 500 |

**3. 平均速度**

平均速度包括平均发展速度和平均增长速度。

1）平均发展速度。

平均发展速度是指各期环比发展速度的序时平均数，说明现象在某一较长时期内逐期

平均发展变化的程度。

几何平均法称为水平法。由于现象发展的总速度等于各期环比发展速度的连乘积，而不是各期环比发展速度之和，因此，计算平均发展速度应该用几何平均法，其计算公式如下：

$$\bar{x} = \sqrt[n]{\frac{a_1}{a_0} \times \frac{a_2}{a_1} \times \frac{a_3}{a_2} \times \cdots \times \frac{a_n}{a_{n-1}}} = \sqrt[n]{\frac{a_n}{a_0}}$$

$$\lg \bar{x} = \frac{1}{n} \lg \frac{a_n}{a_0}$$

查反对数表可得到平均发展速度 $\bar{x}$。

2）平均增长速度

平均增长速度是各期环比增长速度的序时平均数，表示现象在一段时期内逐期平均增长的程度。而计算平均增长速度，要先求出平均发展速度，其计算公式如下：

平均增长速度＝平均发展速度－1

当平均发展速度大于 1 时，平均增长速度为正值，表示现象在某一较长时期内是逐期平均增长的；当平均发展速度小于 1 时，平均增长速度为负值，表示现象在某一较长时期内是逐期平均递减的。

## 第二节　时间数列趋势分析

### 一、时间数列的构成要素与模型

社会经济现象的发展变化是由许多错综复杂的因素共同作用的结果。有些属于基本因素，对事物的发展起决定性作用，使事物在一段较长的时间内呈现出一定的趋向，沿着一个方向（上升或下降）发展；有些属于偶然或非基本因素，对事物的发展只起局部作用，使时间数列各期发展水平出现短期不规则的波动；还有些属于季节性因素，影响时间数列以一年为周期的季节性波动。为了研究社会经济现象发展变化的趋势或规律，并以此为依据来预测未来，为决策层制定政策与计划，实行科学管理提供有效的咨询服务，就需要将这些不同因素的不同作用结果，从时间数列的实际数据中分离出来，这就是时间数列的趋势分析问题。

客观现象的性质多种多样，发展的时空条件千差万别，影响事物发展的具体原因不胜枚举。但就共同规律而言，一般可归纳为长期趋势、季节变动、循环变动和不规则变动 4 个因素。

#### （一）时间数列的构成要素

**1. 长期趋势（T）**

长期趋势是指客观现象在一个相当长的时期内，由于受某种基本因素的影响所呈现出来一种基本走势。尽管在这个时期内，事物的发展仍有波动，但基本趋势不变，可类比为股票市场的牛市和熊市。

**2. 季节变动（S）**

季节变动是指由于自然条件或社会条件的影响，社会经济现象在一年内或更短的时间内，随季节的转变而引起的周期性变动。如农产品收购、农业生产资料和其他季节性商品的销售以及大型节假日车站的客运量等，就有明显的季节性，而且年复一年地呈规律性变动。

季节变动一般以一年为周期。此外有的社会季节现象是以一日、一周、一月为周期变动的，亦称为准季节变动。例如：市内公共汽车的乘客，早晨逐渐增多，上、下班时间达到高峰，入夜以后逐渐减少，是以一日为周期的变动；市内商店的顾客、影剧院的售票，星期六和星期日最多，是以一周为周期的变动；由于机关、团体、企业习惯在月初发工资，因此，银行活期储蓄存款月初增加，月末减少，这是以一月为周期的变动。

### 3. 循环变动(C)

循环变动是指客观现象以若干年为周期的涨落起伏相同或基本相同的一种波浪式的变动。例如，股票市场由牛市到熊市的周期再到下一个牛市与熊市的周期；资本主义经济由危机、萧条、复苏、繁荣的一个周期再到下一个危机、萧条、复苏、繁荣的周期。虽然每一个周期可能长短不同，但盛衰起伏周而复始。事物的循环变动，也是由事物发展的内在原因决定的。

### 4. 不规则变动(I)

不规则变动是指客观现象由于天灾、人祸、战乱等突发事件或偶然因素引起是无周期性波动。

客观现象的发展变化，都是由上述4种因素的全部或部分变动影响的结果。在现实生活中，有些客观现象无循环变动，以年为单位的时间数列无季节变动。因此，时间数列预测分析应从实际出发进行分解和测定。

### (二)时间数列构成模型

由于客观存在在内容上的复杂性和方式上的多样性，影响客观事物的各种因素在其发生作用的过程中，所表现出来的关系也是多种多样的。在统计分析中，将这种关系一般概括为以下两种假设。

第一种假设：各个组成部分所具有的变动数值是各自独立、彼此相加的，从而整个时间数列的数值与各种构成之间的数量关系如下：

$$Y = T + S + C + I$$

第二种假设：各个组成部分所具有的变动数值是相互依存、彼此相乘的，从而整个时间数列数值与各种构成之间的数量关系如下：

$$Y = T \times S \times C \times I$$

## 二、长期趋势

长期趋势是指现象在相当长的时期内，受某种基本因素的影响，持续增长或不断下降的趋势。例如，各国经济的发展，多半具有向上增长的趋势，主要是由于人口的增加、技术的进步以及财富的积累等因素的影响。

分析时间数列的长期趋势具有3方面的意义：① 描述客观现象在较长时期内发展变化的基本状态，以便进一步研究其发展规律；② 为预测事物未来的发展情况提供依据；③ 为研究季节变动时消除长期趋势的影响提供依据。

测定长期趋势的基本方法是对时间数列进行修匀，目的就是消除影响事物变化的非基本因素。修匀的方法很多，比较常用的是移动平均法和直线趋势方程拟合法。

### （一）移动平均法

#### 1. 基本思想

移动平均法的基本思想是扩大原时间数列的时间间隔，并按一定的间隔长度逐期移动，分别计算出一系列移动平均数，这些平均数形成的新的时间数列对原时间数列的波动起到一定的修匀作用，削弱了原时间数列中季节周期、循环周期及短期偶然因素的影响，从而呈现出现象发展的变动趋势。

#### 2. 具体操作方法

第一，确定移动平均数的移动周期长度。

确定移动周期长度有以下 3 点注意事项。

（1）移动周期一般以季节周期、循环变动周期长度为准。

（2）如果不存在明显的季节周期和循环周期，那么我们在确定移动周期的时间长度时，最好取奇数项目。

（3）如果根据数据资料的特点，则必须取偶数项。例如当时间数列中包含明显的季节变动时，如果是季度资料，则需要用 4 期移动平均来消除季节变动；而如果是月度资料，则需要用 12 期移动平均。此时，一般做法就是再对移动平均数时间数列进行第二次偶数项移动平均，周期一般取两期。

第二，就是计算移动平均数。

### （二）直线趋势方程拟合法

直线趋势方程拟合法就是根据时间数列发展形态的特点，选择一种合适的数学方程式，进而以自变量 $t$ 代表时间，$y$ 代表实际观测值，然后依据此方程式来分析长期趋势的方法。

#### 1. 选择模型

直线方程式的一般形式如下：

$$\hat{y}_t = a + bt$$

其中，$\hat{y}_t$ 表示时间数列的实际水平值 $y_t$ 的估计值或叫长期趋势值；$t$ 表示时间标号；

$a$、$b$ 是两个待定系数，分别表示趋势线在 $y$ 轴上的截距和斜率。

#### 2. 确定模型中的参数

求解模型，实际上就是确定模型中的待定系数，即参数。而求解模型最理想的方法就是"最小二乘法"。

选择直线模型来分析其长期趋势，并假设其方程如下：

$$\hat{y} = a + bt$$

依据这一时间数列的实际资料和"最小二乘法"的标准方程组，计算出这一直线方程中的两个参数。标准方程组如下：

$$\sum_{i=1}^{n} y_i = na + b \sum_{i=1}^{n} t_i$$

$$\sum_{i=1}^{n} t_i y_i = a \sum_{i=1}^{n} t_i + b \sum_{i=1}^{n} t_i$$

得出 $a$、$b$ 两个参数的具体数值，则可得到方程 $\hat{y} = a + bt$。

### 3. 计算长期趋势值

把各个时期的时间变量再代入这个趋势方程中，得到各期的长期趋势值。

为了简化计算，在直线模型中，可以将时间数列中的自变量，即时间变量的原点移动若干期。其中，最简便的方法是把原数列最中间的时间作为原点。

当时间数列的项数为奇数项时，可以取最中间一项的时间顺序号为 0，中间以前的时间序号从中间往前依次为 $-1，-2，-3，\cdots$，中间以后的时间序号从中间往后依次为 $1，2，3，\cdots$；

当时间序列为偶数项时，将最中间的两项，前面的一项取为 $-1$，后面的一项取为 $1$，然后，从中间到两边，以前各期依次取 $-3，-5，-7，\cdots$；以后各期依次取 $3，5，7，\cdots$。若按上述规则取值，从而使 $\sum_{i=1}^{n} t_i = 0$，做到了这一点，就可以使标准方程简化，即

$$a = \frac{\sum_{i=1}^{n} y_i}{n} \quad b = \frac{\sum_{i=1}^{n} t_i y_i}{\sum_{i=1}^{n} t_i}$$

用简化公式计算的直线趋势方程和标准方程组所求出的方程实际上是同一条趋势线，不同之处是原点的改变。原点改变后的趋势值和改变前的趋势值肯定是相等的。

## 三、非线性趋势

事实上，客观现象的长期趋势并不总是呈现为线性趋势，即现象变动的变化率或趋势线的斜率在一个较长的时期中不一定保持不变，当各时期的变化率或趋势线的斜率有明显变动时，现象的长期趋势是按照曲线的轨迹发展的，因此曲线模型在客观中是大量存在的。

现象非线性趋势变动的形式是多种多样的，用于拟合的曲线也不同，比较常用的有抛物线型和指数曲线型。

### （一）抛物线型

当现象的长期趋势近似于抛物线形态时，可拟合为如下二次曲线方程：

$$\hat{y}_t = a + bt + ct^2$$

确定模型中的参数 $a$、$b$、$c$，可将 $t$ 和 $t^2$ 分别视为两个变量。用最小二乘法导出下列 3 个标准方程式：

$$\sum y = na + b\sum t + c\sum t^2$$
$$\sum ty = a\sum t + b\sum t^2 + c\sum t^3$$
$$\sum t^2 y = a\sum t^2 + b\sum t^3 + c\sum t^4$$

不能将时间序号 $t$ 的中点设定为原点，使 $\sum t = 0$，$\sum t^3 = 0$，则标准方程式可简化如下：

$$\sum y = na + c\sum t^2$$
$$\sum ty = b\sum t^2$$
$$\sum t^2 y = a\sum t^2 + c\sum t^4$$

### (二)指数曲线线模型

当现象的长期趋势,每期大体上按相同的增长速度递增或递减变化时,可拟合为如下指数曲线方程:

$$\hat{y}_t = ab^t$$

为估计参数 $a$、$b$,可将上式两边取对数:

$$\lg\hat{y}_t = \lg a + t\lg b$$

运用最小二乘法可估计出 $\lg a$ 和 $\lg b$ 的值,再取反对数可得参数 $a$、$b$ 的估计值。

用数学模型法测定长期趋势,关键在于首先是要科学地选择模型。

数学模型有直线型和曲线型两种类型,而每一种类型又有多种具体形式。因此,在建立模型之前,要判断趋势的形态,其方法有散点图法和指标法两种。

散点图法,即用直角坐标系做两个变量的散点图,然后根据散点图的形状来确定数学模型。

指标法是指通过计算时间数列的动态分析指标来确定时间数列的类型。其基本结论:① 若时间数列的环比增长量大体相等,则其趋势线近似于一条直线;② 若时间序列的二次增长量大体相等(即逐期增长量大体上呈等量递增或递减态势),则其趋势线近似于一条抛物线;③ 若时间序列的各期环比发展速度大体相等,则其趋势线近似于一条指数曲线。

## 第三节 季节变动分析

## 一、季节变动及其测定目的

### (一)季节变动概念

季节变动是指客观现象由于受自然和社会条件、人们的消费习惯等因素的影响,在一年或更短的时间之内,形成的一种有规律的周期性变动。

在现实生活中,季节变动是一种极为普遍的现象。例如:商业经营中时令商品的销售量;农业生产中的蔬菜、水果、禽蛋的生产量;工业生产中的服装、水力发电等,都受到生产条件和气候变化等因素的影响而形成有规律的周期性重复变动。

### (二)季节变动的特征

季节变动有以下 3 个特征:

(1)季节变动按照一定的周期进行,是一种有规律的变动;

(2)季节变动每年重复进行;

(3)每个周期变化的强度大体相同。

季节变动是各种周期性变动中的很重要的一种,因此,分析季节变动的原理和方法是分析其他周期性变动的基础。

## 二、季节变动的原理与分析方法

### (一)季节变动的原理

季节变动是一种各年变化强度大体相同且每年重现的有规律的变动,我们将其归纳为典型的季节模型。所谓季节模型，就是指时间数列在各年中所呈现出的典型状态，这种状态年复一年，以基本相同的形态出现。季节模型是由一套指数组成的，这套指数刻画了现象在一个年度内各月或各季的典型特征。如果所分析的是月份数据，季节模型就由 12 个指数组成；如果是季度数据，季节模型就由 4 个指数组成。其中各个指数是以全年各月或各季度资料的平均数为基础计算的，因而 12 个月（或 4 个季度）指数的平均数应等于 100%，而各月（或季）的指数之和应等于 1200%（或 400%）。季节模型正是以各个指数的平均数等于 100% 为条件构成的，它反映了某一月份或季度的数值占全年平均数的大小。如果现象的发展没有季节变动，则各期的季节指数应等于 100%；如果某一月份或季度有明显的季节变化，则各期的季节指数应大于或小于 100%。因此，分析季节变动，也就是对一个时间数列计算出该月（或季）指数，然后根据各季节指数与其平均数（100%）的偏差程度来测定季节变动的程度。这就是季节变动分析的基本原理。

### （二）季节变动的分析方法

#### 1. 季节变动的分析方法和长期趋势的分析方法的区别和联系

1）区别

长期趋势的分析是通过平均的方法将其他三个因素消除（抵消）；而季节变动的分析则采用新的方法消除季节变动以外的三个因素。

在长期趋势的分析中，构成时间数列的四个因素除了长期趋势外，其他三个因素，即季节变动、循环变动和不规则变动，要么是周期性的，要么是随机性的。而不论是周期性的，还是随机性的，我们都可以通过平均的方法使它们相互抵消，抵消的结果就是长期趋势。但在测定季节变动的时候，我们要消除的是构成时间数列的四因素中除了季节变动的其他三个因素，即长期趋势、循环变动和不规则变动。如果说，平均的方法在消除循环变动和不规则变动方面比较理想，而对长期趋势的消除则不明显，需要采用新的方法，这是二者的区别。

2）联系

当现象变动的长期趋势不明显，甚至没有时，从时间数列中测定季节变动，实际上就只需要消除循环变动和不规则变动，这时测定季节变动的方法和测定长期趋势的方法都是平均法的思想，这就是二者的联系。

#### 2. 测定季节变动的方法

测定季节变动的方法可以分两种情况来选择：① 在现象不存在长期趋势或长期趋势不明显的情况下，一般是直接用平均的方法通过消除循环变动和不规则变动来测定季节变动，统计学中，将这种方法称为"同期平均法"；② 当现象具有明显的长期趋势时，一般是先消除长期趋势，然后再用平均的方法消除循环变动和不规则变动，统计学中，这种方法称为"移动平均长期趋势剔除法"。

（1）同期平均法。

同期平均法又称原始资料平均法，是在现象不存在长期趋势或长期趋势不明显的情况下，测定季节变动的一种最基本的方法。它的基本思想和长期趋势测定中的移动平均法的思想是相同的。实际上，"同期平均法"就是一种特殊的"移动平均法"。一方面它是平均的；而另一方面，这种平均的范围，仅仅局限在不同年份的相同季节中，季节不同，平均数的范围也随之而"移动"。因此所谓"同期平均"就是在同季(月)内"平均",而在不同季(月)之间"移动"的一种"移动平均"法。"平均"是为了消除非季节因素的影响,而"移动"则是为了测定季节因素的影响程度。

同期平均法计算步骤有如下 3 步。

第一,计算各年同季(月)的平均数,目的是要消除非季节因素的影响。因为同样是旺季或者淡季,有些年份的旺季更旺或更淡,这就是非季节因素的影响。假设没有长期趋势的影响,这些非季节因素通过平均的方法就可以相互抵消。

第二,计算各年同季(或同月)的平均数,即时间数列的序时平均数,目的是计算季节比率。从测定季节变动的目的讲,"异年同季的平均数"已经可以反映现象的季节变动趋势了:平均数越大,表示是旺季,越大越旺;平均数越小,表示是淡季,越小越淡。但是,这种大与小、淡与旺的程度只能和其它季节相比才能有个准确的认识,因此,就需要将"各年同季的平均数"进行相对化变换,即计算季节比率,对比的标准就应该是时间数列的序时平均数。

第三,计算季节比率,即将各年同季的平均数分别和时间数列的序时平均数进行对比。一般用百分数表示,计算公式如下:

$$季节指数(S) = \frac{同月(或季)平均数}{总月(或季)平均数} \times 100\%$$

**例 6-10** 某服装公司 2016～2018 年各月销售量资料及季节指数如表 6-14 所示,请用按月(或季)平均法计算各月的季节指数。

**表 6-14 2016～2018 年各月销售量资料及季节指数**

| 月份 | 各年销售量/万件 | | | 合计 | 同月平均 | 季节比率/% |
|---|---|---|---|---|---|---|
| | 2016 (1) | 2017 (2) | 2018 (3) | (4)=(1)+(2)+(3) | (5)=(4)÷3 | (6)=(5)÷1260.56 |
| 1 月 | 80 | 120 | 320 | 520 | 173.3 | 13.8 |
| 2 月 | 120 | 200 | 400 | 720 | 240 | 19.0 |
| 3 月 | 200 | 350 | 700 | 1 250 | 416.7 | 33.1 |
| 4 月 | 500 | 850 | 1 500 | 2 850 | 950 | 75.4 |
| 5 月 | 800 | 1 500 | 2 400 | 4 700 | 1 566.7 | 124.3 |
| 6 月 | 2 500 | 4 500 | 6 800 | 13 800 | 4 600 | 364.9 |
| 7 月 | 2 400 | 6 400 | 7 200 | 16 000 | 5 333.3 | 423.1 |
| 8 月 | 600 | 900 | 1 500 | 3 000 | 1 000 | 79.3 |
| 9 月 | 200 | 400 | 600 | 1 200 | 400 | 31.7 |
| 10 月 | 100 | 250 | 400 | 750 | 250 | 19.8 |
| 11 月 | 60 | 100 | 200 | 360 | 120 | 9.5 |
| 12 月 | 40 | 80 | 110 | 230 | 76.7 | 6.1 |
| 合计 | 7600 | 15 650 | 22 130 | 45 380 | 15 126.7 | 1 200 |
| 平均 | 633.3 | 1 304.2 | 1 844.2 | 3 781.67 | 1 260.56 | 100 |

**解** 表 6-14 中的季节指数一栏，是以指数形式表现的典型销售量。每个指数代表 2016～2018 年间每个月份的平均销售量。例如，全年平均销售量则作为 100%，一月份的季节指数为 13.8%，表示该月份销售量为全年平均销售量的 13.8%。这样从各月的季节指数数列中，可以清楚地看到该服装公司销售量的季节变动趋势，即 1、2、3、4 月份是销售淡季，5、6、7 月份为销售旺季，7 月份的销售量比全年平均销售量高了 323.1%，8 月销售量开始下降，到 12 月份销售量降到最低点，比全年平均销售量低了 93.9%。

同期平均法计算简单，易于理解。应用该方法的基本假定：原时间数列没有明显的长期趋势和循环波动，因而，通过若干年同期数值的平均，不仅可以消除不规则波动，而且当平均的周期与循环周期一致时，循环波动也可以在平均过程中得以消除。但实际上，许多时间数列所包含的长期趋势和循环波动，很少能够通过平均予以消除。因此，当时间数列存在明显的长期趋势时，该方法的季节指数不够准确。当存在剧烈的上升趋势时，年末季节指数明显高于年初的季节指数；当存在下降趋势时，年末的季节指数明显低于年初的季节指数。只有当序列的长期趋势和循环波动不明显或影响不重要，可忽略不计时，应用该方法比较合适。

（2）移动平均长期趋势剔除法

移动平均长期趋势剔除法，就是在现象具有明显长期趋势的情况下，测定季节变动的一种基本方法。其基本思路：先从时间数列中将长期趋势剔除掉，然后再应用"同期平均法"剔除循环变动和不规则变动，最后通过计算季节比率来测定季节变动的程度。

剔除长期趋势的方法一般用移动平均法。因此，移动平均长期趋势剔除法是长期趋势的测定方法、"移动平均法"和季节变动的测定方法，以及"同期平均法"的结合运用，在方法上没有新的思想。

"移动平均趋势剔除法"测定季节变动趋势的基本步骤有如下 3 步。

第一，先根据各年的季度（或月度）的实际数值（Y）计算四季（或年度）的移动平均数，然后再计算移动平均数（T），作为各期的长期趋势值。

第二，将实际数值（Y）除以相应的移动平均数（T），得到各期的 Y/T。这就是消除了长期趋势影响的时间数列，它是一个相对数，也就是季节指数。

第三，将 Y/T 重新按"同期平均法"重新排列。然后，按照同期平均法，先计算"异年同季平均数"，再计算"异年同季平均数的平均数"，即消除长期趋势变动后，新数列的序时平均数，最后计算季节比率。

例 6-11 根据表 6-15 销售量季节指数资料，按移动平均趋势剔除法计算销售量的季节指数。

**表 6-15 销售量季节指数资料**

单位:万件

| 月份 | 销售量 Y | | |
| --- | --- | --- | --- |
| | 1998 年 | 1999 年 | 2000 年 |
| 1 月 | 80 | 120 | 320 |
| 2 月 | 120 | 200 | 400 |

| 月份 | 销售量 Y | | |
| --- | --- | --- | --- |
| | 1998 年 | 1999 年 | 2000 年 |
| 3 月 | 200 | 350 | 700 |
| 4 月 | 500 | 850 | 1 500 |
| 5 月 | 800 | 1 500 | 2 400 |
| 6 月 | 2 500 | 4 500 | 6 800 |
| 7 月 | 2 400 | 6 400 | 7200 |
| 8 月 | 600 | 900 | 1500 |
| 9 月 | 200 | 400 | 600 |
| 10 月 | 100 | 250 | 400 |
| 11 月 | 60 | 100 | 200 |
| 12 月 | 40 | 80 | 110 |

**解**　求出 12 个月移动平均趋势值 $T$，并求得 $Y/T$，计算结果如表 6-16。

### 表 6-16　销售量季节指数计算表（Ⅰ）

单位：万件

| 年份 | 月份 | 销售量 Y | 12 月移动平均 | 趋势值 T | $\frac{Y}{T}$/% |
| --- | --- | --- | --- | --- | --- |
| 1998 年 | 1 月 | 80 | — | — | — |
| | 2 月 | 120 | — | — | — |
| | 3 月 | 200 | — | — | — |
| | 4 月 | 500 | — | — | — |
| | 5 月 | 800 | — | — | — |
| | 6 月 | 2 500 | — | — | — |
| | 7 月 | 2 400 | 633.33 | 635.00 | 377.95 |
| | 8 月 | 600 | 636.67 | 640.00 | 93.75 |
| | 9 月 | 200 | 643.33 | 649.48 | 30.79 |
| | 10 月 | 100 | 655.63 | 670.32 | 14.92 |
| | 11 月 | 60 | 685.00 | 714.17 | 8.40 |
| | 12 月 | 40 | 743.33 | 826.67 | 4.84 |

续表

| 年份 | 月份 | 销售量 Y | 12月移动平均 | 趋势值 T | $\frac{Y}{T}$/% |
|---|---|---|---|---|---|
| 1999 年 | 1 月 | 120 | 910.00 | 1 076.67 | 11.15 |
| | 2 月 | 200 | 1 243.33 | 1 255.83 | 15.93 |
| | 3 月 | 350 | 1 268.33 | 1 276.67 | 27.42 |
| | 4 月 | 850 | 1 285.00 | 1 291.25 | 65.83 |
| | 5 月 | 1 500 | 1 297.50 | 1 299.17 | 115.46 |
| | 6 月 | 4 500 | 1 300.83 | 1 302.50 | 345.49 |
| | 7 月 | 6400 | 1 304.16 | 1 312.50 | 489.62 |
| | 8 月 | 900 | 1 320.83 | 1 329.17 | 67.71 |
| | 9 月 | 400 | 1 337.50 | 1 352.09 | 29.58 |
| | 10 月 | 250 | 1 366.67 | 1 393.75 | 17.94 |
| | 11 月 | 100 | 1 420.83 | 1 458.33 | 6.86 |
| | 12 月 | 80 | 1 495.83 | 1 591.67 | 5.02 |
| 2000 年 | 1 月 | 320 | 1 687.50 | 1 720.84 | 18.60 |
| | 2 月 | 400 | 1 754.17 | 1 779.17 | 22.48 |
| | 3 月 | 700 | 1 804.17 | 1 812.50 | 38.62 |
| | 4 月 | 1 500 | 1 820.83 | 1 827.08 | 82.10 |
| | 5 月 | 2 400 | 1 833.33 | 1 837.00 | 130.65 |
| | 6 月 | 6 800 | 1 841.67 | 1 842.92 | 368.98 |
| | 7 月 | 7 200 | 1 844.17 | — | — |
| | 8 月 | 1 500 | — | — | — |
| | 9 月 | 600 | — | — | — |
| | 10 月 | 400 | — | — | — |
| | 11 月 | 200 | — | — | — |
| | 12 月 | 110 | — | — | — |

将表 6-16 中的 $\frac{Y}{T}$ 重新排列,如表 6-17 所示,求出各年同月平均数,使不规则变动消除,但由于 12 个月的总和不等于 1 200%,需进行调整。其调整系数 $=\frac{1\ 200\%}{1\ 213.05}=0.989$ 2,用调整系数乘以同月平均数,即得季节指数,见表 6-17 的最后一栏。

表 6-17  销售量季节指数计算表(Ⅱ)

| 月份 | 1998 年 | 1999 年 | 2000 年 | 合计 | 同月平均 | 季节指数/% |
|---|---|---|---|---|---|---|
| 1 月 | — | 11.15 | 18.60 | 29.75 | 14.875 | 14.72 |
| 2 月 | — | 15.93 | 22.48 | 38.41 | 19.205 | 19.00 |

| 月份 | 1998 年 | 1999 年 | 2000 年 | 合计 | 同月平均 | 季节指数/% |
|------|---------|---------|---------|------|----------|-----------|
| 3 月 | — | 27.42 | 38.62 | 66.24 | 33.020 | 32.66 |
| 4 月 | — | 65.83 | 82.10 | 147.93 | 73.965 | 73.17 |
| 5 月 | — | 115.46 | 130.65 | 246.11 | 123.055 | 121.72 |
| 6 月 | — | 345.49 | 368.98 | 714.47 | 357.235 | 353.38 |
| 7 月 | 377.95 | 489.62 | — | 867.57 | 433.785 | 429.10 |
| 8 月 | 93.75 | 67.71 | — | 161.46 | 80.730 | 79.86 |
| 9 月 | 30.79 | 29.58 | — | 60.37 | 30.185 | 29.86 |
| 10 月 | 14.92 | 17.94 | — | 32.86 | 16.430 | 16.25 |
| 11 月 | 8.40 | 6.86 | — | 15.26 | 7.630 | 7.55 |
| 12 月 | 4.84 | 5.02 | — | 9.86 | 4.930 | 4.88 |
| 合计 | — | — | — | 2 390.29 | 1 213.04 | 1 200.00 |

## 三、季节变动的调整

含有季节变动因素的时间数列，由于受季节影响而产生波动，数列中的其他特征不能清晰地表现出来，因此，需要将季节变动的影响从时间数列中剔除，以便观察其他特征的影响，这称为季节变动的调整。其方法是将原时间数列除以相应的季节指数，即

$$\frac{Y}{S} = \frac{T \times C \times S \times I}{S} = T \times C \times I$$

结果即为调整后的时间数列，反映了在没有季节因素影响的情况下，时间数列的变化形态。

**例 6 - 12** 根据例 6 - 11 中表 6 - 17 的资料，请对 2016~2018 年各月的销售量作季节调整。

**解** 根据表 6 - 17 中的季节指数可得计算结果如表 6 - 18。

表 6 - 18 销售量季节指数计算表（Ⅰ）

单位:万件

| 年份 | 月份 | 销售量 Y | 12 月移动平均 | 趋势值 T | $\frac{Y}{T}$/% |
|------|------|----------|---------------|----------|------------------|
| 1998 年 | 1 月 | 80 | 14.72 | 543.48 | 344.66 |
| | 2 月 | 120 | 19.00 | 631.58 | 41.65 |
| | 3 月 | 200 | 32.66 | 612.37 | 458.64 |
| | 4 月 | 500 | 73.17 | 683.34 | 515.63 |
| | 5 月 | 800 | 121.72 | 657.25 | 572.62 |
| | 6 月 | 2 500 | 353.38 | 707.45 | 629.61 |

续表

| 年份 | 月份 | 销售量 Y | 12月移动平均 | 趋势值 T | $\frac{Y}{T}$/% |
|------|------|---------|-------------|---------|-----|
| 1998 年 | 7 月 | 2 400 | 429.10 | 559.31 | 686.60 |
| | 8 月 | 600 | 79.86 | 751.31 | 743.59 |
| | 9 月 | 200 | 29.86 | 669.79 | 800.58 |
| | 10 月 | 100 | 16.25 | 615.38 | 857.57 |
| | 11 月 | 60 | 7.55 | 794.70 | 914.56 |
| | 12 月 | 40 | 4.88 | 819.67 | 971.55 |
| 1999 年 | 1 月 | 120 | 14.72 | 815.22 | 1 028.55 |
| | 2 月 | 200 | 19.00 | 1 052.63 | 1 085.54 |
| | 3 月 | 350 | 32.66 | 1 071.65 | 1 142.53 |
| | 4 月 | 850 | 73.17 | 1 161.68 | 1 199.52 |
| | 5 月 | 1 500 | 121.72 | 1 232.34 | 1 256.51 |
| | 6 月 | 4 500 | 353.38 | 1 273.42 | 1 313.50 |
| | 7 月 | 6 400 | 429.10 | 1 491.49 | 1 370.49 |
| | 8 月 | 900 | 79.86 | 1 126.97 | 1 427.48 |
| | 9 月 | 400 | 29.86 | 1 339.58 | 1 484.47 |
| | 10 月 | 250 | 16.25 | 1 538.46 | 1 541.46 |
| | 11 月 | 100 | 7.55 | 1 324.50 | 1 598.45 |
| | 12 月 | 80 | 4.58 | 1 746.72 | 1 655.44 |
| 2000 年 | 1 月 | 320 | 14.72 | 2 173.91 | 1 712.43 |
| | 2 月 | 400 | 19.00 | 2 105.26 | 1 769.42 |
| | 3 月 | 700 | 32.66 | 2 143.29 | 1 826.41 |
| | 4 月 | 1 500 | 73.17 | 2 050.02 | 1 883.40 |
| | 5 月 | 2 400 | 121.72 | 1 971.74 | 1 940.39 |
| | 6 月 | 6 800 | 353.38 | 1 924.27 | 1 997.38 |
| | 7 月 | 7 200 | 429.1 | 1 677.93 | 2 054.37 |
| | 8 月 | 1 500 | 79.86 | 1 878.29 | 2 111.36 |
| | 9 月 | 600 | 29.86 | 2 009.38 | 2 168.34 |
| | 10 月 | 400 | 16.25 | 2 461.54 | 2 275.33 |
| | 11 月 | 200 | 7.55 | 2 649.01 | 2 282.33 |
| | 12 月 | 110 | 4.88 | 2 254.10 | 2 339.32 |

根据调整后的序列配合的趋势线为 $\hat{Y}_t = 287.67 + 57t$，各月调整后的趋势值见表6-18。

## 第四节　循环变动分析

### 一、循环变动及其测定目的

#### （一）循环变动

循环变动是指在整个时间数列中，在以年度为计量单位的条件下，环绕长期趋势周而复始的一种上下变动。在社会经济生活中，循环变动是大量存在的，但最为典型的是国民经济的循环变动。

循环波动不同于长期趋势，它所表现出来的并不是朝着某一单一方向持续上升或下降，而是涨落相间的波浪式发展。

循环波动也不同于季节变动。季节变动一般是以年、季或月等为周期，可以事先预见，而循环变动没有固定的循环周期，一般在数年以上，并且也没有固定的变动期限或规律，很难事先预知；季节变动在各年的波动强度大致相同，无明显差异，而循环波动在不同时期的振幅有明显的差异。

#### （二）循环变动的测定目的

循环变动的测定目的：一是从数量上揭示现象循环变动的规律性；二是为了深入研究不同现象周期性循环波动的内在联系，有助于分析引起循环变动的原因；三是通过对循环规律的认识，对现象今后发展作出科学的预测，为制定有效遏制循环变动不利影响的决策方案提供依据。

### 二、循环变动的测定方法

由于循环变动通常隐匿在一个长期的变动过程中，而且其规律不固定，所以在时间数列的成分分析中，循环变动的测定是比较困难的。在实际工作中测定循环变动的常用方法主要有剩余法和直接法。

#### （一）剩余法

剩余法又称分解法，其基本思想是从数列中先分解出长期趋势和季节变动，然后再通过平均消除不规则变动成分，剩余的变动则揭示出数列的循环变动特征。

如果原数列的因素组合如下：

$$Y = T \times S \times C \times I$$

则先分别或同时消除季节变动 $S$ 和长期趋势 $T$ ，即

$$\frac{Y}{T \cdot S} = \frac{T \cdot S \cdot C \cdot I}{T \cdot S} = C \cdot I$$

最后将所得的循环变动和不规则变动的结果 $C \cdot I$ 进行移动平均，消除不规则变动 $I$ ，即得循环变动值 $C$ 。

#### （二）直接法

如果研究时间数列的目的是测定数列的循环波动特征，那么在实际工作中有时需要用直接法去分析数列。用直接法测定循环变动有以下两种方式。

（1）将每年各月（或季度）的数值与上年同期作对比，所求得的相对数大体可以消除季节变动和长期趋势，即：

$$C \cdot I_{t, i} = \frac{Y_{t, i}}{Y_{t-1, i}} \qquad (i = 1, 2, \cdots, 12 \quad 或 \ i = 1, 2, \cdots, 4)$$

其中，下标 $t$ 为年份，$i$ 为月份或季度。

（2）将每年各月（或季度）数值较上年同期增长的部分除以前一年对应月份（或季度）的数值，得出的相对数大体可以表示循环变动，即

$$C \cdot I_{t, i} = \frac{Y_{t, i} - Y_{t-1, i}}{Y_{t-1, i}} \qquad (i = 1, 2, \cdots, 12 \quad 或 \quad i = 1, 2, \cdots, 4)$$

## [本章自测]

**计算题**

1. 某地区 2013～2018 年社会消费品零售总额资料如表 6-19 所示。

**表 6-19　某地 2013～2018 年社会消费品零售总额资料**

单位：亿元

| | 2013 | 2014 | 2015 | 2016 | 2017 | 2018 |
|---|---|---|---|---|---|---|
| 社会消费品零售总额 | 8255 | 9383 | 10 985 | 12 238 | 16 059 | 19 710 |

计算全期平均增长量、平均发展速度和平均增长速度，并列表计算：

（1）逐期增长量和累积增长量；

（2）定基发展速度和环比发展速度；

（3）定基增长速度和环比增长速度；

（4）增长 1% 的绝对值。

2. 某市集市 2015～2018 年各月猪肉销售量（单位：万千克）如下表：

**表 6-20　某市集市 2015～2018 年各月猪肉销售量**

单位：万千克

| 年份 | 月份 | | | | | | | | | | | |
|---|---|---|---|---|---|---|---|---|---|---|---|---|
| | 1月 | 2月 | 3月 | 4月 | 5月 | 6月 | 7月 | 8月 | 9月 | 10月 | 11月 | 12月 |
| 2015 年 | 40 | 50 | 41 | 39 | 45 | 53 | 68 | 73 | 50 | 48 | 43 | 38 |
| 2016 年 | 43 | 52 | 45 | 41 | 48 | 65 | 79 | 86 | 64 | 60 | 45 | 41 |
| 2017 年 | 40 | 64 | 58 | 56 | 67 | 74 | 84 | 95 | 76 | 68 | 56 | 52 |
| 2018 年 | 55 | 72 | 62 | 60 | 70 | 86 | 98 | 108 | 87 | 78 | 63 | 58 |

试分别用同期平均法和移动平均剔除法计算季节指数。

**[延伸阅读]**

### 剔除假日移动因素消费品市场基本平稳
——国家统计局贸易外经司统计师张敏
解读2019年4月份社会消费品零售总额数据

2019年4月份，社会消费品零售总额增速回落主要是受到"五一"假期错月后移影响，如果剔除假日移动因素，消费品市场总体上仍保持平稳增长。

（一）市场销售规模可观，剔除"五一"假日因素后增长基本平稳

从市场规模看，4月份社会消费品零售总额为30 586亿元，继续保持单月3万亿元以上的零售市场规模，日均零售额超过1000亿元；1～4月份，消费品市场规模与上年同期相比，扩大超过9500亿元。

从增长速度看，4月份社会消费品零售总额同比增长7.2%，增速比上月回落1.5%，主要是受到"五一"假期移动（去年假期三天中有两天在4月份）的影响。据测算，在剔除假日移动因素后，4月份的增速与3月份基本持平。

从前4个月的总体情况看，1～4月份社会消费品零售总额增长8.0%，消费品市场总体上仍保持平稳增长的态势。

（二）网上零售保持快速增长，线上销售占比稳步提升

新兴业态继续快速增长。1～4月份，全国网上零售额为30 439亿元，同比增长17.8%，其中实物商品网上零售额23 933亿元，增长22.2%，增速比第一季度多了1.2%。

线上销售占比持续提升。1～4月份，实物商品网上零售额占社会消费品零售总额比重为18.6%，比一季度提高0.4%，比上年同期提高2.2%。

（三）吃用类商品较快增长，文化类商品增速加快

吃用类商品继续保持较快增长。4月份，限额以上单位粮油食品类商品同比增长9.3%，增速比消费品市场整体增速提高2.1%；限额以上单位日用品类商品增长12.6%，增速比消费品市场整体增速高5.4%，继续保持两位数增长。

文化类商品增速加快。4月份，限额以上单位书报杂志类商品同比增长24.6%，增速比上月大幅提高了15%；文化办公用品类商品增长3.6%，而上月为下降4%。

（四）餐饮消费增长较快，旅游市场需求旺盛

餐饮市场方面，4月份，餐饮收入同比增长8.5%，增速比商品零售高1.5%。在限额以上单位中，餐饮收入增速比商品零售高3%。

旅游市场方面，据中国旅游研究院综合测算，2019年清明放假期间全国国内旅游接待总人数超过1亿人次，同比增长10.9%；实现旅游收入超过400亿元，增长13.7%。

（资料来源：统计微讯）

# 第七章 抽样推断与抽样估计

### 教学目的

通过本章的学习，学生能掌握抽样基本理论及参数的估计方法，学会对总体参数进行区间估计。

### 教学要点

(1) 不同抽样组织形式的抽样误差计算；
(2) 总体均值及比例的区间估计；
(3) 必要抽样数目的计算方法。

## 第一节 抽样调查与抽样推断

### 一、抽样调查的概念和特点

#### (一) 抽样调查的概念

抽样调查是指按照随机原则，从总体中抽选一部分单位进行观察，计算样本指标，并根据样本指标从数量方面推断总体相应指标的一种非全面调查。

随机原则，又称为机会均等原则或同等可能性原则，是指抽取调查单位的确定完全随机不受主观因素的影响，即保证总体中各个单位都有同样的机会被抽中。只有这样，才能运用数理统计原理计算抽样误差、确定抽样推断的可靠性。

#### (二) 抽样调查的特点

**1. 抽样调查是一次性非全面调查**

抽样调查不同于全面调查，它通过组织抽样调查来取得部分单位的实际资料，从而估计和判断总体的数量特征，以达到认识总体的目的。抽样调查能够节约人力、物力、财力和时间，且灵活性强，因此，它不同于全面调查与其他非全面调查。

**2. 抽选部分单位时遵循随机原则**

其他非全面调查如典型调查和重点调查等，一般是要根据调查目的，有意识地选取若干个单位进行调查。而抽样调查则不同，它从总体中抽取部分单位时，必须非常客观，毫无偏见，即严格按照随机原则抽取调查单位，不受调查人员任何主观意图的影响，当随机抽取的单位足够多时，样本就能够反映出总体的数量特征。

**3．抽样调查是由部分推算总体的一种认识方法**

抽样调查的目的是采用部分单位的指标数值来推断和估计总体的指标数值，一旦离开了这一目的，抽样调查就失去了意义。这也是它与其他非全面调查的一个重要区别。

## 二、抽样推断及其特点

**1．抽样推断**

抽样推断是指从总体中按随机原则抽选一部分单位（称之为样本），根据样本的数量特征对总体的相应数量特征加以推断。人们在认识事物的过程中，由于某种原因不能直接获得对现象总体的认识，只能通过其它途径获得对总体某些方面的间接认识。而抽样推断就是间接认识总体的方法之一。

例如：对某灯泡生产企业的灯泡产品质量进行检查时，会从该企业全部灯泡产品中抽取一小部分进行检测，计算出产品的合格率，以此来推断全部灯泡产品的合格率；某省政府部门欲了解全省农民收入的平均水平只需要在全省抽取部分农户进行调查，根据这部分农户所得收入数据资料去推断全省农民收入的平均水平。

从上面例子可以看出，在很多统计问题中由于人力、物力、财力或时间限制，无法取得全部主体单位的调查数据，或者虽然能够取得全部数据但数据收集方法带有破坏性。因此，我们只能从中收集部分数据，依据这部分数据对所研究对象的数量特征或数量规律性进行推断。

**2．抽样推断的特点**

抽样推断有以下 3 方面的特点。

（1）按随机原则抽选一部分总体单位组成样本。

（2）抽样推断是根据部分来推断整体，而不是直接认识整体，从而获得的是对总体的间接认识。

（3）抽样推断误差不可避免，但可计算和控制。

## 三、其他相关概念

### （一）全及总体和抽样总体

**1．全及总体**

全及总体，简称总体，是指所要认识对象的全体。例如，我们要研究某工业企业职工的生活水平，则该工业企业全部职工就是全及总体。通常全及总体的单位数用 $N$ 来表示。

全及总体按其单位性质不同，可以分为变量总体和属性总体两类。构成变量总体的各个单位可以用一定的数量标志加以计量，如研究某地居民的收入水平，该地区每户居民的收入就是它的数量标志。但并非所有标志都是可以计量的，有的标志只能用文字加以描述，如当我们研究全国商业企业的经济成分时，只能用"国有经济""集体经济""股份制经济"和"私营经济"等文字来描述商业企业的属性特征，这种用文字描写属性特征的总体称为属性总体。

对于变量来说，总体可分为无限总体和有限总体两类。无限总体所包含的单位无限多，因而各单位的变量也就有无限多的取值。这种无限变量又有两种情况：一种是可列的无限变量，即变量值的大小可以按照顺序一一列举直至无穷；另一种情况则是不可列的无限变量，它是一种连续变量，在任何一个区间内都有无限多的变量，不可能按顺序加以一一列举。有限总体所包含的单位数则是有限的，因而它的变量值也是有限的，可以按顺序加以一一列举。对无限总体的认识只能采用抽样的方法，而对于有限总体，理论上虽可以应用全面调查来搜集资料，但实际上往往由于不可能或不经济而需要借助抽样的方法以求得对有限总体的认识。

**2. 抽样总体**

抽样总体，简称样本，是从全及总体中按随机原则抽取出来的部分单位组成的小总体。抽样总体的单位数通常用 $n$ 表示，也称为样本容量。一般地，样本单位数达到或超过 30 个，就称为大样本，而在 30 个以下，就称为小样本。社会经济现象的抽样调查多取大样本，而自然实验观察则多取小样本。

如果说全及总体是唯一确定的，那么，抽样总体就是随机的。一个全及总体可能抽取很多个抽样总体，全部样本的可能数目和每一个样本的容量有关，也和随机抽样的方法有关。抽样本身是一种手段，目的在于对总体做出判断。因此，样本容量要多大，要怎样取样，分布又怎样，都关系到对总体判断的准确程度。

**（二）全及指标和抽样指标**

**1. 全及指标**

根据全及总体中各个单位的标志值计算的综合指标，称为全及指标。常用的全及指标有：全及平均数、全及成数、总体数量标志的标准差和方差、总体是非标志的标准差和方差。

1）全及平均数

全及平均数又称总体平均数，是根据总体各单位某一数量标志的各个标志值所计算出来的平均数，用 $\overline{X}$ 表示。

在总体未分组的情况下，$\overline{X}$ 的计算公式如下：

$$\overline{X} = \frac{\sum X}{N} \tag{7-1}$$

在总体分组的情况下，$\overline{X}$ 的计算公式如下：

$$\overline{X} = \frac{\sum XF}{\sum F} \tag{7-2}$$

2）全及成数

全及成数又称总体成数，用 $P$ 表示，它说明总体中具有某种标志表现的单位数在总体中所占的比重。

设总体 $N$ 个单位中，有 $N_1$ 个单位具有某种属性，$N_0$ 个单位不具有某种属性，$N_1 + N_0 = N$，$P$ 为总体中具有某种属性的单位数所占的比重，$Q$ 为不具有某种属性的单位数所占的比重。总体成数的计算公式如下：

$$P = \frac{N_1}{N} \tag{7-3}$$

$$Q = \frac{N_0}{N} = \frac{N - N_1}{N} = 1 - P \tag{7-4}$$

3）总体方差 $\sigma^2$ 和总体标准差 $\sigma$

全及指标、总体方差 $\sigma^2$ 和总体标准差 $\sigma$ 都是测量总体标志值分散程度的指标。

在总体未分组的情况下，$\sigma^2$ 和 $\sigma$ 的计算公式如下：

$$\sigma^2 = \frac{\sum (x - \bar{x})^2}{N} \tag{7-5}$$

$$\sigma = \sqrt{\frac{\sum (x - \bar{x})^2}{N}} \tag{7-6}$$

在总体分组的情况下，$\sigma^2$ 和 $\sigma$ 的计算公式如下：

$$\sigma^2 = \frac{\sum (x - \bar{x})^2 F}{\sum F} \tag{7-7}$$

$$\sigma = \sqrt{\frac{\sum (x - \bar{x})^2 F}{\sum F}} \tag{7-8}$$

**2. 抽样指标**

由抽样总体各单位标志值计算的综合指标称为抽样指标。与全及指标相对应的有抽样平均数 $\bar{x}$、抽样成数 $P$、样本标准差 $S$ 和样本方差 $s^2$ 等。

1）抽样平均数

抽样平均数又称样本平均数，它是根据抽样总体各单位某一数量标志的标志值计算出来的平均数，用 $\bar{x}$ 表示。

在资料未分组的情况下，它的计算公式如下：

$$\bar{x} = \frac{\sum x}{n} \tag{7-9}$$

在资料分组的情况下，$\bar{x}$ 的计算公式如下：

$$\bar{x} = \frac{\sum xf}{\sum f} \tag{7-10}$$

2）抽样成数

设样本 $n$ 个单位中有 $n_1$ 个单位具有某种属性，$n_0$ 个单位不具有某种属性，$n_1 + n_0 = n$，$P$ 为样本中具有某种属性的单位数所占有比重，$Q$ 为不具有某种属性的单位数所占的比重，则抽样成数的计算公式为

$$p = \frac{n_1}{n} \tag{7-11}$$

$$Q = \frac{n_0}{n} = \frac{n - n_1}{n} = 1 - p \tag{7-12}$$

3）样本的方差和样本标准差

样本的方差和标准差，在资料未分组的情况下，计算公式如下：

$$s^2 = \frac{\sum (x - \bar{x})^2}{n} \tag{7-13}$$

$$s = \sqrt{\frac{\sum (x - \bar{x})^2}{n}} \qquad (7-14)$$

在资料分组的情况下：

$$s^2 = \frac{\sum (x - \bar{x})^2 f}{\sum f} \qquad (7-15)$$

$$s = \sqrt{\frac{\sum (x - \bar{x})^2 f}{\sum f}} \qquad (7-16)$$

由于一个全及总体可以抽取多个样本，样本不同，抽样指标的数值也就不同，所以抽样指标都是随机变量。

### （三）重复抽样与不重复抽样

**1. 重复抽样**

重复抽样又称回置抽样，是指从全及总体 $N$ 个单位中随机抽取一个容量为 $n$ 的样本，每次抽中的单位经记录其有关标志表现后，又放回原来的总体中重新参加下一次的抽选。每次从总体中抽取一个单位，都可以看作是一次试验，连续进行 $n$ 次试验就构成了一个样本。因此，每次试验均是在相同的条件下完全按照随机原则进行的。

**2. 不重复抽样**

不重复抽样又称不回置抽样，是指从全及总体 $N$ 个单位中随机抽取一个容量为 $n$ 的样本，每次抽中的单位经记录其有关标志表现后，不再放回原来的总体中参加下一次的抽选，每抽一次，原来的总体中就会减少一个单位。因此，上一次的抽选结果会直接影响到下一次抽选的样本，它是由 $n$ 次相互联系的连续试验形成的。

## 四、抽样分布

### （一）样本均值的抽样分布

从单位数为 $N$ 的总体中抽取样本容量为 $n$ 的随机样本，在重复抽样的条件下共有 $N^n$ 个可能的样本，在不重复抽样的条件下，共有 $C_N^n = \frac{N!}{n!(N-n)!}$ 个可能的样本。对于每一个样本，我们都可以计算出样本的均值 $\bar{x}$（或 $s^2$ 或 $p$），因此，样本均值是一个随机变量。所有的样本均值所形成的分布就是样本均值的抽样分布。

**例 7-1** 设一个总体含有 4 个个体（元素），即 $N=4$，取值分别为

$$x_1 = 1,\ x_2 = 2,\ x_3 = 3,\ x_4 = 4$$

总体分布为均匀分布，如图 7-1 所示，请计算总体均值、总体方差。

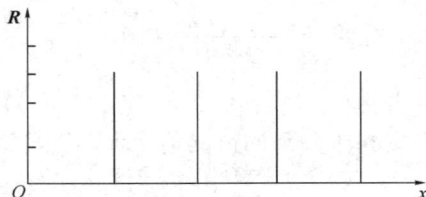

图 7-1　总体分布

**解**　总体均值：

$$\mu = \bar{X} = \frac{10}{4} = 2.5$$

总体方差：

$$\sigma^2 = \frac{\sum\limits^{N}(X - \bar{X})^2}{N} = 1.25$$

若重复抽样，$N=2$，则共有 $4^2 = 16$ 个可能样本。可能的样本及其均值如表 7-1 所示。

**表 7-1　可能的样本及其均值**

| 样本序号 | 样本元素 | 样本均值 | 样本序号 | 样本元素 | 样本均值 |
|---|---|---|---|---|---|
| 1 | 1, 1 | 1 | 9 | 3, 1 | 2 |
| 2 | 1, 2 | 1.5 | 10 | 3, 2 | 2.5 |
| 3 | 1, 3 | 2 | 11 | 3, 3 | 3 |
| 4 | 1, 4 | 2.5 | 12 | 3, 4 | 3.5 |
| 5 | 2, 1 | 2.5 | 13 | 4, 1 | 2.5 |
| 6 | 2, 2 | 2 | 14 | 4, 2 | 3 |
| 7 | 2, 3 | 2.5 | 15 | 4, 3 | 3.5 |
| 8 | 2, 4 | 3 | 16 | 4, 4 | 4 |

每个样本被抽中的概率相同，均值为 $\frac{1}{16}$。

样本均值 $\bar{x}$ 抽样分布的形状与原有总体的分布有关，如果原有总体是正态分布，则样本均值也服从正态分布。

如果总体分布是非正态分布，当 $x$ 为大样本（即 $n \geqslant 30$）时，样本均值的分布趋于服从正态分布；当 $x$ 为小样本时，其分布不是正态分布。

下面讨论样本均值 $\bar{x}$ 抽样分布的特征：数学期望和方差。

设总体共有 $N$ 个元素，其均值为 $\mu$，方差为 $\sigma^2$，从中抽取容量为 $n$ 的样本。

数学期望的计算公式如下：

$$E(\bar{x}) = \bar{\bar{x}} = \bar{X} = \mu \tag{7-17}$$

若重复抽样，则方差的计算公式如下：

$$\sigma_{\bar{x}}^2 = \frac{\sigma^2}{n} \tag{7-18}$$

若不重复抽样，则方差的计算公式如下：

$$\sigma_{\bar{x}}^2 = \frac{\sigma^2}{n}\left(\frac{N-n}{N-1}\right) \text{（不重复抽样）} \tag{7-19}$$

对于无限总体，样本均值的方差，不重复抽样也可以按重复抽样来处理；而对于有限总体，当 $N$ 很大，而 $n/N$ 又很小时，修正系数 $\frac{N-n}{N-1}$ 会趋于 1，不重复抽样也可以按重复抽样来处理。

样本均值的均值为 $\bar{\bar{x}} = \dfrac{1.0 + 1.5 + \cdots + 3.5 + 4.0}{16} = \dfrac{40}{16} = 2.5 = \mu$

样本均值的方差为 $\sigma_{\bar{x}}^2 = \dfrac{\sum (\bar{x}_i - \mu)^2}{n} = \dfrac{10}{16} = \dfrac{1.25}{2} = \dfrac{\sigma^2}{n}$

样本均值的抽样分布如表 7-2 所示。

表 7-2  样本均值的抽样分布

| $\bar{x}$ | $f$ | $\dfrac{f}{\sum f} = p(\bar{x})$ |
|:---:|:---:|:---:|
| 1.0 | 1 | 0.062 5 |
| 1.5 | 2 | 0.125 0 |
| 2.0 | 3 | 0.187 5 |
| 2.5 | 4 | 0.250 0 |
| 3.0 | 3 | 0.187 5 |
| 3.5 | 2 | 0.125 0 |
| 4.0 | 1 | 0.062 5 |
| 合　计 | 16 | 1.000 0 |

样本均值的抽样分布如图 7-2 所示。

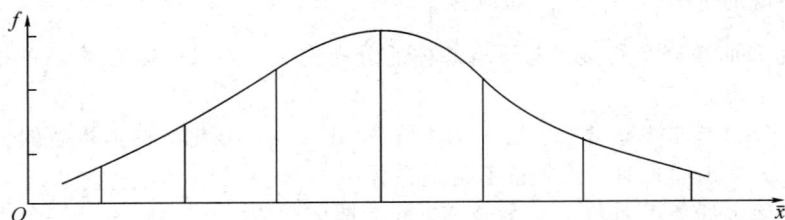

图 7-2  样本均值的抽样分布

## (二)样本比例的抽样分布

样本比例是指结构相对数,即成数。

总体比例 $\pi = \dfrac{N_1}{N}$,$1 - \pi = \dfrac{N_0}{N}$

样本比例 $p = \dfrac{n_1}{n}$,$1 - p = \dfrac{n_0}{n}$

当 $n$ 很大时,样本比例 $p$ 的抽样分布趋于服从正态分布。

对于样本比例 $p$,若 $np \geqslant 5$ 和 $n(1-p) \geqslant 5$,就可以认为样本容量足够大了。

样本比例的计算公式如下:

$$E(P) = \pi \tag{7-20}$$

若重复抽样,则样本比例的计算公式如下:

$$\sigma_P^2 = \frac{\pi(1-\pi)}{n} \tag{7-21}$$

若不重复抽样，则样本比例的计算公式如下：

$$\sigma_P^2 = \frac{\pi(1-\pi)}{n}\left(\frac{N-n}{N-1}\right)（不重复抽样） \tag{7-22}$$

与样本均值分布的方差一样，样本比例的方差，对于无限总体，不重复抽样也可按重复抽样来处理；对于有限总体，当 $N$ 很大，而 $\frac{n}{N} \leqslant 5\%$ 时，修正系数 $\frac{N-n}{N-1}$ 会趋于 1，不重复抽样也可按重复抽样来处理。

## 第二节　抽样方法与抽样误差

### 一、抽样方法

抽样方法是抽样调查中的基本问题。在抽样调查中，总体目标的估计量及其精度都与具体采用的抽样方法有关。最基本的抽样方法有简单随机抽样、分层抽样、二阶抽样与多阶抽样、整群抽样以及系统抽样这 5 种，而在实际调查中，所用的方法通常是这五种方法的各种形式的组合。

#### （一）简单随机抽样

简单随机抽样也称为单纯随机抽样。从包含 $N$ 个抽样单元的总体中，抽取容量为 $n$ 的简单随机样本，可以是从总体中逐个不放回地抽取 $n$ 次，每次都是在尚未入样的单元中等概率抽取的，也可以是从总体中一次抽取 $n$ 个单元，只要保证全部可能的样本每个被抽到的概率都相等即可。

简单随机抽样是其他抽样方法的基础，因为它在理论上最容易处理，并且当总体包含的抽样单元数 $N$ 不太大时实施并不困难。但是当 $N$ 很大时，实施起来就很困难，主要是编制一个包含全部 $N$ 个抽样单元的抽样框通常很不容易。另外当 $N$ 很大时所抽到的样本单元往往很分散，不便调查。因此在大规模的抽样调查中很少单独采用简单随机抽样。

#### （二）分层抽样

将总体中的抽样单元按某种原则划分成若干个子总体，每个子总体称为层。在每个层内独立地进行抽样，这样的抽样方法称为分层抽样。如果在每层内均采用简单随机抽样，那这种方法就称为分层随机抽样。在分层抽样中，先根据层样本对层的参数进行估计，然后再将这些层估计的加权平均或求和作为总体均值或总值的估计。

分层抽样特别适用于既要对总体参数进行估计也要对子总体（层）参数进行估计的情形。分层抽样的实施和组织都比较方便，样本单元分布比较均匀。当层内单元指标差异较小而层间单元指标差异较大时，采用分层抽样可以大大提高估计的精度。例如，在居民收入调查中，按收入分布情况将居民分为最高收入层、高收入层、中等偏上层、中等收入层、中等偏下层、低收入层和最低收入层，并实施分层抽样，其估计精度就会比简单随机抽样高。

### （三）二阶抽样与多阶抽样

为抽样方便，有时我们把总体分成两个级别的抽样单元：初级抽样单元和次级抽样单元。总体由若干初级单元组成，每个初级抽样单元由若干次级抽样单元组成。先按某种方法在由初级单元构成的一级抽样框中抽样，然后在中选的初级单元中由次级单元构成的二级抽样框中抽样，抽样过程分为两个阶段，这种抽样方法称为二阶抽样。例如，在企业职工收入调查中，把企业作为初级抽样单元，职工作为次级抽样单元，先对企业进行抽样，再在被抽中企业内对职工进行抽样，然后对被抽中的职工进行调查，这就是二阶抽样。如果总体可以划分成多个级别的抽样单元，每一级别的抽样单元由若干下一级别的抽样单元组成，相应地存在多个级别的抽样框，抽样时先在一级抽样框中对一级单元抽样，再在中选的一级单元中对二级单元抽样，依次类推，这种抽样方法称为多阶抽样。多阶抽样实施方便，而且不需要对每个高级别的抽样单元建立关于低级别抽样单元的抽样框，调查费用也比较低。例如，在省抽县、县抽乡、乡抽村、村抽户的农产量四阶抽样中，凡未被抽中的县、乡、村就不必编制关于乡、村、户的抽样框。多阶抽样的主要缺点是估计量的结构比较复杂，估计量方差的估计也比较复杂。

在二阶抽样中，如果对初级单元不再进行随机抽样，让所有的初级单元都入样，而在初级单元中对次级单元进行随机抽样，这样的二阶抽样就是分层随机抽样，层就是初级单元。

### （四）整群抽样

在二阶抽样中如果把初级抽样单元称作由次级抽样单元组成的群，在抽中的群内不再对次级单元进行抽样而是进行普查，那么这种抽样方法就称为整群抽样。当总体包含的次级单元为数众多且又缺少必要的档案资料，因而无法直接对次级单元编制抽样框，且由次级单元组成的群的抽样框是现成的或者很容易编制时，常常采用整群抽样的方法。整群抽样的优点是只需具备群，即初级抽样单元的抽样框即可，无需具备关于次级单元的抽样框。整群抽样的效率与群的划分密切相关，如果总体划分成群后，群内差异小而群间差异大，则估计精度就比较低。因此群的划分原则应是尽量扩大群内差异，使每个群都有较好的代表性。由此可知，划分群的原则正好和分层的原则相反。

### （五）系统抽样

总体中的抽样单元按照一定的顺序排列，在规定的范围内，随机抽取一个单元作为初始单元，然后按照一套事先定好的规则确定其他样本单元，这种抽样方法称为系统抽样。与其他几种抽样方法不同的是，这里只有初始单元是随机抽取的，其他样本单元都随着初始单元的确定而确定。最简单的系统抽样是在取得一个初始单元后按相等的间隔抽取后继样本单元，这种系统抽样称为等距抽样。等距抽样的优点是实施简单，整个样本中只是初始单元需随机抽取，其余单元皆由此决定。另外等距抽样有时甚至不需要编制抽样框，只需给出总体抽样单元的一个排列即可。如果对总体抽样单元的排列规则有所了解并加以正确利用，那么等距抽样就能达到相当高的精度。等距抽样的主要缺点是估计量精度的估计比较困难。

以上对几种常用的抽样方法作了简单的介绍。在实际运用中会有许多变化，例如，在某些抽样方法中，抽取样本单元可采用不放回抽样，也可采用放回抽样；可采用等概率抽样，也可采用不等概率抽样。在具体设计抽样方案时还应考虑多种因素，以决定抽样方法的选择和组合。

## 二、抽样调查设计

一次大规模的抽样调查要想取得预期效果，必须要经过周密准备、科学设计和规范实施才能实现。进行抽样调查时，首先必须明确调查目的，规定调查内容，确定调查对象，只有这样才能编制一个高质量的抽样框，为抽样的实施提供良好的前提。当然在这一阶段还需进行调查人员的培训，落实调查经费，开展试调查，为正式调查提供经验，发现并处理抽样方案设计中需改进之处，为日后大规模进行的抽样调查做准备。

一次抽样调查实施效果如何，关键取决于抽样调查设计。抽样调查设计的核心部分包括抽样方案设计、调查方法确定和估计量的构造 3 个方面。

### （一）抽样方案设计

抽样方案设计主要包括两个问题：一个是抽样方法的选择和组合，即决定如何进行抽样的问题；另一个是样本容量的确定，即在选定的抽样方法下抽多少样本单元的问题。抽样方法的选择和组合应考虑到尽可能使抽样方便，易于实施，同时还必须考虑到应使样本有较好的代表性，使得依此样本所进行的估计有较高的精度。样本容量的确定则与精度和费用两个因素有关。在一定的抽样方法下，要想提高估计精度，就必须扩大样本量，要想节省调查费用，就必须压缩样本量，两者对样本量的要求是矛盾的。因此不存在使精度最高且费用最省的抽样设计。在实际问题中只能采用如下两个原则来确定样本量。

（1）使估计量达到规定的精度要求，确定使费用最省的样本量。

（2）在调查费用固定的约束下，确定使估计精度最高的样本量。

以上原则称为最优设计原则。

### （二）调查方法确定

按照已经设计好的抽样方案抽得样本单元后，接下来需进行的第二项工作就是调查，亦即从调查单元收集所需的数据。保证调查数据完整、真实、可靠，且使源头数据不存在调查误差，是这一部分的关键问题。调查方法多种多样，可以采用问卷调查，也可以采用座谈会调查、电话调查和面访调查等。问卷可以当面发放、回收，也可以通过邮寄、网络在线发放回收。问卷设计格式灵活多样，提哪些问题，采用什么方式提，各问题采用什么样的排列顺序，均应视调查对象的特点而进行恰当的设计，以有利于被调查者更好地配合，提高问卷回收率，减少无回答率。

### （三）估计量的构造

取得调查数据后，下一步的工作就是如何使用这些数据，即根据调查目的对目标量给出尽可能精确、可靠的估计。这里首先应解决的问题是建立由所得数据能够给出的目标量估计值的估计方法，也就是构造估计量的问题。估计量把样本中反映总体参数特征的信息集中在一起，提供了由样本数据给出总体参数估计值的方法。从信息使用角度而言，一个好的估计量应该包含待估参数尽可能多的信息，从而有较高的精度，所以在构造估计量时除了必须使用调查指标的样本信息外，还应考虑是否存在可供利用的辅助信息，若存在，且获得这些信息不需很多投入，那么综合使用了基本信息和辅助信息的估计量就比只使用单一信息的估计量含有更多的有用信息，从而有利于提高估计量的精度。其次，应使估计量具有较好的概率性质，如无偏性。因此，必须研究所构造的估计量是否具有无偏性，并从理论上给出其方差计算公式，方差越小的估计量精度越高。第三，虽然估计量方差计算公式可以在理论上对其进行精度分析，但对一次具体的抽样调查而言，不能计算出方差的真值，因为要计算方差的真值就必须使用全面调查资料。为了描述估计效果的好坏，必须给出依据样本能对估计量方差进行估计的方法，这就是构造估计量方差的估计量，有了样本数据就可给出估计量方差的估计值。第四，在大规模社会经济抽样调查中，取得调查数据后，通常后期数据处理工作的工作量异常巨大，为了使数据处理尽可能简便，应尽可能采用自加权估计量，即估计量能表示成样本调查值之和与某一固定常数乘积的形式，从而大大简化估计量冗繁的计算，同时也有助于简化估计量方差的估计量的计算。在构造估计量时，兼顾估计量应具有良好性质的同时又具有方便的计算形式，是这一阶段设计时必须周密考虑的问题。

## 三、抽样误差

### （一）抽样误差的一般概念

一般来说，抽样误差是指样本指标与被它估计的未知的总体参数（总体特征值）之差。具体是指样本平均数 $\bar{x}$ 与总体平均数 $\bar{X}$ 的差，样本成数 $p$ 与总体成数 $P$ 的差。例如，某地区全部小麦的平均亩产为 400 千克，而抽样调查得到的平均亩产为 391 千克或 403 千克，则样本指标与总体指标之间的误差为（-9）千克或 3 千克。

### （二）统计调查误差的种类

统计调查误差按产生的原因可以分为登记性误差和代表性误差。

### （三）影响抽样误差的因素

影响抽样误差的因素有总体各单位标志值的差异程度、样本单位数抽样方法和抽样调查的组织形式。

（1）总体各单位标志值的差异程度愈大则抽样误差愈大，差异程度愈小则抽样误差愈小。

（2）在其他条件相同的情况下，样本的单位数越多，则抽样误差愈小。

（3）抽样方法不同，抽样误差也不同。一般情况下重复抽样误差比不重复抽样误差要大一些。

（4）不同的抽样组织形式有不同的抽样误差。

### （四）抽样平均误差

#### 1. 抽样平均误差的意义

抽样平均误差是反映抽样误差一般水平的指标，其实质是抽样指标的标准差。抽样平均误差反映抽样指标和总体指标间的平均误差程度。

#### 2. 抽样平均误差的计算

抽样平均误差的计算分为平均数抽样的平均误差和成数抽样的平均误差。

1）平均数抽样的平均误差

在重复抽样条件下，平均数抽样的平均误差的计算公式如下：

$$\mu_x = \frac{\sigma}{\sqrt{n}} \qquad (7-23)$$

在不重复抽样条件下，平均数抽样的平均误差的计算公式如下：

$$\mu_x = \sqrt{\frac{\sigma^2}{n}\left(1 - \frac{n}{N}\right)} \qquad (7-24)$$

2）成数抽样的平均误差

在重复抽样条件下，成数抽样的平均误差计算公式如下：

$$\mu_p = \sqrt{\frac{p(1-p)}{n}} \qquad (7-25)$$

在不重复抽样条件下，成数抽样的平均误差计算公式如下：

$$\mu_p = \sqrt{\frac{p(1-p)}{n}\left(1 - \frac{n}{N}\right)} \qquad (7-26)$$

从上面的计算公式可看到，在其他条件相同的情况下，重复抽样和不重复抽样仅差一个修正因子的平方根，即 $\sqrt{1 - \frac{n}{N}}$。由于 $\sqrt{1 - \frac{n}{n}} < 1$，所以不重复抽样的平均误差小于重复抽样的平均误差的 $\sqrt{1 - \frac{n}{N}}$ 倍。$\frac{n}{N}$ 又称为抽样比例或抽样强度。

### （五）抽样极限误差

**1. 抽样极限误差的概念**

抽样极限误差是指抽样指标与总体指标之间可允许的误差的最大范围。因平均误差反映抽样误差可能的范围，而实际上每次抽样推断中只抽取一个样本，因此实际上的抽样误差可能大于抽样平均误差，也可能小于抽样平均误差。误差太大或太小都会给抽样工作造成不利影响，因此在抽样估计时，应根据研究对象的变异程度和分析任务的要求确定可允许误差的范围，这一允许范围称为极限误差。

**2. 抽样极限误差的概率度**

把极限误差 $\Delta x$ 或 $\Delta p$ 分别除以 $\mu_x$ 或 $\mu_p$ 得相对数 $t$，表示误差范围为抽样平均误差的 $t$ 倍。而 $t$ 是测量估计可靠程度的一个参数，也称为抽样误差的概率度。

$$t = \frac{\Delta x}{\mu_x} \text{ 或 } t = \frac{\Delta p}{\mu_p} \qquad (7-27)$$

**3. 抽样极限误差与概率度、抽样平均误差的关系**

抽样极限误差与概率度、抽样平均误差可以互相推算。推算公式如下：

$$\Delta x = t \cdot \mu_x \text{ 或 } \Delta p = t \cdot \mu_p \qquad (7-28)$$

$$\mu_x = \frac{\Delta x}{t} \text{ 或 } \mu_p = \frac{\Delta p}{t} \qquad (7-29)$$

以上公式展开以后可得到如下公式：

$$\Delta x = t \cdot \sqrt{\frac{\sigma^2}{n}} \quad \text{或} \quad \Delta x = t \cdot \sqrt{\frac{\sigma^2}{n}\left(1 - \frac{n}{N}\right)} \tag{7-30}$$

$$\Delta p = t \cdot \sqrt{\frac{p(1-p)}{n}} \quad \text{或} \quad \Delta p = t \cdot \sqrt{\frac{p(1-p)}{n}\left(1 - \frac{n}{N}\right)} \tag{7-31}$$

# 第三节　参数估计和样本大小确定

在许多实际问题中，总体被理解为我们所研究的统计指标，它在一定范围内取数值，而且以一定的概率取各种数值，从而形成一个概率分布，但是这个概率分布往往是未知的。例如，为了制定绿色食品的有关规定，我们需要研究蔬菜中残留农药的分布状况，而我们对这个分布知之甚少，以致于不清楚它属于何种类型。有时我们可以断定分布的类型，例如，在农民收入调查中，根据实际经验和理论分析，如概率论的中心极限定理，我们断定收入服从正态分布，但分布中的参数取值却是未知的。这就导致了统计估计问题。统计估计问题专门研究由样本估计总体的未知分布或分布中的未知参数。非参数估计是直接对总体的未知分布进行估计；当总体分布类型已知，参数估计仅需对分布的未知参数进行估计。

## 一、参数估计

### （一）参数估计的概念

参数估计就是用样本统计量去估计总体参数。用来估计总体参数的统计量的名称是估计量，如样本均值、样本比例和样本方差等，都可以是一个估计量。估计量的具体数值称为估计值。

### （二）参数估计的方法

参数估计的方法有点估计与区间估计两种方法。

**1. 参数估计的点估计法**

1）点估计法的定义

设总体 $X$ 的分布类型已知，但包含有未知参数 $\theta$，从总体中抽取一个简单随机样本 $(X_1, X_2, \cdots, X_n)$，欲利用样本提供的信息对总体未知参数 $\theta$ 进行估计，需要构造一个适当的统计量

$$\hat{\theta} = T(X_1, X_2, \cdots, X_n)$$

作为 $\theta$ 的估计，$\hat{\theta}$ 为未知参数 $\theta$ 的点估计量。当有了一个具体的样本观察值 $(x_1, x_2, \cdots, x_n)$ 后，将其代入估计量中就得到一个具体的观察值 $T(x_1, x_2, \cdots, x_n)$，称为参数 $\theta$ 的一个点估计值。也就是说，用样本估计量的值直接作为总体参数的估计值称为点估计。

2）点估计法的特点

点估计法具有以下两方面的特点。

（1）根据总体指标的结构形式设计样本指标，作为总体参数的估计量，并以样本指标的实际值直接作为相应总体参数的估计值。

（2）点估计法的优良标准是无偏性、一致性和有效性。

3）点估计法的不足

参数点估计法并不是尽善尽美的，其主要存在以下两点不足。

（1）没有解决参数估计的精确问题。

（2）没有考虑估计的可靠性程度。

而点估计法的这两点不足，只有区间估计法才能解决。

**2. 参数估计的区间估计法**

1）区间估计法的定义

在参数估计中，虽然点估计可以给出未知参数的一个估计，但不能给出估计的精度。为此人们希望利用样本给出一个范围，要求它以足够大的概率包含待估参数的真值，这就是导致了区间估计问题。也就是说，在点估计的基础上，给出总体参数的一个范围称为区间估计。

2）区间估计法的特点

区间估计法具有以下两方面的特点。

（1）总体参数区间估计根据给定的概率保证程度的要求，利用实际抽样资料，指出被估计值的上限和下限，即指出总体参数可能存在的区间范围。

（2）总体参数区间估计必须同时具备估计值、抽样误差范围和概率保证程度 3 个要素。

3）置信区间

置信区间是指根据给定的概率保证度，利用实际抽样资料，得出的总体参数可能存在的区间范围。

设 $\theta$ 是未知参数，$(X_1, X_2, \cdots, X_n)$ 是来自总体的样本，构造两个统计量 $\hat{\theta}_1 = T_1(X_1, X_2, \cdots, X_n)$，$\hat{\theta}_2 = T_2(X_1, X_2, \cdots, X_n)$，对于给定的 $\alpha(0 < \alpha < 1)$，若 $\hat{\theta}_1$、$\hat{\theta}_2$ 满足

$$P\{\hat{\theta}_1 \leqslant \theta \leqslant \hat{\theta}_2\} = 1 - \alpha$$

则称随机区间 $[\hat{\theta}_1, \hat{\theta}_2]$ 是参数 $\theta$ 的置信水平为 $1-\alpha$ 的置信区间，$1-\alpha$ 称为区间 $[\hat{\theta}_1, \hat{\theta}_2]$ 的置信水平，$\hat{\theta}_1, \hat{\theta}_2$ 则称为置信限。

4）置信水平（置信度）

置信水平也称为置信度，即总体未知参数落在区间内的概率，表示为 $(1-\alpha)$，其中，$\alpha$ 为显著性水平，是总体参数未在区间内的概率。

常用的置信水平值有 $99\%$，$95\%$，$90\%$，相应的 $\alpha$ 为 $0.01$、$0.05$、$0.10$。

5）区间估计法应具备的要素

区间估计法必须同时具备 3 个要素。

（1）估计值（如样本平均数、成数、样本方差等）。

（2）抽样极限误差（抽样误差范围）。

（3）概率保证程度。

抽样误差范围决定抽样估计的准确性，概率保证程度决定抽样估计的可靠性，二者密切联系，但同时又相互矛盾，所以，对估计的精确度和可靠性的要求应慎重考虑。

### (三) 估计量的评价标准

一个好的估计量应俱备无偏性、有效性和一致性。

**1. 无偏性**

无偏性是指估计量分布的数学期望等于被估计的总体参数。而作为总体参数估计量的样本统计量，如果其期望值（平均数）等于被估计的总体参数，那么这样的估计量称为无偏估计量。

**2. 有效性**

有效性是指对同一总体参数的两个无偏估计量，有更小标准差的估计量更有效。也就是说，以抽样指标估计总体指标时要求作为优良估计量的方差或标准差应比其它估计量的方差或标准差小，如与其他估计量相比，样本均值是一个更有效的估计量，即方差越小的估计量就越有效。

**3. 一致性**

一致性是指随着样本量的增长，点估计量的值越来越接近于被估总体的参数。也就是说，当优良估计量的样本容量充分大时，抽样指标也应充分地靠近总体指标。

### (四) 估计量好坏的判断方法

对未知参数的两个无偏估计量，我们可以通过比较它们的方差来判断哪个更好，但对于有偏估计量，仅比较方差就很难说明哪个更好。由于判断的准则是估计量取值"集中"于参数真值的程度，即估计量整体上偏离其真值的大小，因而采用均方误差描述估计量的好坏更为合理。

设 $\hat{\theta}_1$、$\hat{\theta}_2$ 是参数 $\theta$ 的两个估计量，若对 $\theta$ 的一切可能值，

$$E(\hat{\theta}_1 - \theta)^2 \leqslant E(\hat{\theta}_2 - \theta)^2$$

且严格不等号至少对参数 $\theta$ 的某个可能值成立，则称在均方误差意义下 $\hat{\theta}_1$ 优于 $\hat{\theta}_2$。其中 $E(\hat{\theta} - \theta)^2$ 称为均方误差，记为 $MSE(\hat{\theta})$。

## 二、总体均值的区间估计

总体均值的区间估计存在以下两种情况。

### (一) 正态总体、方差已知或非正态总体、方差未知大样本的情况

在这种情况下，样本均值的抽样分布服从正态分布，其数学期望为总体均值 $\mu$，方差为 $\dfrac{\sigma^2}{n}$，则 $\left[\bar{X} - Z_{\frac{\alpha}{2}} \cdot \dfrac{\sigma}{\sqrt{n}}, \bar{X} + Z_{\frac{\alpha}{2}} \cdot \dfrac{\sigma}{\sqrt{n}}\right]$ 称为总体均值在 $1 - \alpha$ 置信水平下的置信区间。

设样本 $(X_1, X_2, \cdots, X_n)$ 来自正态总体 $N(\mu, \sigma^2)$，$\mu$ 是总体均值，$\sigma^2$ 是总体方差，当 $\sigma^2$ 已知时，数理统计证明 $\bar{X}$ 服从正态分布 $N(\mu, \dfrac{\sigma^2}{n})$，从而 $\dfrac{\bar{X} - \mu}{\sigma/\sqrt{n}}$ 服从标准正态分布 $N(0, 1)$，对给定的置信系数 $1 - \alpha$，查 $N(0, 1)$ 表可得上 $\dfrac{\alpha}{2}$ 分位点的 $Z_{\frac{\alpha}{2}}$ 值，使得

$$P\left\{\left|\frac{\bar{X} - \mu}{\sigma/\sqrt{n}}\right| \leqslant Z_{\frac{\alpha}{2}}\right\} = 1 - \alpha$$

从而有

$$P\left\{\overline{X} - Z_{\frac{\alpha}{2}}\frac{\sigma}{\sqrt{n}} \leqslant \mu \leqslant \overline{X} + Z_{\frac{\alpha}{2}}\frac{\sigma}{\sqrt{n}}\right\} = 1 - \alpha$$

取

$$\hat{\mu}_1 = \overline{X} - Z_{\frac{\alpha}{2}}\frac{\sigma}{\sqrt{n}}, \quad \hat{\mu}_2 = \overline{X} + Z_{\frac{\alpha}{2}}\frac{\sigma}{\sqrt{n}} \tag{7-32}$$

则 $[\hat{\mu}_1, \hat{\mu}_2]$ 即是 $\mu$ 的置信水平为 $1 - \alpha$ 的置信区间。

**例 7-2** 保险公司从投保人中随机抽取 36 人,计算得 36 人的平均年龄 $\overline{X} = 39.5$ 岁,已知投保人平均年龄近似服从正态分布,标准差为 7.2 岁,请计算全体投保人平均年龄的置信水平为 99% 的置信区间。

**解** $1 - \alpha = 0.99$,$\alpha = 0.01$,查 $N(0, 1)$ 表得 $Z_{\frac{\alpha}{2}} = 2.575$,故

$$\overline{X} - Z_{\frac{\alpha}{2}}\frac{\sigma}{\sqrt{n}} = 39.5 - 2.575 \times \frac{7.2}{\sqrt{36}} = 36.41$$

$$\overline{X} + Z_{\frac{\alpha}{2}}\frac{\sigma}{\sqrt{n}} = 39.5 + 2.575 \times \frac{7.2}{\sqrt{36}} = 42.59$$

故全体投保人平均年龄的置信水平为 99% 的置信区间为 $[36.41, 42.59]$。

在不重复抽样条件下,置信区间的上下限计算公式如下:

$$\bar{x} \pm Z_{\frac{\alpha}{2}} \cdot \frac{\sigma}{\sqrt{n}}\sqrt{\frac{N-n}{N-1}} \tag{7-33}$$

**例 7-3** 假设某保险公司从投保人中随机抽取 36 人,得到他们的年龄数据为 23、35、39、27、36、44、36、42、46、43、31、33、42、53、45、54、47、24、34、28、39、36、44、40、39、49、38、34、48、50、34、39、45、48、45、32。(单位:岁)若总体方差未知,请建立投保人年龄 90% 的置信区间。

**解** 已知 $n = 36$,$1 - \alpha = 90\%$,$Z_{\frac{\alpha}{2}} = 1.645$,由于总体方差 $\sigma^2$ 未知,但为大样本,故可用样本方差代替。

根据样本资料计算的样本均值和样本标准差如下:

$$\bar{x} = \frac{\sum x}{n} = \frac{1422}{36} = 39.5, \quad S = \sqrt{\frac{\sum (x - \bar{x})^2}{n-1}} = 7.77$$

则置信区间如下:

$$\bar{x} \pm Z_{\frac{\alpha}{2}} \cdot \frac{s}{\sqrt{n}} = 39.5 \pm 1.645 \times \frac{7.77}{\sqrt{36}}$$

即 $39.5 \pm 2.13 = [37.37, 41.63]$,投保人平均年龄在 90% 的置信水平下的置信区间为 $[37.37, 41.63]$。

**(二)正态总体、方差未知,小样本的情况**

如果总体服从正态分布,无论样本容量大小,样本均值的抽样分布都服从正态分布。只要总体方差已知,即使在小样本情况下,也可以计算总体均值的置信区间。但如果总体方差 $\sigma^2$ 未知,需用样本方差 $s^2$ 代替,在小样本情况下,应用 $t$ 分布来建立总体均值的置信区间。

$t$ 分布是类似于正态分布的一种对称分布，他通常要比正态分布平坦和分散，且随着自由度增大，$t$ 分布逐渐趋于正态分布。

在正态总体、方差未知、小样本的情况下，总体均值在 $1-\alpha$ 置信水平下的置信区间上下限的计算公式如下：

在重复抽样的条件下：

$$\bar{X} \pm t_{\frac{\alpha}{2}} \cdot \frac{s}{\sqrt{n}} \qquad (7-34)$$

在不重复抽样的条件下：

$$\bar{X} \pm t_{\frac{\alpha}{2}} \cdot \frac{s}{\sqrt{n}} \sqrt{\frac{N-n}{N-1}} \qquad (7-35)$$

其中 $t_{\frac{\alpha}{2}}(n-1)$ 为 $t$ 分布临界值，可以查 $t$ 分布临界值表得到。

**例 7-4**　从一个正态总体中抽取一个随机样本，$n=25$，其均值 $\bar{x}=50$，标准差 $s=8$，建立总体均值为 $95\%$ 的置信区间。

**解**　已知 $X \sim N(\mu, \sigma^2)$，$\bar{x}=50$，$s=8$，$n=25$，$1-\alpha=0.95$，$t_{\frac{\alpha}{2}}=2.0639$。

$$\left[\bar{x}-t_{\frac{\alpha}{2}}\frac{s_{n-1}}{\sqrt{n}},\ \bar{x}+t_{\frac{\alpha}{2}}\frac{s_{n-1}}{\sqrt{n}}\right]=\left[50-2.0639\frac{8}{\sqrt{25}},\ 50+2.0639\frac{8}{\sqrt{25}}\right]$$

$$=[46.69, 53.3]$$

我们可以 $95\%$ 的概率保证总体均值在 $46.69 \sim 53.30$ 之间。

## 三、总体比例的区间估计

在大样本（一般经验规则：$np \geqslant 5$ 和 $n(1-p) \geqslant 5$）条件下，样本比例的抽样分布可用正态分布近似。在这种情况下，数理统计已经证明如下结论

置信水平为 $1-\alpha$ 的置信区间上下限的取值如下：

在重复抽样的条件下：

$$p \pm Z_{\frac{\alpha}{2}} \cdot \sqrt{\frac{p(1-p)}{n}} \qquad (7-36)$$

在不重复抽样的条件下：

$$p \pm Z_{\frac{\alpha}{2}} \cdot \sqrt{\frac{p(1-p)}{n}\left(\frac{N-n}{N-1}\right)} \qquad (7-37)$$

**例 7-5**　某券商企业共有职工 1000 人，企业准备实行一项改革，在职工中征求意见，采用不重复抽样方法，随机抽取 200 人作为样本，调查结果显示，由 150 人表示赞成这项改革，有 50 人表示反对。试以 $95\%$ 的置信水平确定赞成改革的人数比例的置信区间。

**解**　已知 $n=200$，$z_{\frac{\alpha}{2}}=1.96$，$p=\frac{150}{200}=75\%$，根据 $p \pm Z_{\frac{\alpha}{2}} \cdot \sqrt{\frac{p(1-p)}{n}\left(\frac{N-n}{N-1}\right)}$

可得

$$75\% \pm 1.96 \times \sqrt{\frac{75\%(1-75\%)}{200}\left(\frac{1000-200}{1000-1}\right)}$$

即 $75\% \pm 5.37\% = [69.63\%, 80.37\%]$，$95\%$ 的置信水平下估计赞成改革的人数比例的置信区间为 $[69.63\%, 80.37\%]$。

## 四、总体方差的区间估计

数理统计证明，对于容量为 $n$ 的正态总体样本方差 $s^2$，若总体方差为 $\sigma^2$，则 $\dfrac{(n-1)s^2}{\sigma^2}$ 服从自由度为 $n-1$ 的 $\chi^2$ 分布。对给定的置信系数 $1-\alpha$，查 $\chi^2$ 分布表可得上 $\dfrac{\alpha}{2}$ 分位点 $\chi^2_{\frac{\alpha}{2}}(n-1)$ 和下 $1-\dfrac{\alpha}{2}$ 分位点 $\chi^2_{1-\frac{\alpha}{2}}(n-1)$，使得

$$P\left\{\chi^2_{1-\frac{\alpha}{2}}(n-1)\leqslant \frac{(n-1)s^2}{\sigma^2}\leqslant \chi^2_{\frac{\alpha}{2}}(n-1)\right\}=1-\alpha$$

从而有

$$P\left\{\frac{(n-1)s^2}{\chi^2_{\frac{\alpha}{2}}(n-1)}\leqslant \sigma^2\leqslant \frac{(n-1)s^2}{\chi^2_{1-\frac{\alpha}{2}}(n-1)}\right\}=1-\alpha$$

取

$$\hat{\sigma}_1^2=\frac{(n-1)s^2}{X^2_{\frac{\alpha}{2}}(n-1)},\ \hat{\sigma}_2^2=\frac{(n-1)s^2}{X^2_{1-\frac{\alpha}{2}}(n-1)} \tag{7-38}$$

则 $[\hat{\sigma}_1^2,\hat{\sigma}_2^2]$ 即是 $\sigma^2$ 的置信水平为 $1-\alpha$ 的置信区间，即

$$\frac{(n-1)s^2}{x^2_{\frac{\alpha}{2}}(n-1)}\leqslant \sigma^2\leqslant \frac{(n-1)s^2}{x^2_{1-\frac{\alpha}{2}}(n-1)}$$

**例 7-6**　某食品厂从生产的罐头中随机抽取 15 个罐头，并称量其重量，得样本方差 $s^2=1.65^2$，设罐头重量服从正态分布，请计算其方差的置信水平为 90% 的置信区间。

**解**　由题中信息可知，$1-\alpha=0.9$，$\alpha=0.1$，查 $\chi^2$ 分布表得

$$\chi^2_{\frac{\alpha}{2}}(n-1)=23.685,\ \chi^2_{1-\frac{\alpha}{2}}(n-1)=6.571$$

$$\frac{(n-1)s^2}{\chi^2_{\frac{\alpha}{2}}(n-1)}=\frac{14\times 1.65^2}{23.685}=1.61\ \ \frac{(n-1)s^2}{\chi^2_{1-\frac{\alpha}{2}}(n-1)}=\frac{14\times 1.65^2}{6.571}=5.8$$

故总体方差的置信水平为 90% 的置信区间为 $[1.61,5.8]$。

## 五、样本大小的确定

### (一) 确定适当样本容量的意义

在一定的误差允许条件下，样本容量太大，就会增大工作量，造成人力、财力和时间的浪费。而如果改变了对误差的要求，就可以通过增减样本容量来控制抽样误差的大小。

### (二) 影响样本大小的因素

影响样本大小的因素有允许的误差大小、概率度的大小和总体的变异程度。允许的误差越小，样本容量就要越大，概率把握要求越大，样本容量就要越大。总体的变异程度越大，样本容量就需要越大。

### (三) 估计总体均值时样本大小的确定

在简单随机重复抽样的条件下，设样本 $(X_1,X_2,\cdots,X_n)$ 来自正态总体 $N(\mu,\sigma^2)$，总体均值 $\mu$ 的点估计为样本均值 $\overline{X}$。如果要求以 $\overline{X}$ 估计 $\mu$ 时的绝对误差为 $d$，可靠度为

$1-\alpha$，即要求

$$P\{|\bar{X}-\mu| \leqslant d\} = 1-\alpha$$

由

$$P\left\{\left|\frac{\bar{X}-\mu}{\sigma/\sqrt{n}}\right| \leqslant z_{\frac{\alpha}{2}}\right\} = 1-\alpha$$

知

$$P\left\{|\bar{X}-\mu| \leqslant z_{\frac{\alpha}{2}} \frac{\sigma}{\sqrt{n}}\right\} = 1-\alpha$$

故只需要取绝对误差

$$d = z_{\frac{\alpha}{2}} \frac{\sigma}{\sqrt{n}}$$

从而解得在简单随机重复抽样的条件下：

$$n = \frac{z_{\frac{\alpha}{2}}^2 \sigma^2}{d^2} \tag{7-39}$$

同理，在简单随机不重复抽样条件下，我们可以得出估计总体均值时样本容量的计算公式如下：

$$n = \frac{N z_{\frac{\alpha}{2}}^2 \sigma^2}{(N-1)d^2 + z_{\frac{\alpha}{2}}^2 \sigma^2} \tag{7-40}$$

**例7-7** 一家广告公司想估计某类商店去年所花的平均广告费用。经验表明，总体方差约为1 800 000元。如置信度取95%，并要使估计处在总体平均值附近500元的范围内，这家广告公司应抽多大容量的样本？

**解** 已知 $\Delta\sigma^2 = 1\ 800\ 000$，$\alpha = 0.05$，$Z_{\frac{\alpha}{2}} = 1.96$，$d = 500$

应抽取的样本容量如下：

$$n = \frac{Z_{\frac{\alpha}{2}}^2 \sigma^2}{d^2} = \frac{(1.96)^2(1\ 800\ 000)}{500^2} = 27.65 \approx 28$$

即需抽取容量为28的样本进行调查。

### （四）估计总体比例时样本大小的确定

在简单随机重复抽样条件下，估计总体比例时，我们可以定义绝对误差 $d$ 如下：

$$d = Z_{\frac{\alpha}{2}} \sqrt{\frac{p(1-p)}{n}} \tag{7-41}$$

从而在简单重复抽样的条件下，得到样本容量的计算公式如下：

$$n = \frac{Z_{\frac{\alpha}{2}}^2 \pi(1-\pi)}{d^2} \tag{7-42}$$

同理，在简单随机不重复抽样条件下，我们可以得出估计总体比例时样本容量的计算公式如下：

$$n = \frac{N Z_{\frac{\alpha}{2}}^2 \pi(1-\pi)}{(N-1)d^2 + Z_{\frac{\alpha}{2}}^2 \pi(1-\pi)} \tag{7-43}$$

**例7-8** 根据以往的生产统计，某种产品的合格率为90%，现要求绝对误差为5%，在置信水平为 95％的置信区间时，应抽取多少个产品作为样本？

**解** 已知，$\pi = 90\%$，$d = 5\%$，$Z_{\frac{\alpha}{2}} = 1.96$

则

$$n = \frac{Z_{\frac{\alpha}{2}}^2 \pi(1-\pi)}{d^2} = \frac{1.96^2 \times 0.9 \times (1-0.9)}{0.05^2} = 139$$

## ［本章自测］

### 一、问答题

1. 什么是抽样调查，什么是抽样推断？
2. 抽样方法有哪些？
3. 影响抽样误差的因素是什么？
4. 什么是抽样平均误差、抽样极限误差？
5. 为什么说对总体指标的区间估计只能是一种可能范围估算，而不是绝对范围估算？

### 二、计算题

1. 某高校对四级考试成绩进行调查，随机抽取了 300 名同学，求得平均成绩为 462 分，标准差为 15 分，若要求允许误差 $\Delta_{\bar{x}} = 2$，请估计该校的四级平均成绩。

2. 从某年级学生中按简单随机抽样方式抽取 50 名学生，对邓小平理论课程成绩进行检查，得知其平均数为 75.6 分，样本的标准差为 10 分。请以 95.45％的概率保证度推断全年级学生考试平均成绩区间范围。

3. 某地区随机重复抽选 100 户农民，经调查有 36 户拥有彩色电视机，已知抽样户是总户数的千分之一，当把握程度为 95.45％时，试估计该地区农民拥有彩色电视机的户数的范围。

### ［延伸阅读］

#### 辛辛那提电气公司

辛辛那提电气公司是一个公共事业型公司。它为大辛辛那提地区的居民提供煤气和电力。为改进其服务质量，该公司不断努力满足顾客最新的需求。1991 年，该公司进行了一次关于建筑物特征的抽样调查，以了解在其服务范围内的商业建筑物的能源需求量。

调查需要搜集诸如楼面面积、雇员数量、能源最终使用量、建筑物寿命、建筑材料类型以及能源节约标准等有关商业建筑物的大量资料。在准备调查期间，该公司的分析师发现，在该公司服务的范围内，有大约 27 000 个商业建筑物，根据调查可使用的经费和精度的要求，他们建议选择 16 个商业建筑物作为一个调查样本。

用分层简单随机抽样方法选择样本，从公司的记录可以得到，在其服务范围内，过去一年中每个商业建筑物的总用电量。由于许多建筑物要研究的特征（如规模、雇员数量等）都与用电量有关，因此选择用电量这一标准将建筑物总体划分为 6 层。

第一层包含 100 个商业建筑物。它们都是用电大户，将这些建筑物巾的每一个都包含在样本中。尽管它们的数量仅占总数的 0.2％，但是它们的用电量却占总用电量的 14.4％，对于其他层建筑物的数量，是根据单位成果获得最大精度的基本条件来决定的。

辛辛那提电气公司仔细设计调查表，并且在正式调查之前做试验性调查，采用个人采访法搜集资料。最后，搜集到 616 个商业建筑物中的 526 个建筑物的资料，85.4%的答复率是很不错的。目前，该电气公司正在用调查得到的结果，进行能源需求的预测和改进对商业顾客的服务。

有关抽样调查的设计与实施等问题，就像辛辛那提电气公司进行调查所要考虑的问题一样，这些都是统计学家要考虑的问题。政府和其他机构也常常利用抽样调查来了解总体各个部分的情况。

（资料来源：《管理统计案例》）

# 第八章　假设检验

## 教学目的

通过本章学习，学生需理解假设检验的基本概念；掌握小概率原理和概率反证法；掌握假设检验的方法和步骤；能进行一个总体以及两个总体参数的假设检验；能运用 Excel 进行假设检验。

## 教学要点

（1）假设与假设检验的概念；
（2）小概率原理和概率反证法；
（3）假设检验的基本步骤；
（4）一个总体以及两个总体参数的假设检验。

## 第一节　假设检验的概念与基本原理

### 一、假设与假设检验的概念

**1. 假设**

假设是指关于总体的一个论断或命题。假设分为原假设（或零假设）、无效假设与备择假设（或对立假设）。原假设是指研究者想收集证据予以反对的假设，通常用 $H_0$ 表示。备择假设（或对立假设）是指研究者想收集证据予以支持的假设，通常用 $H_1$ 或 $H_n$ 表示。原假设和备择假设是一个完备事件组，而且相互对立。在一项假设检验中，原假设和备择假设有且只有一个成立。

**2. 假设检验**

假设检验是指先对总体的参数或分布形式提出某种假设，然后利用样本信息判断假设是否成立的过程，假设检验包括参数检验和非参数检验，逻辑上运用的是概率反证法；统计依据为小概率原理。

### 二、假设检验的基本原理

由样本 $X_1$，$X_2$，$\cdots$，$X_n$ 出发，制定一个法则，由样本的实现值 $x_1$，$x_2$，$\cdots$，$x_n$ 按照这个法则对原假设 $H_0$ 成立与否作出判断，这一法则就称为一个假设检验法则，简称假设检验法。假设检验法依据的原理有小概率原理与概率反证法。

### 1. 小概率原理

小概率原理是指概率很小的事件在一次试验中几乎不可能发生。例如，购买某种彩票中奖的概率为百万分之一，是一个小概率事件，就可以认为购买一次彩票中奖的事件基本上不会发生。

什么样的概率才算小概率？这需要依据具体的问题以及问题所涉及的领域来判定，一般把概率不超过 0.05 的事件当作"小概率事件"，也有把概率不超过 0.01 或 0.10 的事件当作"小概率事件"。小概率的标准在假设检验中又称显著水平，记为 $\alpha$。

### 2. 概率反证法

概率反证法是指如果在原假设 $H_0$ 成立的情况下，计算出一个随机事件 $A$ 发生的概率很小（是小概率事件），而在一次具体的试验或抽样中，事件 $A$ 竟然发生，则根据小概率原理拒绝接受原假设 $H_0$ 成立的结论，否则，就不能拒绝原假设 $H_0$ 成立。这种建立在小概率原理基础上的带有概率性质的反证法，称为概率反证法。

概率反证法与通常意义上的反证法的区别之处在于：通常意义下的反证法要求在假设条件下导出的结论是绝对成立的，因而，如果导出了矛盾的结论，就真正推翻了原来的假设；而建立在小概率原理基础上的概率反证法，导出的结论只是与小概率原理相矛盾，小概率事件在一次试验中并非绝对不能发生，只不过是发生的概率很小，所以，概率反证法所得的结论可能犯错误。

## 三、接受域和拒绝域

接受域和拒绝域是在给定的显著性水平 $\alpha$ 下，由假设检验法所划分的样本空间的两个互不相交的区域。

### 1. 接受域

接受域指的是原假设 $H_0$ 为真时可以接受的可能范围。

### 2. 拒绝域

拒绝域指的是当原假设 $H_0$ 为真时只有很小的概率发生，如果小概率事件确实发生，就要拒绝原假设，这一区域称为拒绝域，也称为否定域。

一般地，若随机变量 $X$ 服从正态分布且方差已知，当假设 $H_0: \mu = \mu_0$ 为真时，统计量服从正态分布，即

$$U = \frac{\bar{X} - \mu_0}{\sigma / \sqrt{n}} = \frac{\bar{X} - \mu}{\sigma / \sqrt{n}} \sim N(0, 1)$$

$\bar{X}$ 与 $\mu_0$ 的大小可以通过衡量其统计量的值 $|\bar{x} - \mu_0|$ 或 $|U| = \dfrac{|\bar{x} - \mu_0|}{\sigma / \sqrt{n}}$ 来实现，当 $|U| \geqslant K$ 时，拒绝 $H_0$；当 $|U| < K$ 时，不能拒绝 $H_0$。

其中 $K$ 是一个待确定的常数，称为检验的临界值，它是一个与小概率 $\alpha$，样本容量 $n$，统计量 $U$ 等有关的数，这就构成了检验规则，不同的 $K$ 表示不同的检验规则。

为检验一个假设所使用的统计量称为检验统计量，给定 $H_0$ 的一个检验统计量，就相当于利用统计量的实现把样本的取值空间（样本的所有可能取值组成的集合）划分为互不相交

的两部分，即

$$R = \{(x_1, x_2, \cdots, x_n): |U| \geqslant K\}$$
$$A = \{(x_1, x_2, \cdots, x_n): |U| < K\}$$

如果 $(x_1, x_2, \cdots, x_n) \in R$，就拒绝 $H_0$，否则，不能拒绝 $H_0$。$R$ 称为 $H_0$ 的拒绝域，$A$ 称为 $H_0$ 的接受域。

当假设 $H_0: \mu = \mu_0$ 为真时，对给定的显著水平 $\alpha$，由于

$$P\left\{ \left| \frac{\overline{X} - \mu_0}{\sigma/\sqrt{n}} \right| \geqslant \mu_{\frac{\alpha}{2}} \right\} = \alpha$$

所以，事件 $\left\{ |U| = \left| \frac{\overline{X} - \mu_0}{\sigma/\sqrt{n}} \right| \geqslant \mu_{\frac{\alpha}{2}} \right\}$ 是一个小概率事件，由小概率原理，使 $|U| = \left| \frac{\overline{X} - \mu_0}{\sigma/\sqrt{n}} \right| \geqslant \mu_{\frac{\alpha}{2}}$ 成立的样本实现 $x_1, x_2, \cdots, x_n$ 在抽样中是几乎不会出现的，如果在一次具体的抽样中竟然出现了这样的样本实现，则有理由怀疑 $H_0$ 为真的条件，从而拒绝 $H_0$ 为真，则 $H_0$ 的拒绝域为

$$R = \{(x_1, x_2, \cdots, x_n): |U| \geqslant \mu_{\frac{\alpha}{2}}\} = \left\{(x_1, x_2, \cdots, x_n): \left| \frac{\overline{X} - \mu_0}{\sigma/\sqrt{n}} \right| \geqslant \mu_{\frac{\alpha}{2}}\right\}$$

$$= \left\{(x_1, x_2, \cdots, x_n): (\overline{X} < \mu_0 - \mu_{\frac{\alpha}{2}} \frac{\sigma}{\sqrt{n}}) \bigcup (\overline{X} < \mu_0 + \mu_{\frac{\alpha}{2}} \frac{\sigma}{\sqrt{n}})\right\}$$

反之，如果在一次抽样中出现了能使 $|U| < \mu_{\frac{\alpha}{2}}$ 成立的样本实现 $x_1, x_2, \cdots, x_n$，即样本实现落在了 $H_0$ 的接受域 $A$ 中，其表达式如下：

$$A = \left\{(x_1, x_2, \cdots, x_n): |U| < \mu_{\frac{\alpha}{2}}\right\} = \left\{(x_1, x_2, \cdots, x_n): \left| \frac{\overline{X} - \mu_0}{\sigma/\sqrt{n}} \right| < \mu_{\frac{\alpha}{2}}\right\}$$

$$= \left\{(x_1, x_2, \cdots, x_n): \mu_0 - \mu_{\frac{\alpha}{2}} \frac{\sigma}{\sqrt{n}} < \overline{X} < \mu_0 + \mu_{\frac{\alpha}{2}} \frac{\sigma}{\sqrt{n}}\right\}$$

概率为 $1-\alpha$ 的事件发生了，则没有充足的理由或证据拒绝 $H_0$ 为真，也称接受 $H_0$。

## 四、假设检验中的两类错误

通过概率反证法可以判定接受到拒绝原假设，但一个随机事件的概率再小，只要不为 0，在一次试验中还是有发生的可能，根据一次试验发生了小概率事件就否定原假设成立可能会犯错误。或者说，如果原假设成立，那么统计量落在接受域是一个大概率事件，但一个随机事件的概率再大，只要不为 1，在一次试验中还是有可能不发生，根据一次试验大概率事件没有发生就否定原假设成立也有可能会犯错误。

如果原假设成立，但统计量的实测值落入拒绝域，从而做出否定原假设的结论，就称为第一类错误，简称"弃真"的错误；如果原假设不成立，但统计量的实测值未落入拒绝域，从而没有做出否定原假设的结论，即接受了错误的原假设，就称为第二类错误，简称"纳伪"的错误。这就是假设检验中可能出现的两类错误。

## 五、假设检验的一般步骤

设 $\theta$ 为总体参数，$\Theta_0, \Theta_1$ 为两个非空且互不相交的集合。

$$H_0 : \theta \in \Theta_0 ; \quad H_1 : \theta \in \Theta_1$$

则假设检验的一般步骤如下：

(1) 根据已知信息，提出原假设 $H_0$ 和备选假设 $H_1$；

(2) 构造检验统计量，在原假设 $H_0$ 成立的条件下确定检验统计量的分布；

(3) 根据给定的显著水平 $\alpha$ 和检验统计量的分布确定 $H_0$ 的拒绝域 $R$；

(4) 由样本值计算统计量的值，根据其是否落入 $H_0$ 的拒绝域 $R$ 做出判断。

## 六、假设检验中要注意的其他事项

### 1. 原假设和备择假设的选取

假设检验中原假设和备择假设的选取要根据具体问题来决定，通常把没有充分证据不能轻易否定的命题作为原假设，只有证据充足时才拒绝它，否则不能拒绝，而把没有很大把握就不能轻易肯定的命题作为备择假设。例如，当目的是希望从样本实现中获得对某一论断的强有力支持时，通常把这一论断的对立面作为 $H_0$。因此假设的提出通常按照"正话反说"，即想证明什么结论时就把该结论作为备择假设 $H_1$。通常也将由历史资料所提供的论断作为 $H_0$，即假设的提出站在"保守"立场。例如，想证明新工艺比旧工艺好，新药比旧药好，则原假设分别是新工艺没有旧工艺好，新药没有旧药好。

### 2. 统计量的选取

假设检验的实质是对差异进行定量的分析，确定其性质（是随机误差还是系统误差），为给出两者界限，一般通过统计的分布来划分，统计量的选取必须在 $H_0$ 成立下其分布已知。

### 3. 显著水平 $\alpha$ 的选取

显著水平 $\alpha$ 的大小决定了接受域与拒绝域的范围，也决定了犯第一类错误与犯第二类错误的概率。选取合适的显著水平对假设检验的结论尤其重要。一般而言，若试验中控制 $\alpha$ 的因素较多，试验误差可能较大，$\alpha$ 可取大些。反之，如果试验耗费较大，对精度要求较高，或者试验重要程度较高，则 $\alpha$ 应取小些。

### 4. 拒绝域 $R$ 与接受域 $A$

可以根据显著水平 $\alpha$ 确定拒绝域 $R$ 与接受域 $A$。若统计量的实现值落入拒绝域 $R$，则拒绝 $H_0$；若统计量的实现值落入接受域 $A$，则拒绝 $H_0$ 证据不足，不否定 $H_0$，但这并不是肯定 $H_0$，而只是说在显著水平 $\alpha$ 上差异还不够显著，没有达到足以否定 $H_0$ 的程度。

### 5. 差异显著、差异极显著与 $p$ 值

对给定的统计量，假设检验的拒绝域 $R$ 与接受域 $A$ 的确定依赖于所给定的显著水平 $\alpha$。若 $\alpha$ 越小，则拒绝域 $R$ 越小，$H_0$ 越不容易被拒绝；若 $\alpha$ 越大，则拒绝域 $R$ 越大，$H_0$ 越容易被拒绝。

由于假设检验是极力保护 $H_0$ 的，或者说不轻易否定 $H_0$，尽量减少犯第一类错误的概率，故常常取较小的显著水平 $\alpha$。

若某个假设 $H_0$ 在 $\alpha = 0.05$ 的显著水平下落入拒绝域，这时样本的实现值在 $\alpha = 0.05$ 的显著水平，即在 $1 - \alpha = 0.95$ 的可靠性下否定原假设，以原假设 $H_0 : \mu = \mu_0$ 为例，此时称 $\mu$ 与 $\mu_0$ 差异显著。

若某个假设 $H_0$ 在 $\alpha=0.01$ 的显著水平下落入拒绝域,这时样本的实现值在 $\alpha=0.01$ 的显著水平,即在 $1-\alpha=0.99$ 的可靠性下否定原假设,以原假设 $H_0: \mu=\mu_0$ 为例,此时称 $\mu$ 与 $\mu_0$ 差异极显著。

如果通过统计软件进行假设检验,软件的输出结果往往给的是在原假设成立的条件下,统计量出现样本值的概率 $p$,通过 $p$ 值可以得出结论。

若 $p \geqslant 0.05$,则在原假设 $H_0$ 成立的条件下,出现样本值的概率不是一个小概率事件,无法拒绝原假设 $H_0$。以原假设 $H_0: \mu=\mu_0$ 为例,此时称 $\mu$ 与 $\mu_0$ 差异不显著。

若 $0.01 < p < 0.05$,则在原假设 $H_0$ 成立的条件下,出现样本值的概率是一个小概率事件,在 $\alpha=0.05$ 的显著水平下拒绝 $H_0$,但在 $\alpha=0.01$ 的显著水平下无法拒绝 $H_0$。以原假设 $H_0: \mu=\mu_0$ 为例,此时称 $\mu$ 与 $\mu_0$ 差异显著,但没有达到极显著水平。

若 $p < 0.01$,则在原假设 $H_0$ 成立的条件下,出现样本值的概率是一个小概率事件,在 $\alpha=0.01$ 的显著水平下拒绝 $H_0$。以原假设 $H_0: \mu=\mu_0$ 为例,此时称 $\mu$ 与 $\mu_0$ 差异极显著。

# 第二节  一个总体参数的假设检验

## 一、正态总体均值的检验

设总体 $X \sim N(\mu, \sigma^2)$, $X_1, X_2, \cdots, X_n$ 为抽自总体 $X$ 的 iid(独立同分布)样本,样本的均值为 $\overline{X}$, $\mu_0$ 是一个已知常数,欲由样本比较 $\mu$ 与 $\mu_0$ 的大小关系。该问题可以通过检验下列类型的统计假设实现。

类型 1  $H_0: \mu=\mu_0$;$H_1: \mu \neq \mu_0$  双侧(边)检验

类型 2  $H_0: \mu \geqslant \mu_0$;$H_1: \mu < \mu_0$  单侧(边)检验

类型 3  $H_0: \mu \leqslant \mu_0$;$H_1: \mu > \mu_0$   单侧(边)检验

类型 1 为双侧检验,类型 2、3 为单侧检验,其中,类型 2 为单侧检验中的左侧检验,类型 3 为单侧检验中的右侧检验。

### 1. 总体方差 $\sigma^2$ 已知的情况

这时由于 $\overline{X} \sim N(\mu, \dfrac{\sigma^2}{n})$,则有

$$\frac{\overline{X}-\mu}{\sigma/\sqrt{n}} \sim N(0,1) \tag{8-1}$$

1) 类型 1

在双侧检验中,如果 $H_0$ 成立,则由关系式(8-1)有

$$U=\frac{\overline{X}-\mu_0}{\sigma/\sqrt{n}} \sim N(0,1)$$

由正态分布双侧分位数的定义,对于给定的 $\alpha$ 存在 $u_{\frac{\alpha}{2}}$,使得

$$P\{|U|>u_{\frac{\alpha}{2}}\}=P\left\{\left|\frac{\overline{X}-\mu_0}{\sigma/\sqrt{n}}\right|>u_{\frac{\alpha}{2}}\right\}=\alpha$$

所以,检验统计量 $U = \dfrac{\overline{X} - \mu_0}{\sigma/\sqrt{n}}$ 中 $u$ 满足:

若 $|u| > u_{\frac{\alpha}{2}}$,则小概率事件在一次试验中发生,拒绝 $H_0$;

若 $|u| \leqslant u_{\frac{\alpha}{2}}$,则大概率事件在一次试验中发生,拒绝 $H_0$ 证据不足。

2) 类型 2

在左侧检验中,由关系式(8-1)和标准正态分布下侧分位数的定义,对于给定的 $\alpha$,存在 $-u_\alpha$,使得

$$P\left\{ \frac{\overline{X} - \mu}{\sigma/\sqrt{n}} < -u_\alpha \right\} = \alpha$$

如果 $H_0$ 成立,即 $\mu \geqslant \mu_0$,则有 $U = \dfrac{\overline{X} - \mu_0}{\sigma/\sqrt{n}} \geqslant \dfrac{\overline{X} - \mu}{\sigma/\sqrt{n}}$

$$\left\{ \frac{\overline{X} - \mu_0}{\sigma/\sqrt{n}} < -u_\alpha \right\} \subset \left\{ \frac{\overline{X} - \mu}{\sigma/\sqrt{n}} < -u_\alpha \right\}$$

$$P\{U < -u_\alpha\} \leqslant P\left\{ \frac{\overline{X} - \mu}{\sigma/\sqrt{n}} < -u_\alpha \right\} = \alpha$$

所以,检验统计量 $U = \dfrac{\overline{X} - \mu_0}{\sigma/\sqrt{n}}$ 中 $u$ 满足:

若 $u < -u_\alpha$,则小概率事件在一次试验中发生,否定 $H_0$;

若 $u \geqslant -u_\alpha$,则大概率事件在一次试验中发生,肯定 $H_0$。

3) 类型 3

在右侧检验中,由关系式(8-1)和标准正态分布上侧分位数的定义,对于给定的 $\alpha$,存在 $u_\alpha$,使得

$$P\left\{ \frac{\overline{X} - \mu}{\sigma/\sqrt{n}} > u_\alpha \right\} = \alpha$$

如果 $H_0$ 成立,即 $\mu \leqslant \mu_0$,则有 $U = \dfrac{\overline{X} - \mu_0}{\sigma/\sqrt{n}} \leqslant \dfrac{\overline{X} - \mu}{\sigma/\sqrt{n}}$

$$\left\{ \frac{\overline{X} - \mu_0}{\sigma/\sqrt{n}} > u_\alpha \right\} \subset \left\{ \frac{\overline{X} - \mu}{\sigma/\sqrt{n}} > u_\alpha \right\}$$

$$P\{U > u_\alpha\} \leqslant P\left\{ \frac{\overline{X} - \mu}{\sigma/\sqrt{n}} > u_\alpha \right\} = \alpha$$

所以,检验统计量 $U = \dfrac{\overline{X} - \mu_0}{\sigma/\sqrt{n}}$ 中 $u$ 满足:

若 $u > u_\alpha$,则小概率事件在一次试验中发生,否定 $H_0$;

若 $u \leqslant u_\alpha$,则大概率事件在一次试验中发生,肯定 $H_0$。

由于这种检验法以 $U$ 为检验统计量,并以检验统计量的精确分布为基础,所以,称其为

小样本 $U$ 检验法。这一方法应用的条件为总体服从正态分布,且总体方差已知。

**2. 总体方差 $\sigma^2$ 未知的情况**

这时由于 $\bar{X} \sim N(\mu, \frac{\sigma^2}{n})$,$\frac{(n-1)S^2}{\sigma^2} \sim \chi^2(n-1)$,则有

$$\frac{\bar{X}-\mu}{S/\sqrt{n}} \sim t(n-1) \tag{8-2}$$

1) 类型 1

在双侧检验中,由关系式(8-2)和 $t$ 分布双侧分位数的定义,对于给定的 $\alpha$,存在 $t_{\frac{\alpha}{2}}(n-1)$,使得

$$P\left\{\left|\frac{\bar{X}-\mu_0}{S/\sqrt{n}}\right| > t_{\frac{\alpha}{2}}(n-1)\right\} = \alpha$$

所以,检验统计量 $T = \frac{\bar{X}-\mu_0}{S/\sqrt{n}}$,$t$ 满足:

若 $|t| > t_{\frac{\alpha}{2}}(n-1)$,则由小概率原理,否定 $H_0$;

若 $|t| \leqslant t_{\frac{\alpha}{2}}(n-1)$,则由小概率原理,肯定 $H_0$。

2) 类型 2

在左侧检验中,由关系式(8-2)和 $t$ 分布下侧分位数的定义,对于给定的 $\alpha$,存在 $-t_{\alpha}(n-1)$,使得

$$P\left\{\frac{\bar{X}-\mu}{S/\sqrt{n}} < -t_{\alpha}(n-1)\right\} = \alpha$$

如果 $H_0$ 成立,即 $\mu \geqslant \mu_0$,则有

$$T = \frac{\bar{X}-\mu_0}{S/\sqrt{n}} \geqslant \frac{\bar{X}-\mu}{S/\sqrt{n}}$$

$$\left\{\frac{\bar{X}-\mu_0}{S/\sqrt{n}} < -t_{\alpha}(n-1)\right\} \subset \left\{\frac{\bar{X}-\mu}{S/\sqrt{n}} < -t_{\alpha}(n-1)\right\}$$

$$P\{T < -t_{\alpha}(n-1)\} \leqslant P\left\{\frac{\bar{X}-\mu}{\sigma/\sqrt{n}} < -t_{\alpha}(n-1)\right\} = \alpha$$

所以,检验统计量 $T = \frac{\bar{X}-\mu_0}{S/\sqrt{n}}$,$t$ 满足:

若 $t < -t_{\alpha}(n-1)$,则由小概率原理,否定 $H_0$;

若 $t \geqslant -t_{\alpha}(n-1)$,则由小概率原理,肯定 $H_0$。

3) 类型 3

在右侧检验中,由关系式(8-2)和 $t$ 分布上侧分位数的定义,对于给定的 $\alpha$,存在 $t_{\alpha}(n-1)$ 使得

$$P\left\{\frac{\bar{X}-\mu}{S/\sqrt{n}} > t_{\alpha}(n-1)\right\} = \alpha$$

如果 $H_0$ 成立，即 $\mu \leqslant \mu_0$，则有

$$T = \frac{\bar{X} - \mu_0}{S/\sqrt{n}} \leqslant \frac{\bar{X} - \mu}{S/\sqrt{n}}$$

$$\left\{ \frac{\bar{X} - \mu_0}{S/\sqrt{n}} > t_\alpha(n-1) \right\} \subset \left\{ \frac{\bar{X} - \mu}{S/\sqrt{n}} > t_\alpha(n-1) \right\}$$

$$P\{T > u_\alpha\} \leqslant P\left\{ \frac{\bar{X} - \mu}{S/\sqrt{n}} > t_\alpha(n-1) \right\} = \alpha$$

所以，检验统计量 $T = \dfrac{\bar{X} - \mu_0}{S/\sqrt{n}}$，$t$ 满足：

若 $t > t_\alpha(n-1)$，则由小概率原理，否定 $H_0$；

若 $t \leqslant t_\alpha(n-1)$，则由小概率原理，肯定 $H_0$。

由于这种检验法以 $T$ 为检验统计量，并以检验统计量的精确分布为基础，所以称其为小样本 $T$ 检验法，且应用的条件为总体服从正态分布。

**例 8 - 1** 某工厂生产的一种螺钉，标准要求长度是 32.5 mm。实际生产的产品长度 $X$ 假定服从正态分布 $N(\mu, \sigma^{-2})$，$\sigma^2$ 未知，现从该厂生产的一批产品中抽取 6 件，得尺寸数据如下

| 32.56 | 29.66 | 31.64 | 30.00 | 31.87 | 31.03 |

问这批产品是否合格（置信水平 0.01）？

**解** 已知 $X \sim N(\mu, \sigma^2)$，$\sigma^2$ 未知。

第一步：提出原假设和备选假设。

$H_0$：$\mu = 32.5$；$H_1$：$\mu \neq 32.5$

第二步：取一检验统计量，在 $H_0$ 成立下求出它的分布，即

$$T = \frac{\bar{X} - 32.5}{S/\sqrt{6}} \sim t(5)$$

第三步：对给定的显著水平 $\alpha = 0.01$，查表确定临界值 $t_{\frac{\alpha}{2}}(5) = t_{0.005}(5) = 4.032\,1$，使 $P\{|t| > t_{\frac{\alpha}{2}}(5)\} = \alpha$，即 "$|t| > t_{\frac{\alpha}{2}}(5)$" 是一个小概率事件。

得否定域 $W$：$|t| > 4.032\,1$

第四步：将样本值代入算出统计量 $t$ 的实测值。

$|t| = 2.997 < 4.032\,2$

故不能拒绝 $H_0$，这并不意味着 $H_0$ 一定对，只是差异还不够显著，不足以否定 $H_0$。

## 二、正态总体方差的检验

设总体 $X \sim N(\mu, \sigma^2)$，$X_1, X_2, \cdots, X_n$ 为抽自总体 $X$ 的 iid 样本，$\sigma_0^2$ 是一个已知常数，欲由样本比较 $\sigma^2$ 与 $\sigma_0^2$ 的大小关系。

该问题可以通过检验下列类型的统计假设实现。

类型 1　$H_0$：$\sigma^2 = \sigma_0^2$；$H_1$：$\sigma^2 \neq \sigma_0^2$　（双侧检验）

类型 2　$H_0$：$\sigma^2 \geqslant \sigma_0^2$；$H_1$：$\sigma^2 < \sigma_0^2$　（单侧检验）

类型 3　$H_0$：$\sigma^2 \leqslant \sigma_0^2$；$H_1$：$\sigma^2 > \sigma_0^2$　（单侧检验）

这时有

$$\frac{(n-1)S^2}{\sigma^2} \sim \chi^2(n-1) \qquad\qquad (8-3)$$

类型 1 为双侧检验，类型 2、3 为单侧检验，其中，类型 2 为单侧检验中的左侧检验，类型 3 为单侧检验中的右侧检验。

1）类型 1

在双侧检验中，如果 $H_0$ 成立，则由关系式(8-3)有

$$\chi^2 = \frac{(n-1)S^2}{\sigma_0^2} \sim \chi^2(n-1)$$

由 $\chi^2$ 分布双侧分位数的定义，对于给定的 $\alpha$，存在 $\chi^2_{\frac{\alpha}{2}}(n-1)$，$\chi^2_{1-\frac{\alpha}{2}}(n-1)$ 使得

$$P\{\chi^2 > \chi^2_{\frac{\alpha}{2}}(n-1)\} + P\{\chi^2 < \chi^2_{1-\frac{\alpha}{2}}(n-1)\} = \alpha$$

所以，检验统计量 $\chi^2 = \frac{(n-1)S^2}{\sigma_0^2}$ 中，$\chi^2$ 满足：

若 $\chi^2 > \chi^2_{\frac{\alpha}{2}}(n-1)$ 或 $\chi^2 < \chi^2_{1-\frac{\alpha}{2}}(n-1)$，则否定 $H_0$；

若 $\chi^2_{1-\frac{\alpha}{2}}(n-1) \leqslant \chi^2 \leqslant \chi^2_{\frac{\alpha}{2}}(n-1)$，则肯定 $H_0$。

2）类型 2

在左侧检验中，由关系式(8-3)和 $\chi^2$ 分布下侧分位数的定义，对于给定的 $\alpha$ 存在 $\chi^2_{1-\alpha}(n-1)$，使得

$$P\left\{\frac{(n-1)S^2}{\sigma^2} < \chi^2_{1-\alpha}(n-1)\right\} = \alpha$$

如果 $H_0$ 成立，即 $\sigma^2 \geqslant \sigma_0^2$，则有

$$\chi^2 = \frac{(n-1)S^2}{\sigma_0^2} \geqslant \frac{(n-1)S^2}{\sigma^2}$$

$$\left\{\frac{(n-1)S^2}{\sigma_0^2} < \chi^2_{1-\alpha}(n-1)\right\} \subset \left\{\frac{(n-1)S^2}{\sigma^2} < \chi^2_{1-\alpha}(n-1)\right\}$$

$$P\{\chi^2 < \chi^2_{1-\alpha}(n-1)\} \leqslant P\left\{\frac{(n-1)S^2}{\sigma^2} < \chi^2_{1-\alpha}(n-1)\right\} = \alpha$$

所以，检验统计量 $\chi^2 = \frac{(n-1)S^2}{\sigma_0^2}$ 中，$\chi^2$ 满足：

若 $\chi^2 < \chi^2_{1-\alpha}(n-1)$，则小概率事件在一次试验中发生，否定 $H_0$；

若 $\chi^2 \geqslant \chi^2_{1-\alpha}(n-1)$，则大概率事件在一次试验中发生，肯定 $H_0$。

3）类型 3

在右侧检验中，由关系式(8-3)和 $\chi^2$ 分布上侧分位数的定义，对于给定的 $\alpha$ 存在 $\chi^2_{\alpha}(n-1)$，使得

$$P\left\{\frac{(n-1)S^2}{\sigma^2} > \chi^2_{\alpha}(n-1)\right\} = \alpha$$

如果 $H_0$ 成立，即 $\sigma^2 \leqslant \sigma_0^2$，则有 $\chi^2 = \frac{(n-1)S^2}{\sigma_0^2} \leqslant \frac{(n-1)S^2}{\sigma^2}$

$$\left\{\frac{(n-1)S^2}{\sigma_0^2}>\chi_\alpha^2(n-1)\right\}\subset\left\{\frac{(n-1)S^2}{\sigma^2}>\chi_\alpha^2(n-1)\right\}$$

$$P\{\chi^2>\chi_\alpha^2(n-1)\}\leqslant P\left\{\frac{(n-1)S^2}{\sigma^2}>\chi_\alpha^2(n-1)\right\}=\alpha$$

所以，检验统计量 $\chi^2=\dfrac{(n-1)S^2}{\sigma_0^2}$ 中，$\chi^2$ 满足：

若 $\chi^2>\chi_\alpha^2(n-1)$，则由小概率原理，否定 $H_0$；

若 $\chi^2\leqslant\chi_\alpha^2(n-1)$，则由小概率原理，肯定 $H_0$。

由于这种检验法以 $\chi^2$ 为检验统计量，并以检验统计量的精确分布为基础所以称其为小样本 $\chi^2$ 检验法，且应用的条件为总体服从正态分布。

**例 8 - 2** 某厂生产的某种型号的电池，其寿命长期以来服从方差 $\sigma^2=5\,000$ 的正态分布，现有一批这种电池，从它的生产情况来看，寿命的波动性有所改变，现随机取 26 只电池，测出其寿命的样本方差 $s^2=9200$，请问根据这一数据能否推断这批电池的寿命的波动性较以往的有显著的变化（$\alpha=0.02$）？

**解** 该问题属于总体方差检验。建立统计假设

$$H_0:\sigma^2=\sigma_0^2;\qquad H_1:\sigma^2\neq\sigma_0^2$$

由样本实现计算得 $s^2=9200$，$\dfrac{(n-1)s^2}{\sigma_0^2}=46$，则 $\chi_{1-\frac{\alpha}{2}}^2(n-1)=11.524$，$\chi_{\frac{\alpha}{2}}^2(n-1)=44.314$，即否定 $H_0$。

## 三、非正态总体均值的检验

设总体 $X$ 的均值和方差分别为 $\mu$ 和 $\sigma^2$，$X_1,X_2,\cdots,X_n$ 为抽自总体 $X$ 的 iid 样本，$\mu_0$ 是一个已知常数，欲由样本比较 $\mu$ 与 $\mu_0$ 的大小关系。该问题可以通过检验下列类型的统计假设实现。

类型 1 $H_0:\mu=\mu_0$；$H_1:\mu\neq\mu_0$ （双侧检验）

类型 2 $H_0:\mu\geqslant\mu_0$；$H_1:\mu<\mu_0$ （单侧检验）

类型 3 $H_0:\mu\leqslant\mu_0$；$H_1:\mu>\mu_0$ （单侧检验）

类型 1 为双侧检验，类型 2、3 为单侧检验，其中，类型 2 为单侧检验中的左侧检验，类型 3 为单侧检验中的右侧检验。

这时由于 $\bar{X}\overset{n\to+\infty}{\sim}N(\mu,\dfrac{\sigma^2}{n})$，则有

$$\frac{\bar{X}-\mu}{\sigma/\sqrt{n}}\underset{n\to+\infty}{\sim}N(0,1)\qquad\qquad(8-4)$$

1）类型 1

在双侧检验中，如果 $H_0$ 成立，则由关系式（8-4）有

$$U=\frac{\bar{X}-\mu_0}{\sigma/\sqrt{n}}\overset{n\to+\infty}{\sim}N(0,1)$$

当 $n$ 充分大时，由正态分布双侧分位数的定义，对于给定的 $\alpha$，存在 $u_{\frac{\alpha}{2}}$，使得

$$P\{|U|>u_{\frac{\alpha}{2}}\}=P\left\{\left|\frac{\overline{X}-\mu_0}{\sigma/\sqrt{n}}\right|>u_{\frac{\alpha}{2}}\right\}=\alpha$$

所以，检验统计量 $U=\dfrac{\overline{X}-\mu_0}{\sigma/\sqrt{n}}$ 中，$u$ 满足：

若 $|u|>u_{\frac{\alpha}{2}}$，则小概率事件在一次试验中发生，否定 $H_0$；

若 $|u|\leqslant u_{\frac{\alpha}{2}}$，则大概率事件在一次试验中发生，肯定 $H_0$。

2）类型 2

在左侧检验中，由关系式(8-4)可知，当 $n$ 充分大时，由标准正态分布下侧分位数的定义对于给定的 $\alpha$，存在 $-u_{\alpha}$，使得

$$P\left\{\frac{\overline{X}-\mu}{\sigma/\sqrt{n}}<-u_{\alpha}\right\}=\alpha$$

如果 $H_0$ 成立，即 $\mu\geqslant\mu_0$，则有 $U=\dfrac{\overline{X}-\mu_0}{\sigma/\sqrt{n}}\geqslant\dfrac{\overline{X}-\mu}{\sigma/\sqrt{n}}$

$$\left\{\frac{\overline{X}-\mu_0}{\sigma/\sqrt{n}}<-u_{\alpha}\right\}\subset\left\{\frac{\overline{X}-\mu}{\sigma/\sqrt{n}}<-u_{\alpha}\right\}$$

$$P\{U<-u_{\alpha}\}\leqslant P\left\{\frac{\overline{X}-\mu}{\sigma/\sqrt{n}}<-u_{\alpha}\right\}=\alpha$$

所以，检验统计量 $U=\dfrac{\overline{X}-\mu_0}{\sigma/\sqrt{n}}$ 中，$u$ 满足：

若 $u<-u_{\alpha}$，则小概率事件在一次试验中发生，否定 $H_0$；

若 $u\geqslant-u_{\alpha}$，则大概率事件在一次试验中发生，肯定 $H_0$。

3）类型 3

在右侧检验中，由关系式(8-4)可知，当 $n$ 充分大时，由标准正态分布上侧分位数的定义，对于给定的 $\alpha$，存在 $u_{\alpha}$，使得

$$P\left\{\frac{\overline{X}-\mu}{\sigma/\sqrt{n}}>u_{\alpha}\right\}=\alpha$$

如果 $H_0$ 成立，即 $\mu\leqslant\mu_0$，则有 $U=\dfrac{\overline{X}-\mu_0}{\sigma/\sqrt{n}}\leqslant\dfrac{\overline{X}-\mu}{\sigma/\sqrt{n}}$

$$\left\{\frac{\overline{X}-\mu_0}{\sigma/\sqrt{n}}>u_{\alpha}\right\}\subset\left\{\frac{\overline{X}-\mu}{\sigma/\sqrt{n}}>u_{\alpha}\right\}$$

$$P\{U>u_{\alpha}\}\leqslant P\left\{\frac{\overline{X}-\mu}{\sigma/\sqrt{n}}>u_{\alpha}\right\}=\alpha$$

所以，检验统计量 $U=\dfrac{\overline{X}-\mu_0}{\sigma/\sqrt{n}}$ 中，$u$ 满足：

若 $u>u_{\alpha}$，则小概率事件在一次试验中发生，否定 $H_0$；

若 $u \leqslant u_\alpha$，则大概率事件在一次试验中发生，肯定 $H_0$。

由于这种检验法以 $U$ 为检验统计量，并以检验统计量的极限分布为基础，所以称其为大样本 $U$ 检验法，且应用的条件为样本量足够大，如果总体方差未知，可用样本方差近似。

**例 8 - 3**　按规定苗木平均高度达到 1.6 m 以上可以出圃。从一苗圃中随机抽取 50 棵苗木，测得苗高后，经整理的样本均值和标准差分别为 $\bar{x}=1.52$ m，$s=0.3$ m，试以 $\alpha=0.05$ 的显著水平检验该苗圃的苗木是否达到出圃要求。

**解**　由题意要用大样本 $U$ 检验法，建立统计假设

$$H_0 : \mu \geqslant 1.6 ; H_1 : \mu < 1.6$$

$$u = \frac{\bar{x} - \mu_0}{s / \sqrt{n}} = \frac{1.52 - 1.6}{0.3 / \sqrt{50}} = -1.87$$

$u_\alpha = 1.64$，由于 $u < -u_\alpha$，所以拒绝 $H_0$。

## 四、总体频率的检验

设总体 $X$ 中随机事件 $A$ 发生的频率为 $p$，从总体中抽取容量为 $n$ 的简单随机样本，其中具有事件 $A$ 的样本单元数为 $M$（样本频数），样本频率为 $W$，$p_0$ 是一个已知常数，根据样本判断 $p$ 与 $p_0$ 的关系。该问题可以通过检验下列类型的统计假设实现。

类型 1　$H_0 : p = p_0 ; H_1 : p \neq p_0$　（双侧检验）

类型 2　$H_0 : p \geqslant p_0 ; H_1 : p < p_0$　（单侧检验）

类型 3　$H_0 : p \geqslant p_0 ; H_1 : p > p_0$　（单侧检验）

由中心极限定理可知，样本频率满足 $W = \frac{M}{n} \overset{n \to \infty}{\sim} N\left(p, \frac{p(1-p)}{n}\right)$，即

$$\frac{W - p}{\sqrt{\dfrac{p(1-p)}{n}}} \sim N(0,1) \tag{8-5}$$

1）类型 1

在双侧检验中，如果 $H_0 : p = p_0$ 为真，由（8-5）有

$$\frac{W - p_0}{\sqrt{\dfrac{p_0(1-p_0)}{n}}} \sim N(0,1)$$

当 $n \to \infty$ 时，对于给定的 $\alpha (0 < \alpha < 1)$，有

$$P\{|U| \geqslant u_{\frac{\alpha}{2}}\} = P\left\{\left|\frac{W - p_0}{\sqrt{\dfrac{p_0(1-p_0)}{n}}}\right| \geqslant u_{\frac{\alpha}{2}}\right\} = \alpha$$

所以，检验统计量 $U = \dfrac{W - p_0}{\sqrt{\dfrac{p_0(1-p_0)}{n}}}$ 中，$u$ 满足：

若 $|u| > u_{\frac{\alpha}{2}}$，则小概率事件在一次试验中发生，否定 $H_0$；

若 $|u| \leqslant u_{\frac{\alpha}{2}}$，则大概率事件在一次试验中发生，肯定 $H_0$。

2）类型 2

与正态总体的左侧检验类似，总体频率的左侧检验一般步骤及结论如下：

第一：计算检验统计量 $U = \dfrac{W - p_0}{\sqrt{\dfrac{p_0(1 - p_0)}{n}}}$；

第二：结论，$u$ 满足：

若 $u < -u_\alpha$，则小概率事件在一次试验中发生，否定 $H_0$；

若 $u \geqslant -u_\alpha$，则大概率事件在一次试验中发生，肯定 $H_0$。

3）类型 3

与正态总体的右侧检验类似，总体频率的右侧检验一般步骤及结论如下：

第一：计算检验统计量 $U = \dfrac{W - p_0}{\sqrt{\dfrac{p_0(1 - p_0)}{n}}}$；

第二：结论，$u$ 满足：

若 $u > u_\alpha$，则小概率事件在一次试验中发生，否定 $H_0$；

若 $u \leqslant u_\alpha$，则大概率事件在一次试验中发生，肯定 $H_0$。

**例题 8-4**　林场和乡政府签订造林合同，成活率达到 80% 时认为合格，在验收时以重复抽样方式在甲乡所造林中抽取 400 株，结果有 336 株成活，在乙乡所造林中抽取 300 株，结果有 221 株成活，请问两乡造林成活率是否达到了要求（$\alpha = 0.05$）？

**解**　本题为总体频率的单侧检验问题，设甲、乙两乡造林成活率分别为 $p_1$，$p_2$，分别检验如下。

(1) 甲乡：$H_0 : p_1 \leqslant p_0 = 0.80$；$H_1 : p_1 > p_0 = 0.80$，计算得

$$u = \frac{w - p_0}{\sqrt{\dfrac{p_0(1 - p_0)}{n}}} = \frac{(336/400) - 0.80}{\sqrt{\dfrac{0.80(1 - 0.80)}{400}}} = 2.00$$

$u_{0.05} = 1.645$，由于 $u = 2.00 > 1.645$，所以拒绝 $H_0$，即认为甲乡造林成活率显著的超过 0.80。

(2) 乙乡：$H_0 : p_2 \geqslant p_0 = 0.80$；$H_1 : p < p_0 = 0.80$，计算得

$$u = \frac{w - p_0}{\sqrt{\dfrac{p_0(1 - p_0)}{n}}} = \frac{(221/300) - 0.80}{\sqrt{\dfrac{0.80(1 - 0.80)}{300}}} = -2.74$$

$u_{0.05} = 1.645$，由于 $u = -2.74 < -1.645$，所以，拒绝 $H_0$，即认为乙乡造林成活率显著低于 80%，即没有达到成活率要求。

## 第三节　两个总体参数的假设检验

### 一、两个正态总体均值差异的显著性检验

问题：设总体 $X \sim N(\mu_1, \sigma_1^2)$，$Y \sim N(\mu_2, \sigma_2^2)$，$X_1, X_2, \cdots, X_{n_1}$；$Y_1, Y_2, \cdots, Y_{n_2}$ 是总体 $X$，$Y$ 的 iid 的样本，即

$$\overline{X} = \frac{1}{n_1} \sum_{i=1}^{n_1} X_i \qquad S_1^2 = \frac{1}{n_1 - 1} \sum_{i=1}^{n_1} (X_i - \overline{X})^2$$

$$\overline{Y} = \frac{1}{n_2} \sum_{i=1}^{n_2} Y_i \qquad\qquad S_2^2 = \frac{1}{n_2 - 1} \sum_{i=1}^{n_2} (Y_i - \overline{Y})^2$$

欲对由样本判断两总体均值 $\mu_1$，$\mu_2$ 的关系。该问题可以通过检验下列类型的统计假设实现。

类型 1　　$H_0: \mu_1 = \mu_2$；$H_1: \mu_1 \neq \mu_2$

类型 2　　$H_0: \mu_1 \geqslant \mu_2$；$H_1: \mu_1 < \mu_2$

类型 3　　$H_0: \mu_1 \leqslant \mu_2$；$H_1: \mu_1 > \mu_2$

### 1. 当 $\sigma_1^2$、$\sigma_2^2$ 已知时，$\mu_1$，$\mu_2$ 的假设检验

由于两个样本相互独立，由抽样分布定理和正态分布的性质

$$\overline{X} - \overline{Y} \sim N\left(\mu_1 - \mu_2, \frac{\sigma_1^2}{n_1} + \frac{\sigma_2^2}{n_2}\right)$$

$$\frac{(\overline{X} - \overline{Y}) - (\mu_1 - \mu_2)}{\sqrt{\dfrac{\sigma_1^2}{n_1} + \dfrac{\sigma_2^2}{n_2}}} \sim N(0, 1)$$

1）类型 1

对于 $H_0: \mu_1 = \mu_2$；$H_1: \mu_1 \neq \mu_2$，当 $H_0: \mu_1 = \mu_2$ 成立时，$\dfrac{(\overline{X} - \overline{Y})}{\sqrt{\dfrac{\sigma_1^2}{n_1} + \dfrac{\sigma_2^2}{n_2}}} \sim N(0, 1)$，对于给

定的显著水平 $\alpha$，得 $H_0$ 的拒绝域为

$$\left| \frac{\overline{X} - \overline{Y}}{\sqrt{\sigma_X^2/n_1 + \sigma_Y^2/n_2}} \right| > u_{\frac{\alpha}{2}}$$

2）类型 2

在 $H_0: \mu_1 \geqslant \mu_2$；$H_1: \mu_1 < \mu_2$ 中，对于给定的 $\alpha$，存在 $-u_\alpha$，使得

$$P\left\{ \frac{(\overline{X} - \overline{Y}) - (\mu_1 - \mu_2)}{\sqrt{\dfrac{\sigma_1^2}{n_1} + \dfrac{\sigma_2^2}{n_2}}} < -u_\alpha \right\} = \alpha$$

如果 $H_0$ 成立，即 $\mu_1 \geqslant \mu_2$，则有

$$U = \frac{\overline{X} - \overline{Y}}{\sqrt{\dfrac{\sigma_X^2}{n_1} + \dfrac{\sigma_Y^2}{n_2}}} \geqslant \frac{(\overline{X} - \overline{Y}) - (\mu_1 - \mu_2)}{\sqrt{\dfrac{\sigma_1^2}{n_1} + \dfrac{\sigma_2^2}{n_2}}}$$

$$\left\{ \frac{\overline{X} - \overline{Y}}{\sqrt{\dfrac{\sigma_X^2}{n_1} + \dfrac{\sigma_Y^2}{n_2}}} < -u_\alpha \right\} \subset \left\{ \frac{(\overline{X} - \overline{Y}) - (\mu_1 - \mu_2)}{\sqrt{\dfrac{\sigma_1^2}{n_1} + \dfrac{\sigma_2^2}{n_2}}} < -u_\alpha \right\}$$

$$P\{U < -u_\alpha\} \leqslant P\left\{ \frac{(\overline{X} - \overline{Y}) - (\mu_1 - \mu_2)}{\sqrt{\dfrac{\sigma_1^2}{n_1} + \dfrac{\sigma_2^2}{n_2}}} < -u_\alpha \right\} = \alpha$$

所以，如果检验统计量 $U = \dfrac{\bar{X} - \bar{Y}}{\sqrt{\dfrac{\sigma_X^2}{n_1} + \dfrac{\sigma_Y^2}{n_2}}}$ 的实现 $u$ 满足：

若 $u < -u_\alpha$，则小概率事件在一次试验中发生，否定 $H_0$；

若 $u \geqslant -u_\alpha$，则大概率事件在一次试验中发生，肯定 $H_0$。

3）类型 3

对于 $H_0 : \mu_1 \leqslant \mu_2$；$H_1 : \mu_1 > \mu_2$，检验统计量 $U = \dfrac{\bar{X} - \bar{Y}}{\sqrt{\dfrac{\sigma_X^2}{n_1} + \dfrac{\sigma_Y^2}{n_2}}}$ 中，$u$ 满足：

若 $u > u_\alpha$，则小概率事件在一次试验中发生，否定 $H_0$；

若 $u \leqslant u_\alpha$，则大概率事件在一次试验中发生，肯定 $H_0$。

**例 8 - 5**　已知小麦在每个小区产量（单位为 kg）的方差 $\sigma^2 = 0.2$。今播种 $A$ 种小麦 12 个小区，得平均产量 $\bar{x} = 1.5$。$B$ 种小麦 8 个小区，得平均产量 $\bar{y} = 1.6$。试比较 $A$、$B$ 两种小麦平均产量的差异是否有统计意义（$\alpha = 0.05$）。

**解**　假设：$H_0 : \mu_X = \mu_Y$；　　$H_1 : \mu_X \neq \mu_Y$，因为

$$\left| \frac{\bar{x} - \bar{y}}{\sqrt{\sigma^2/n_1 + \sigma^2/n_2}} \right| = \left| \frac{1.5 - 1.6}{\sqrt{0.2/12 + 0.2/8}} \right| \approx 0.49 < 1.96 = u_{0.025}$$

所以接受 $H_0$ 假设，即认为 $A$、$B$ 两种小麦平均产量的差异无统计意义。

**2. $\sigma_1^2$、$\sigma_2^2$ 未知，但 $\sigma_1^2 = \sigma_2^2 = \sigma^2$ 时，$\mu_1$，$\mu_2$ 的假设检验**

由于两个样本相互独立，$\bar{X}$，$\bar{Y}$；$S_1^2$，$S_2^2$ 相互独立。由抽样分布定理和正态分布的性质

$$\bar{X} - \bar{Y} \sim N\left(\mu_1 - \mu_2, \frac{\sigma^2}{n_1} + \frac{\sigma^2}{n_2}\right)$$

$$\frac{(\bar{X} - \bar{Y}) - (\mu_1 - \mu_2)}{\sqrt{\dfrac{\sigma^2}{n_1} + \dfrac{\sigma^2}{n_2}}} \sim N(0, 1)$$

$$\frac{(n_1 - 1)S_1^2}{\sigma^2} \sim \chi^2(n_1 - 1), \quad \frac{(n_2 - 1)S_2^2}{\sigma^2} \sim \chi^2(n_2 - 1)$$

$$\frac{(n_1 - 1)S_1^2}{\sigma^2} + \frac{(n_2 - 1)S_2^2}{\sigma^2} \sim \chi^2(n_1 + n_2 - 2)$$

所以有 $\dfrac{(\bar{X} - \bar{Y}) - (\mu_1 - \mu_2)}{\sqrt{\dfrac{(n_1 - 1)S_1^2 + (n_2 - 1)S_2^2}{n_1 + n_2 - 2}} \sqrt{\left(\dfrac{1}{n_1} + \dfrac{1}{n_2}\right)}} \sim t(n_1 + n_2 - 2)$

1）类型 1

对于 $H_0 : \mu_1 = \mu_2$；$H_1 : \mu_1 \neq \mu_2$，当 $H_0 : \mu_1 = \mu_2$ 成立时，

$$T = \frac{(\bar{X} - \bar{Y})}{\sqrt{\dfrac{(n_1 - 1)S_1^2 + (n_2 - 1)S_2^2}{n_1 + n_2 - 2}} \sqrt{\left(\dfrac{1}{n_1} + \dfrac{1}{n_2}\right)}} \sim t(n_1 + n_2 - 2)$$

对于给定的显著水平 $\alpha$，得 $H_0$ 的拒绝域为

$$|T| = \left| \frac{(\bar{X} - \bar{Y})}{\sqrt{\dfrac{(n_1-1)S_1^2 + (n_2-1)S_2^2}{n_1+n_2-2}} \sqrt{\left(\dfrac{1}{n_1} + \dfrac{1}{n_2}\right)}} \right| > t_{\frac{\alpha}{2}}(n_1+n_2-2)$$

2）类型 2

在 $H_0 : \mu_1 \geqslant \mu_2$；$H_1 : \mu_1 < \mu_2$ 中，对于给定的 $\alpha$，存在 $-t_\alpha(n_1+n_2-2)$，使得

$$P\left\{ \frac{(\bar{X}-\bar{Y}) - (\mu_1-\mu_2)}{\sqrt{\dfrac{(n_1-1)S_1^2 + (n_2-1)S_2^2}{n_1+n_2-2}} \sqrt{\left(\dfrac{1}{n_1}+\dfrac{1}{n_2}\right)}} < -t_\alpha(n_1+n_2-2) \right\} = \alpha$$

如果 $H_0$ 成立，即 $\mu_1 \geqslant \mu_2$，则有

$$T = \frac{(\bar{X}-\bar{Y})}{\sqrt{\dfrac{(n_1-1)S_1^2+(n_2-1)S_2^2}{n_1+n_2-2}}\sqrt{\left(\dfrac{1}{n_1}+\dfrac{1}{n_2}\right)}} \geqslant \frac{(\bar{X}-\bar{Y})-(\mu_1-\mu_2)}{\sqrt{\dfrac{(n_1-1)S_1^2+(n_2-1)S_2^2}{n_1+n_2-2}}\sqrt{\left(\dfrac{1}{n_1}+\dfrac{1}{n_2}\right)}}$$

$$\left\{ \frac{(\bar{X}-\bar{Y})}{\sqrt{\dfrac{(n_1-1)S_1^2+(n_2-1)S_2^2}{n_1+n_2-2}}\sqrt{\left(\dfrac{1}{n_1}+\dfrac{1}{n_2}\right)}} < -t_\alpha(n_1+n_2-2) \right\} \subset$$

$$\left\{ \frac{(\bar{X}-\bar{Y})-(\mu_1-\mu_2)}{\sqrt{\dfrac{(n_1-1)S_1^2+(n_2-1)S_2^2}{n_1+n_2-2}}\sqrt{\left(\dfrac{1}{n_1}+\dfrac{1}{n_2}\right)}} < -t_\alpha(n_1+n_2-2) \right\}$$

$$P\{T < -t_\alpha(n_1+n_2-2)\} \leqslant P\left\{ \frac{(\bar{X}-\bar{Y})-(\mu_1-\mu_2)}{\sqrt{\dfrac{(n_1-1)S_1^2+(n_2-1)S_2^2}{n_1+n_2-2}}\sqrt{\left(\dfrac{1}{n_1}+\dfrac{1}{n_2}\right)}} < -t_\alpha(n_1+n_2-2) \right\} = \alpha$$

所以，检验统计量 $T = \dfrac{(\bar{X}-\bar{Y})}{\sqrt{\dfrac{(n_1-1)S_1^2+(n_2-1)S_2^2}{n_1+n_2-2}}\sqrt{\left(\dfrac{1}{n_1}+\dfrac{1}{n_2}\right)}}$ 中，$t$ 满足：

若 $t < -t_\alpha(n_1+n_2-2)$，则小概率事件在一次试验中发生，否定 $H_0$；

若 $t \geqslant -t_\alpha(n_1+n_2-2)$，则大概率事件在一次试验中发生，肯定 $H_0$。

（3）类型 3

在 $H_0 : \mu_1 \leqslant \mu_2$；$H_1 : \mu_1 > \mu_2$ 中，检验统计量 $T = \dfrac{(\bar{X}-\bar{Y})}{\sqrt{\dfrac{(n_1-1)S_1^2+(n_2-1)S_2^2}{n_1+n_2-2}}\sqrt{\left(\dfrac{1}{n_1}+\dfrac{1}{n_2}\right)}}$

中，$t$ 满足：

若 $t > t_\alpha(n_1+n_2-2)$，则小概率事件在一次试验中发生，否定 $H_0$；

若 $t < t_\alpha(n_1+n_2-2)$，则大概率事件在一次试验中发生，肯定 $H_0$。

**例 8-6** 有两种灯泡，一种用 $A$ 型灯丝，另一种用 $B$ 型灯丝。随机抽取两种灯泡各 10 只做试验，测得它们的寿命（小时）为

$A$ 型：1293　1380　1614　1497　1340　1643　1466　1677　1387　1711

$B$ 型：1061　1065　1092　1017　1021　1138　1143　1094　1028　1119

设两种灯泡的寿命均服从正态分布且方差相等，试检验两种灯泡的平均寿命之间是否存在显著差异？（$\alpha=0.05$）

**解** 假设：$H_0: \mu_x = \mu_y$；$H_1: \mu_x \neq \mu_y$

$$\bar{x}=1500.8,\ \bar{y}=1077.8;\ s_x^2=151.3^2,\ s_y^2=47.0^2$$

$$\frac{1500.8-1077.8}{\sqrt{\dfrac{151.3^2\times9+47.0^2\times9}{18}}\sqrt{\dfrac{1}{10}+\dfrac{1}{10}}}\approx8.45>2.101=t_{0.025}(18)$$

所以拒绝 $H_0$ 假设，即认为 $A$、$B$ 两种灯泡的平均寿命有统计意义。

## 二、两个非正态总体均值差异的显著性检验

问题：设总体 $X$ 均值与方差分别为 $\mu_1$ 和 $\sigma_1^2$，总体 $Y$ 均值与方差分别为 $\mu_2$ 和 $\sigma_2^2$，$X_1$，$X_2$，$\cdots$，$X_{n_1}$；$Y_1$，$Y_2$，$\cdots$，$Y_{n_2}$ 是总体 $X$，$Y$ 的 iid 样本。

$$\bar{X}=\frac{1}{n_1}\sum_{i=1}^{n_1}X_i \qquad S_1^2=\frac{1}{n_1-1}\sum_{i=1}^{n_1}(X_i-\bar{X})^2$$

$$\bar{Y}=\frac{1}{n_2}\sum_{i=1}^{n_2}Y_i \qquad S_2^2=\frac{1}{n_2-1}\sum_{i=1}^{n_2}(Y_i-\bar{Y})^2$$

欲对 $\mu_1$、$\mu_2$ 的关系进行检验。

该问题可以通过检验下列类型的统计假设实现。

类型 1　$H_0: \mu_1=\mu_2$；$H_1: \mu_1\neq\mu_2$

类型 2　$H_0: \mu_1\geqslant\mu_2$；$H_1: \mu_1<\mu_2$

类型 3　$H_0: \mu_1\leqslant\mu_2$；$H_1: \mu_1>\mu_2$

**1. $\sigma_1^2$、$\sigma_2^2$ 已知时，$\mu_1$，$\mu_2$ 的假设检验**

由于两个样本相互独立，由抽样分布定理和正态分布的性质，易知

$$\bar{X}\overset{n_1\to+\infty}{\sim}N(\mu_1,\frac{\sigma_1^2}{n_1});\ \bar{Y}\overset{n_2\to+\infty}{\sim}N(\mu_2,\frac{\sigma_2^2}{n_2})\text{且 }\bar{X},\bar{Y}\text{ 相互独立，从而有}$$

$$\frac{(\bar{X}-\bar{Y})-(\mu_1-\mu_2)}{\sqrt{\dfrac{\sigma_1^2}{n_1}+\dfrac{\sigma_2^2}{n_2}}}\overset{\substack{n_1\to+\infty\\n_2\to+\infty}}{\sim}N(0,1)$$

1）类型 1

对于 $H_0: \mu_1=\mu_2$；$H_1: \mu_1\neq\mu_2$，当 $H_0: \mu_1=\mu_2$ 成立时

$$\frac{(\bar{X}-\bar{Y})}{\sqrt{\dfrac{\sigma_1^2}{n_1}+\dfrac{\sigma_2^2}{n_2}}}\sim N(0,1)$$

对于给定的显著水平 $\alpha$，得 $H_0$ 的拒绝域为

$$U=\left|\frac{\bar{X}-\bar{Y}}{\sqrt{\sigma_X^2/n_1+\sigma_Y^2/n_2}}\right|>u_{\frac{\alpha}{2}}$$

2）类型 2

对于 $H_0：\mu_1 \geqslant \mu_2；H_1：\mu_1 < \mu_2$，给定显著水平 $\alpha$，存在 $-u_\alpha$，使得

$$\left\{\frac{(\bar{X}-\bar{Y})-(\mu_1-\mu_2)}{\sqrt{\dfrac{\sigma_1^2}{n_1}+\dfrac{\sigma_2^2}{n_2}}} < -u_\alpha\right\}=\alpha$$

如果 $H_0$ 成立，即 $\mu_1 \geqslant \mu_2$，则有 $U=\dfrac{\bar{X}-\bar{Y}}{\sqrt{\sigma_x^2/n_1+\sigma_y^2/n_2}} \geqslant \dfrac{(\bar{X}-\bar{Y})-(\mu_1-\mu_2)}{\sqrt{\dfrac{\sigma_1^2}{n_1}+\dfrac{\sigma_2^2}{n_2}}}$

$$\left\{\frac{\bar{X}-\bar{Y}}{\sqrt{\dfrac{\sigma_X^2}{n_1}+\dfrac{\sigma_Y^2}{n_2}}} < -u_\alpha\right\} \subset \left\{\frac{(\bar{X}-\bar{Y})-(\mu_1-\mu_2)}{\sqrt{\dfrac{\sigma_1^2}{n_1}+\dfrac{\sigma_2^2}{n_2}}} < -u_\alpha\right\}$$

$$P\{U<-u_\alpha\} \leqslant P\left\{\frac{(\bar{X}-\bar{Y})-(\mu_1-\mu_2)}{\sqrt{\dfrac{\sigma_1^2}{n_1}+\dfrac{\sigma_2^2}{n_2}}} < -u_\alpha\right\}=\alpha$$

所以，检验统计量 $U=\dfrac{\bar{X}-\bar{Y}}{\sqrt{\sigma_X^2/n_1+\sigma_Y^2/n_2}}$ 中，$u$ 满足：

若 $u < -u_\alpha$，则小概率事件在一次试验中发生，否定 $H_0$；

若 $u \geqslant -u_\alpha$，则大概率事件在一次试验中发生，肯定 $H_0$。

3）类型 3

类似的，对于 $H_0：\mu_1 \leqslant \mu_2；H_1：\mu_1 > \mu_2$，检验统计量 $U=\dfrac{\bar{X}-\bar{Y}}{\sqrt{\dfrac{\sigma_X^2}{n_1}+\dfrac{\sigma_Y^2}{n_2}}}$ 中，$u$ 满足：

若 $u > u_\alpha$，则小概率事件在一次试验中发生，否定 $H_0$；

若 $u \leqslant u_\alpha$，则大概率事件在一次试验中发生，肯定 $H_0$。

**2. $\sigma_1^2$、$\sigma_2^2$ 未知时，$\mu_1$，$\mu_2$ 的假设检验**

由于 $S_1^2$、$S_2^2$ 分别是总体方差 $\sigma_1^2$、$\sigma_2^2$ 的无偏一致估计量，所以，当 $n_1$、$n_2$ 充分大时，可以用 $S_1^2$、$S_2^2$ 的实现 $S_1^2$、$S_2^2$ 近似总体方差 $\sigma_1^2$、$\sigma_2^2$，于是，只要把当 $\sigma_1^2$、$\sigma_2^2$ 未知时，$\mu_1$，$\mu_2$ 的假设检验中的 $U$ 统计量中的 $\sigma_1^2$、$\sigma_2^2$ 换为 $S_1^2$、$S_2^2$，其余结论完全相同。

## 三、两个正态总体方差差异的显著性检验

在生产实际中，往往需要比较两个总体在同一指标上的稳定性。例如，两个工厂生产同一类型的灯泡，想了解那个工厂生产的灯泡寿命更稳定；又如，同一小麦品种在不同地区播种，比较在那个地区产量更稳定等，这就形成了数理统计中两个总体方差的检验问题。

问题：设总体 $X \sim N(\mu_1, \sigma_1^2)$，$Y \sim N(\mu_2, \sigma_2^2)$，$X_1, X_2, \cdots, X_{n_1}$；$Y_1, Y_2, \cdots, Y_{n_2}$ 是总体 $X,Y$ 的 iid 的样本，该问题可以通过检验下列类型的统计假设实现。

类型 1　$H_0：\sigma_1^2=\sigma_2^2；H_1：\sigma_1^2 \neq \sigma_2^2$　（双边检验）

类型 2　$H_0：\sigma_1^2 \geqslant \sigma_2^2；H_1：\sigma_1^2 < \sigma_2^2$　（单边检验）

类型 3　$H_0: \sigma_1^2 \leqslant \sigma_2^2$；$H_1: \sigma_1^2 > \sigma_2^2$　（单边检验）

以 $S_1^2$、$S_2^2$ 分别表示其样本方差，由抽样定理知

$$\frac{(n_1-1)S_1^2}{\sigma_1^2} \sim \chi^2(n_1-1); \qquad \frac{(n_2-1)S_2^2}{\sigma_2^2} \sim \chi^2(n_2-1)$$

且 $S_1^2$、$S_2^2$ 相互独立，从而有

$$\frac{(n_1-1)S_1^2}{(n_1-1)\sigma_1^2} \Big/ \frac{(n_2-1)S_2^2}{(n_2-1)\sigma_2^2} \sim F(n_1-1, n_2-1)$$

即

$$\frac{S_1^2/S_2^2}{\sigma_1^2/\sigma_2^2} = \frac{S_1^2}{S_2^2}\frac{\sigma_2^2}{\sigma_1^2} \sim F(n_1-1, n_2-1)$$

1）类型 1

在双侧检验中，当 $H_0: \sigma_1^2 = \sigma_2^2$ 成立时

$$F = \frac{S_1^2/S_2^2}{\sigma_1^2/\sigma_2^2} = \frac{S_1^2}{S_2^2}\frac{\sigma_2^2}{\sigma_1^2} = \frac{S_1^2}{S_2^2} \sim F(n_1-1, n_2-1)$$

对于给定的显著水平 $\alpha$，得 $H_0$ 的拒绝域为

$$R = (0, F_{1-\frac{\alpha}{2}}(n_1-1, n_2-1)) \bigcup (F_{\frac{\alpha}{2}}(n_1-1, n_2-1), +\infty)$$

由于 $F = \frac{S_1^2}{S_2^2}$ 中两个总体的先后顺序可以任意指定，在实际中，常常约定样本方差较大的来自第一个总体，样本方差较小的来自第二个总体，这样就总有 $F = \frac{S_1^2}{S_2^2} \geqslant 1$。又因为对通常的显著水平 $\alpha$，容易证明总有 $F_{1-\frac{\alpha}{2}}(n_1-1, n_2-1) < 1$。在上述约定下，考虑由样本计算得到的 $F$ 值，只要和 $F_{\frac{\alpha}{2}}(n_1-1, n_2-1)$ 进行比较就可以了。若有 $F \geqslant F_{\frac{\alpha}{2}}(n_1-1, n_2-1)$ 就拒绝 $H_0$。

2）类型 2

在左侧检验中，当 $H_0: \sigma_1^2 \geqslant \sigma_2^2$ 成立时，有

$$\frac{S_1^2/S_2^2}{\sigma_1^2/\sigma_2^2} = \frac{S_1^2}{S_2^2}\frac{\sigma_2^2}{\sigma_1^2} \leqslant \frac{S_1^2}{S_2^2}$$

对于给定的 $\alpha$，存在 $F_{1-\alpha}(n_1-1, n_2-1)$，使得

$$P\left\{\frac{S_1^2/S_2^2}{\sigma_1^2/\sigma_2^2} < F_{1-\alpha}(n_1-1, n_2-1)\right\} = \alpha$$

由于 $\{\frac{S_1^2}{S_2^2} \leqslant F_{1-\alpha}(n_1-1, n_2-1)\} \subset \{\frac{S_1^2/S_2^2}{\sigma_1^2/\sigma_2^2} \leqslant F_{1-\alpha}(n_1-1, n_2-1)\}$，故

$$P\{\frac{S_1^2}{S_2^2} \leqslant F_{1-\alpha}(n_1-1, n_2-1)\} < P\{\frac{S_1^2/S_2^2}{\sigma_1^2/\sigma_2^2} \leqslant F_{1-\alpha}(n_1-1, n_2-1)\} = \alpha$$

这表明在 $H_0: \sigma_1^2 \geqslant \sigma_2^2$ 成立的条件下，事件 $\{\frac{S_1^2}{S_2^2} \leqslant F_{1-\alpha}(n_1-1, n_2-1)\}$ 是一个比 $\alpha$ 更小的小概率事件，故 $H_0: \sigma_1^2 \geqslant \sigma_2^2$ 的显著水平不超过 $\alpha$ 的拒绝域为

$$R = (0, F_{1-\alpha}(n_1-1, n_2-1))$$

3）类型 3

类似可以得出，在右侧检验中，$H_0 : \sigma_1^2 \leqslant \sigma_2^2$ 的显著水平不超过 $\alpha$ 的拒绝域为

$$R = (F_\alpha (n_1 - 1, n_2 - 1), +\infty)$$

**例 8 - 7** 测得两批电子器材的样本的电阻（单位：欧）为

第一批：0.140   0.138   0.143   0.142   0.144   0.137

第二批：0.135   0.140   0.142   0.136   0.138   0.140

设这两批器材的电阻均服从正态分布，试检验 $H_0 : \sigma_1^2 = \sigma_2^2 (\alpha = 0.05)$

**解**   这是一个两正态总体的方差检验问题，用 $F$ 检验法。

假设：$H_0 : \sigma_1^2 = \sigma_2^2$；$H_1 : \sigma_1^2 \neq \sigma_2^2$

由样本观测数据得

$$S_1^2 = (0.0028)^2 ; \quad S_2^2 = (0.0027)^2$$

所以 $F = 1.108$

而 $F_{1-0.025}(5, 5) = 0.139\,93$；   $F_{0.025}(5, 5) = 7.146\,38$

结论：接受原假设，即可认为两批电子器材的方差相等。

## 四、两个总体频率差异的显著性检验

对于两个班级考试通过率的比较，两批产品优等品率的比较等问题，就要用到两总体频率的差异显著性检验。下面介绍大样本时两个总体频率差异的 $U$ 检验法。

设总体 $X$、$Y$ 中具有特征的随机事件 $A$ 的频率分别为 $p_1$，$p_2$；从总体 $X$、$Y$ 中分别抽取容量为 $n_1$，$n_2$ 样本，频率分别为 $M_1$，$M_2$；事件 $A$ 的频数分别为 $W_1$，$W_2$；$W_1 = \dfrac{M_1}{n_1}$；$W_2 = \dfrac{M_2}{n_2}$。故由 $W_1$，$W_2$ 判断 $p_1$，$p_2$ 的关系。

该问题可以通过检验下列类型的统计假设实现。

类型 1   $H_0 : p_1 = p_2$；$H_1 : p_1 \neq p_2$   （双侧检验）

类型 2   $H_0 : p_1 \geqslant p_2$；$H_1 : p_1 < p_2$   （单侧检验）

类型 3   $H_0 : p_1 \leqslant p_2$；$H_1 : p_1 > p_2$   （单侧检验）

易知

$$W_1 = \frac{M_1}{n_1} \overset{n_1 \to +\infty}{\sim} N\left(p_1, \frac{p_1(1-p_1)}{n_1}\right)$$

$$W_2 = \frac{M_2}{n_2} \overset{n_2 \to +\infty}{\sim} N\left(p_2, \frac{p_2(1-p_2)}{n_2}\right)$$

且 $W_1$，$W_2$ 相互独立，从而有

$$W_1 \sim W_2 \overset{\substack{n_1 \to +\infty \\ n_2 \to +\infty}}{\sim} N\left(p_1 - p_2, \frac{p_1(1-p_1)}{n_1} + \frac{p_1(1-p_2)}{n_2}\right)$$

$$U = \frac{(W_1 - W_2) - (p_1 - p_2)}{\sqrt{\dfrac{p_1(1-p_1)}{n_1} + \dfrac{p_2(1-p_2)}{n_2}}} \sim N(0, 1)$$

1）类型 1

在双侧检验中，如果 $H_0 : p_1 = p_2 = p$ 为真，即

$$U=\frac{(W_1-W_2)}{\sqrt{\dfrac{p(1-p)}{n_1}+\dfrac{p(1-p)}{n_2})}}=\frac{(W_1-W_2)}{\sqrt{p(1-p)(\dfrac{1}{n_1}+\dfrac{1}{n_2})}}\sim N(0,1)$$

于是，当 $n_1$，$n_2$ 充分大时，对给定的 $\alpha(0<\alpha<1)$，有

$$P\{|U|\geqslant u_{\frac{\alpha}{2}}\}=P\left\{\left|\frac{(W_1-W_2)}{\sqrt{p(1-p)(\dfrac{1}{n_1}+\dfrac{1}{n_2})}}\right|\geqslant u_{\frac{\alpha}{2}}\right\}=\alpha$$

所以，$H_0$：$p_1=p_2$ 的拒绝域为 $R=\{(x_1,x_2,\cdots,x_n):|u|\geqslant u_{\frac{\alpha}{2}}\}$，其中，$u=\dfrac{(w_1-w_2)}{\sqrt{p(1-p)(\dfrac{1}{n_1}+\dfrac{1}{n_2})}}$ 为 $U$ 的实现值，在计算时由于 $p$ 未知，可用样本频率 $W_1$，$W_2$ 的实现

值 $w_1$，$w_2$ 的加权平均值 $\bar{w}$ 代替 $p$，其中 $\bar{w}=\dfrac{n_1w_1+n_2w_2}{n_1+n_2}$。

当 $|u|\geqslant u_{\frac{\alpha}{2}}$ 时，拒绝 $H_0$，接受 $H_1$；

当 $|u|<u_{\frac{\alpha}{2}}$ 时，接受 $H_0$

2）类型 2

在左侧检验中，类似可得，拒绝域为 $R=\{(x_1,x_2,\cdots,x_n):u\leqslant-u_\alpha\}$

3）类型 3

在右侧检验中，类似可得拒绝域为 $R=\{(x_1,x_2,\cdots,x_n):u\geqslant u_\alpha\}$，其中，$u=\dfrac{(w_1-w_2)}{\sqrt{p(1-p)(\dfrac{1}{n_1}+\dfrac{1}{n_2})}}$ 为 $U$ 的实现值，在计算时由于 $p$ 未知，可用样本频率 $W_1$，$W_2$ 的实现

值 $w_1$，$w_2$ 的加权平均值 $\bar{w}$ 代替 $p$，其中 $\bar{w}=\dfrac{n_1w_1+n_2w_2}{n_1+n_2}$。

**例 8-8**　采用两种不同方法造林，在第一种方法所造林中随机抽取 300 株，结果发现成活的为 210 株，在第二种方法所造林中随机抽取 200 株，结果发现成活的为 185 株，试问两种造林成活率是否有显著差异？（$\alpha=0.05$）

**解**　假设 $H_0$：$p_1=p_2$；$H_1$：$p_1\neq p_2$

第一、二种方法造林成活率的样本估计值分别为

$$w_1=\frac{210}{300}=0.7,\ w_2=\frac{185}{200}=0.925$$

故有 $u=\dfrac{(w_1-w_2)}{\sqrt{\bar{w}(1-\bar{w})(\dfrac{1}{n_1}+\dfrac{1}{n_2})}}=\dfrac{0.7-0.925}{\sqrt{0.79(1-0.79)(\dfrac{1}{300}+\dfrac{1}{200})}}=-6.1$

$\alpha=0.05$，$\mu_{\frac{0.05}{2}}=1.96$，由于 $|\mu|=6.1>1.96$，故拒绝 $H_0$，认为两种方法造林成活率有显著差异。事实上，由于 $\alpha=0.01$，$\mu_{\frac{0.01}{2}}=2.57$，$|\mu|=6.1>2.57$，故两种方法造林成活率有极显著差异。

# 第四节　Excel 在假设检验中的应用

总体参数假设检验包括一个正态总体和两个正态总体的参数检验。对于一个正态总体

参数的检验，熟悉 Excel 的读者，可参照 Excel 工作表进行检验。下面分别就 $Z$ 检验法和 $t$ 检验法来介绍两个正态总体均值之差的检验中 Excel 的应用。

## 一、Z 检验法

设有两个正态总体，且为大样本，方差 $\sigma_1^2$ 和 $\sigma_2^2$ 已知，要求作两个总体均值之差的检验。

**例 8-9** 为了评价 $A$、$B$ 两厂生产的某种相同的轻型材料的抗压强度，分别从 $A$、$B$ 两厂生产的材料中随机抽取样品。从 $A$ 厂生产的材料中抽取了 30 个样品，从 $B$ 厂生产的材料中抽取 40 个样品。根据以往的资料，$A$、$B$ 两厂生产的材料的抗压强度的方差分别为 $\sigma_A^2 = 64$ 和 $\sigma_B^2 = 100$。根据以上抽样结果，如表 8-1 所示，检验两厂生产的这种轻型材料的抗压强度是否有显著性差异（$\alpha = 0.05$）。

**表 8-1 $A$、$B$ 两厂材料样品的抗压强度**

单位：$kg/m^2$

| $A$ 厂 | 85 | 87 | 73 | 64 | 97 | 70 | 74 | 88 | 92 | 73 | 83 | 89 | 82 | 76 | 90 | |
| | 94 | 72 | 86 | 74 | 88 | 87 | 91 | 84 | 76 | 83 | 84 | 79 | 78 | 91 | 85 | |
| $B$ 厂 | 91 | 84 | 66 | 93 | 75 | 66 | 85 | 65 | 78 | 85 | 74 | 83 | 79 | 75 | 64 | 76 | 80 |
| | 83 | 91 | 78 | 87 | 57 | 99 | 78 | 82 | 59 | 84 | 89 | 79 | 84 | 82 | 82 | 70 | 93 |
| | 70 | 79 | 64 | 85 | 72 | 89 | | | | | | | | | | | |

**解** 首先我们将上表中 $A$、$B$ 两厂的样品数据分别输入到 Excel 工作表的"A1：A30"和"B1：B40"中。

提出假设：

$H_0: \mu_1 = \mu_2$；　　$H_1: \mu_1 \neq \mu_2$

用 Excel 进行计算分析的步骤为

（1）选择"工具"下拉菜单；

（2）选择"数据分析"选项；

（3）在分析工具中选择"Z 检验：二样本平均差检验"；

（4）当出现对话框后，在"变量 1 的区域"方框内键入"A1：A30"；在"变量 2 的区域"方框内键入"B1：B40"；在"假设平均差"方框内键入"0"；在"变量 1 的区域"方框内键入"64"；在"变量 2 的区域"方框内键入"100"；在"$\alpha$"方框内键入"0.05"；在"输出选项"中选择输出区域（在此选择"新工作表"），点击"确定"，便输出表 8-2 的计算结果。

**表 8-2 Z 检验：二样本平均差检验**

| | 变量 1 | 变量 2 |
| --- | --- | --- |
| 平均 | 82.5 | 78.375 |
| 已知协方差 | 64 | 100 |
| 观测值 | 30 | 40 |
| 假设平均差 | 0 | — |
| $z$ | 1.916 | — |

| | 变量 1 | 变量 2 |
| --- | --- | --- |
| $P(Z\langle=z\rangle)$ 单 | 0.277 | — |
| $z$ 单尾临界值 | 1.645 | — |
| $P(T\langle=t\rangle)$ 双 | 0.055 | — |
| $t$ 双尾临界值 | 1.959 | — |

由于 $z=1.91636<z_{\frac{\alpha}{2}}=1.95996$，所以接受 $H_0$，即认为 $A$、$B$ 两厂生产的这种材料的抗压强度没有显著性差异。

## 二、$t$ 检验法

有两个正态总体，方差 $\sigma_1^2$ 和 $\sigma_2^2$ 未知，且为小样本，作两个总体均值之差的检验。

**例 8 - 10**　工厂的管理人员对组装新产品的两种方法所需要的时间（单位：min）进行测试，他们认为顺序的合理是节约时间提高效率的关键。从采用方法 A 和方法 B 的两组工人中，各随机抽取了 8 个工人，测试的结果如表 8 - 3。假设组装的时间服从正态分布，试以 0.05 的显著性水平比较两种组装方法是否有显著性差异。

**表 8 - 3　组装产品所用的时间**

| 序号 | 方法 A | 方法 B |
| --- | --- | --- |
| 1 | 8.2 | 8.8 |
| 2 | 5.3 | 9.5 |
| 3 | 10.8 | 11.3 |
| 4 | 9.7 | 8 |
| 5 | 6.5 | 8.3 |
| 6 | 5.1 | 7.5 |
| 7 | 6 | 9.3 |
| 8 | 8 | 10.9 |

**解**　用 Excel 进行计算分析的步骤如下：

（1）选择"工具"下拉菜单；

（2）选择"数据分析"选项；

（3）在分析工具中选择"$t$ 检验：平均值的成对二样本分析"

（4）在出现的对话框中，在"变量 1 的区域"方框内键入"A2：A9"；在"变量 2 的区域"方框内键入"B2：B9"；在"假设平均差"方框内键入"0"；在"$\alpha$"方框内键入"0.05"；在"输出选项"中选择区域（新工作表），点击"确定"，计算结果输出如表 8 - 4。

**表 8 - 4　$t$ 检验：二样本平均差检验**

| | 变量 1 | 变量 2 |
| --- | --- | --- |
| 平均 | 7.45 | 9.2 |
| 方差 | 4.3286 | 1.814 3 |

续表

|  | 变量1 | 变量2 |
|---|---|---|
| 观测值 | 8 | 8 |
| 泊松相关系数 | 0.460 3 | — |
| 假设平均差 | 0 | — |
| $df$ | 7 | — |
| $t$ | $-2.622\ 3$ | — |
| $P(T\langle=t)$ 单 | 0.171 5 | — |
| $t$ 单尾临界值 | 1.894 6 | — |
| $P(T\langle=t)$ 双 | 0.034 29 | — |
| $t$ 双尾临界值 | 2.364 6 | — |

由于 $t=-2.622\ 31 < t_{\frac{a}{2}}=2.36\ 46$，所以接受 $H_0$，认为两种组装方法没有显著性差异。

## [本章自测]

**计算题**

某自动生产线在正常生产条件下有 2％ 的产品是次品，一个质量检验员每小时抽取 5 件产品作检验，规则要求发现一个次品就拒绝。

（1）试建立原假设和备择假设；

（2）说明检验统计量是什么；

（3）给出接受域和拒绝域，并分别计算接受和拒绝的概率。

[延伸阅读]

### 如何通俗地理解假设检验基本原理

在日常的统计分析中，我们针对所研究问题的全体对象，称之为总体。例如，我们想要研究 2017 年大学生毕业生的薪酬水平，那么在 2017 年所有大学毕业生就是研究问题的总体。

但事实上，要研究这个问题，我们并不会对该年的所有应届毕业生进行问卷调查，因为数量实在太多了！

那怎么办呢？

一般情况下，我们可以从总体当中，按照一定的方法抽取部分的研究对象进行调查，而这部分的抽取对象，我们称之为样本。

事实上，由于总体分布未知，通过抽取样本数据进行测量，从而对总体作出理论的方法，我们称之为统计推断。假设检验是统计推断的重要组成内容。它是通过构造假设条件，并通过样本数据对假设条件进行检验，从而得出结论的方法。

例如，从过往的资料中，我们知道 2016 年大学毕业生平均薪酬为 4765 元，标准差为 300 元，现在从 2017 年的大学毕业生中随机抽取 10 000 名，调查得到其平均薪酬为 4912 元，现在我们想知道 2017 年大学毕业生的平均薪酬和 2016 年相比是否有显著差异？

从抽样调查结果，我们知道 17 年的平均薪酬为 4912 元，相比于 16 年增加了 147 元，但现在问题在于这 147 元的差异可能有两种可能引起：第一种可能是，17 年和 16 年的平均薪酬其实并没有太大差别，只是由于抽样误差引起了 147 元的波动；第二种可能是 17 年和 16 年的平均薪酬确实有明显差异，由于经济的增长，17 年的平均薪酬确实增加了。

事实上，假设检验的核心正是判断这个差异是否足以通过抽样的随机性来解释。

因此，首先我们构造两个假设，第一个假设称之为原假设，也被称为 $H_0$，例如假定前后两个总体没有显著差异。

第二个假设称之为备择假设，也被称为 $H_2$，假定前后两个总体有显著差异。

之后，我们可则以构造一个与此相关的统计量，如果该统计量非常的大，即已经超过了一定的临界值，我们则可以认为这种差异并不仅仅是由抽样误差带来的，因此我们可以拒绝原假设，认为两个总体有显著差异。

值得注意的是，假设检验是一种"小概率反证"的思想，即原假设成立的前提下，小概率事件在一次试验中不太可能发生，如果发生了，则认为原假设并不成立。

在这里，小概率事件的阈值，我们称之为检验水平，一般情况下我们取，即把发生概率小于 0.05 的事件称之为小概率事件。相反，如果我们假设检验中，没有拒绝原假设，并不意味着我们完全接受原假设，只是说明样本数据的"证据"不足，暂时不拒绝原假设。

我们继续大学毕业生工资水平变动情况的例子来说明假设检验的步骤。

1）建立假设检验

（1）原假设 $H_0$：2017 年大学毕业生平均工资与 2016 年大学毕业生平均工资无显著差异；

（2）备设假设 $H_1$：2017 年大学毕业生平均工资与 2016 年大学毕业生平均工资有显著差异；

（3）设定显著性水平；$\alpha = 0.05$

2）选择假设检验方法和计算检验统计量

根据研究分析的目的和数据类型，确定检验方法。常用的检验方法包括 $Z$ 检验，$t$ 检验，卡方检验等。

在本例中，我们属于单组样本检验，并已知总体均值和方差，因此可以采用 $Z$ 检验。在原假设成立前提下，可以采用如下 $Z$ 统计量：

$$Z = \frac{\overline{X} - \mu}{\sigma / \sqrt{n}} = \frac{4912 - 4765}{300 / \sqrt{10000}} = 49$$

另外，在某些情况下，由于不知道总体方差，可以采用 $t$ 检验代替：$t = \frac{\overline{X} - \mu}{s / \sqrt{n}}$

3）判断临界值，作出结论

因为 $\alpha = 0.05$，对应临界值 $Z_{\alpha/2} = 1.96$。因为 $Z > Z_{\alpha/2}$，所以我们可以拒绝原假设，认为 2017 年大学毕业生平均工资与 2016 年大学毕业生平均工资有显著差异。

进一步来看，除了通过计算检验统计量是否超过临界值进行判断之外，还可以计算 $P$ 值。$P$ 值的含义是，当原假设为真的情况下，根据样本所计算得到的检验统计量的结果或更极端结果的概率。因此可知，当 $P$ 值小于 $\alpha$，则检验统计量大于临界值，我们可以拒绝原假设；当 $P$ 值大于 $\alpha$，则检验统计量小于临界值，我们不能拒绝原假设。特别地，如果我们的检验统计量恰好等于临界值，则我们的 $P$ 值将恰好等于 $\alpha$。

（资料来源：《管理统计案例》）

# 第九章 相关与回归分析

### 教学目的

通过本章的学习，同学能正确理解变量之间的关系，掌握相关系数含义、计算方法和运用，学会运用回归分析的方法进行数据分析预测。

### 教学要点

（1）相关系数的计算；
（2）一元线性回归的基本原理和方法。

## 第一节 相关概念与相关分析

### 一、函数关系与相关关系

#### （一）函数关系

确定性现象之间的关系常常表现为函数关系，即一种现象的数量确定以后，另一种现象的数量也随之完全确定。当一个或几个变量取一定的值时，另一个变量有确定值与之对应，这种关系称为确定性的函数关系，记为 $y=f(x)$，其中 $x$ 称为自变量，$y$ 称为因变量。

例如，某种商品的销售额 $y$ 与销售量 $x$ 之间的关系可表示为 $y=px$（$p$ 为单价）；圆的面积 $S$ 与半径 $R$ 之间的关系可表示为 $S=\pi R^2$；企业的原材料消耗额 $Y$ 与产量 $X_1$、单位产量消耗 $X_2$、原材料价格 $X_3$ 之间的关系可表示为 $Y=X_1X_2X_3$；一支股票的成交额与该股票的成交量之间的关系，保持成交价格 $P$ 不变的情况下，当股票的成交量 $X$ 确定后，其成交额 $Y$ 也随之确定，三者之间的关系为 $Y=PX$。

#### （二）相关关系

当一个或几个相互联系的变量取一定的数值时，与之相对应的另一变量的值虽然不确定，但它仍按某种规律在一定的范围内变化。这种相互关系，称为具有不确定性的相关关系。例如，父亲的身高 $y$ 与子女身高 $x$ 之间的关系。

#### （三）相关关系的特点

##### 1. 现象之间表现为数量上的相互依存关系

相关关系表现为数量上的相互依存关系，即一个现象在数量上发生变化，另一个现象也会相应地发生数量上的变化。例如，企业劳动生产率的提高，利润就会增多；银行存款利率提高，存款就会增多等。因为企业劳动生产率和利润、银行存款利率与存款之间存在着相关关系，当一个现象发生数量上的变化时，另一个现象也会随之发生变化。

**2. 现象之间在数量上的关系是非确定性的**

存在相关关系的两个变量之间，当一个变量取某个值时，另一个变量可能有多个数值与之对应。例如，对于同一个存款利率下有多种存款额与之对应。这是因为任一现象的产生是由于多个原因引起的，就可能产生多种现象。这样变量之间的因果关系就表现为这种非确定性的依存关系。

## 二、相关关系的种类

### （一）按相关程度分类

按相关程度的不同，相关关系可分为完全相关、不完全相关和不相关 3 种。

**1. 完全相关**

一个变量的数量变化由另一个变量的数量变化所唯一确定，即两变量之间存在着函数关系。

**2. 不完全相关**

两个变量之间的关系介于不相关和完全相关之间，即两个变量之间有一定的关系，当一个变量变化时，另一变量也会因此发生变化，但不存在严格的函数关系。

**3. 不相关**

两个变量彼此的数量变化互相独立，没有关系。

### （二）按方向分类

按方向的不同，相关关系可分为正相关和负相关两种。

**1. 正相关**

两个变量的变化趋势相同，从散点图可以看出各点散布的位置是从左下角到右上角的区域，即一个变量的值由小到大变化时，另一个变量的值也由小到大变化。

**2. 负相关**

两个变量的变化趋势相反，从散点图可以看出各点散布的位置是从左上角到右下角的区域，即当一个变量的值由小到大变化时，另一个变量的值由大到小变化。

### （三）按形式分类

按形式的不同，相关关系可分为线性相关和非线性相关两种。

**1. 线性相关**

线性相关也称为直线相关，是指当相关关系的一个变量变动时，另一个变量也相应地均等变动。

**2. 非线性相关**

非线性相关也称为曲线相关，是指当相关关系的一个变量变动时，另一个变量也相应地不均等变动。

### （四）按变量数目分类

按变量数目的不同，相关关系可分为单相关、复相关和偏相关 3 种。

### 1. 单相关

单相关是指只反映一个自变量和一个因变量的相关关系。

### 2. 复相关

复相关是指反映两个及两个以上的自变量同一个因变量的相关关系。

### 3. 偏相关

偏相关是指当研究因变量与两个或多个自变量相关时，如果把其余的自变量看成不变（即当作常量），只研究因变量与其中一个自变量之间的相关关系，就称为偏相关。

## 三、相关分析

### (一)相关分析的含义

相关分析就是对现象中具有联系的标志进行分析，其分析主体是现象中具有因果关系的标志。它是描述客观事物相互间关系的密切程度并用适当的统计指标表示出来的过程。它反映了现象之间数量上不严格的依存关系，即两者之间不具有确定的对应关系，这种关系具有如下两个明显特点：

（1）现象之间确实存在数量上的依存关系，即某一社会现象变化要引起另一社会现象的变化；

（2）现象之间的这种依存关系是不严格的，即无法用准确的数学公式来表示，不存在着严格的函数关系。

### (二)相关分析步骤

#### 1. 进行定性判断

判断现象之间有无相关关系，是相关分析的出发点。定性判断就是根据经济理论、专业知识和实践经验判断变量间是否相关。只有判断出变量与变量间确实有相互依存关系，进而才能进行定量分析。不能不加分析地将两个或两个以上的时间数列资料凑合在一起进行定量分析，否则很容易得出虚假相关的结论。

#### 2. 编制相关表和绘制相关图

编制相关表，绘制相关图，可以直观地判断出现象之间大致上呈现何种关系的形式，进而选择何种拟合模型。

#### 3. 计算相关系数

相关表和相关图只能大体上反映变量之间的相关关系，不能表明相关的密切程度。而相关系数正是表明变量之间相关密切程度的一种测度，记为 $r$。

#### 4. 进行显著性检验

在统计假设检验中，公认的小概率事件的概率值被称为统计假设检验的显著性水平，对同一量，进行多次计量，然后算出平均值。对于偏离平均值的正负差值，就是其不确定度。其差值越大，则计量的不确定度就越大，对于具有特定的发生概率的随机变量，其特定的价值区间就越大。

**（三）相关表和相关图**

相关表与相关图是研究相关关系的直观工具。一般在进行详细地定量分析之前，可以先用它们对现象之间存在的相关关系的方向、形式和密切程度做大致的判断。进行相关分析必须具备若干自变量与因变量的对应的实际（观察）资料，作为相关分析的原始数据，一般来说，资料越多越全面，越有利于分析和研究。

**1. 简单相关表和相关图**

若要进行相关分析，首先要将原始统计资料进行整理。根据总体单位的原始资料，将其中一个变量的数值按一定的顺序排列，同时列出与之对应的其他变量的变量值，这样形成的表格称为简单相关表。例如，某企业 2009 年商品销售额与广告费支出的关系如表 9-1 所示。

**表 9-1　某企业 2009 年商品销售额与广告费支出的相关表**

| 月份 | 广告费支出<br>/万元 | 商品销售额<br>/百万元 | 月份 | 广告费支出<br>/万元 | 商品销售额<br>/百万元 |
|---|---|---|---|---|---|
| 1 | 4 | 7 | 7 | 20 | 29 |
| 2 | 7 | 12 | 8 | 22 | 32 |
| 3 | 9 | 17 | 9 | 25 | 35 |
| 4 | 12 | 20 | 10 | 27 | 40 |
| 5 | 14 | 23 | 11 | 29 | 46 |
| 6 | 17 | 26 | 12 | 31 | 50 |

从上述相关表可以看出，随着广告费支出的增加，其商品销售额有增加的趋势。

相关图也称散点图，是根据原始数据，在直角坐标中绘制出两个变量相对应的观察值的所有点，从这些点的分布情况观察分析两个变量间的关系。例如将表 9-1 的资料画在同一坐标系中，以横坐标代表广告费支出，纵坐标代表商品销售额，各点的分布状况如图 9-1 所示。

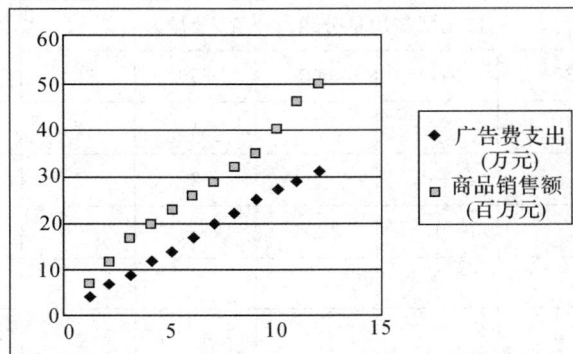

图 9-1　某企业 2009 年商品销售额与广告费支出的相关图

从图 9-1 中 12 个点的分布情况看，广告费支出越大商品销售额越高，点的分布接近一直条线，该直线的方向是从左下角至右上角，即变量之间呈正相关。另外，从图中可以看出，各点分布是比较密集的，说明这两个变量之间的相关关系是比较密切的。

**2. 分组相关表和相关图**

当相关资料的对应数值很多时，如果直接根据两变量各原始数值编制相关表、绘制相关图进而计算各相关指标，会导致工作量很大，且相关表会很长，相关图也不好绘制。在这种情况下，可编制分组相关表或绘制分组相关图。

分组相关表就是对原始资料进行分组而编制的相关表。根据分组的情况不同，分组相关表可分为两种，一是单变量分组表，一是双变量分组表。

（1）单变量分组表。单变量分组表是将自变量分组并计算其次数，而对应的因变量不分组，也就是说在具有相关关系的两个变量中，只对自变量进行分组，如表 9-2 所示。根据资料的具体情况，对自变量分组，可以是单项式分组，也可以是组距式分组。例如，某行业上市公司销售收入统计表如表 9-2 所示就是组距式单变量分组表。

表 9-2 某行业上市公司销售收入统计表

| 销售收入<br>/亿元 | 人数<br>/人 | 所占比例<br>/% |
|---|---|---|
| 100 以下 | 4 | 8 |
| 100～200 | 7 | 14 |
| 200～300 | 24 | 48 |
| 300～400 | 12 | 24 |
| 400 分以上 | 3 | 6 |
| 合　计 | 50 | 100 |

（2）双变量分组表。双变量分组表就是对自变量和因变量都进行分组而编制的相关表，例如，化肥施用量与稻谷单位产量分组如表 9-3 所示。这种表形似棋盘，故又称为棋盘式相关表。

表 9-3 化肥施用量与稻谷单位产量分组相关表

| 按单产量分组<br>/（千克/公顷） | 按化肥施用量分组/（千克/公顷） | | | | | 田块合计 |
|---|---|---|---|---|---|---|
| | 300 | 450 | 600 | 750 | 900 | |
| 3000 以下 | — | — | — | 1 | 2 | 3 |
| 3000～4500 | — | — | 1 | 2 | 1 | 4 |
| 4500～6000 | — | 1 | 2 | — | — | 3 |
| 6000～7500 | — | 2 | 1 | — | — | 3 |
| 7500～9000 | 2 | 1 | — | — | — | 3 |
| 田块合计 | 2 | 4 | 4 | 3 | 3 | 16 |

### (四) 相关系数的测定

通过编制相关表和绘制相关图，对现象之间的关系做了初步的了解，但它们之间关系的密切程度还需通过相关系数来判断。相关系数是说明两个变量之间有无直线相关关系及相关关系密切程度的统计指标。相关系数计算方法有多种，如积差、等级相关系数，另外还可根据回归方程方差分析来测定相关系数，本章主要介绍积差相关系数。

积差相关系数（又称积矩相关系数），是 20 世纪初英国统计学家皮尔逊提出的一种计算两个变量线性相关系数的方法，通常用 $r$ 表示，它实际上是考察两个变量 $y$ 与 $x$ 组成的二维随机向量 $(x, y)$ 的样本相关系数。如果对 $(x, y)$ 作 $n$ 次观测，得到 $n$ 对数据 $(x_1, y_1)$ $\cdots$，$(x_n, y_n)$，则 $r$ 的计算公式为

$$r = \frac{\sum(x - \bar{x})(y - \bar{y})}{\sqrt{\sum(x - \bar{x})^2 \cdot \sum(y - \bar{y})^2}} \tag{9-1}$$

$$r = \frac{n\sum xy - (\sum x)(\sum y)}{\sqrt{n\sum x^2 - (\sum x)^2} \cdot \sqrt{n\sum y^2 - (\sum y)^2}} \tag{9-2}$$

从公式中可以看出相关系数有如下五个方面的性质。

（1）$r$ 取正值或负值决定于分子，当分子为正值，得出 $r$ 为正，变量 $x$ 与 $y$ 是正相关；当分子为负值，得出为负，变量 $x$ 与 $y$ 是负相关。

（2）$r$ 是一个相对数，不受主量单位影响，无论 $x$ 与 $y$ 的计算单位如何，$x$ 与 $y$ 的相关系数只有一个。其数值有个范围，在 +1 和 -1 之间，即 $-1 \leqslant r \leqslant 1$。

（3）当 $0 < |r| < 1$ 时，表 $x$ 与 $y$ 存在着一定的线性相关。$|r|$ 的数值愈接近于 1，表示 $x$ 与 $y$ 直线相关程度愈高；反之，$|r|$ 数值愈接近于 0，表示 $x$ 与 $y$ 直线相关程度愈低。

为判断时有个标准，有人提出了相关关系密切程度的等级，下面介绍一种四级划分法，如表 9-4 所示。

**表 9-4　四级划分法**

| 划分等级 | 相关程度 |
| --- | --- |
| $|r| < 0.3$ | 弱相关 |
| $0.3 \leqslant |r| < 0.5$ | 低度相关 |
| $0.5 \leqslant |r| < 0.8$ | 显著相关 |
| $0.8 \leqslant |r| < 1$ | 高度相关 |

按以上标准来判断，计算相关系数的原始资料要比较多，这样判断的关系程度是可以相信的，否则相信的程度会降低。

（4）当 $|r| = 1$ 时，$x$ 与 $y$ 变量完全线性相关，$x$ 与 $y$ 之间存在着确定的函数关系。

（5）当 $r = 0$ 时，表明 $y$ 的变化与 $x$ 无关，即 $x$ 与 $y$ 完全没有线性相关，但并不表明其间不存在其他类型的关系，可能还存在其他非线性相关关系。

## 四、相关系数的假设检验

设 $\rho$ 表示 $x$ 与 $y$ 的总体相关系数，当 $\rho = 0$ 时，称 $x$ 与 $y$ 不相关，利用样本相关系数 $r$

可以检验 $H_0: \rho = 0$

当 $(x, y)$ 为二元正态变量时，可以证明：

$$t = \frac{r\sqrt{n-2}}{\sqrt{1-r^2}} \qquad\qquad (9-3)$$

利用该检验 $H_0$ 的拒绝域为 $C = \{t: |t| > t_0\}$，这里 $t_0$ 为自由度 $(n-2)$ 分布的分位数 $t_{\frac{\alpha}{2}}$。若 $|t| \geqslant t_0$，表示 $r$ 是显著性的；若 $|t| \leqslant t_0$，表示 $r$ 是不显著性的。

**例 9-1** 现以 2003～2009 年某地区国内生产总值与商品零售总额相关系数计算表 9-5 中的数据，用简便的公式计算相关系数，并判别其相关程度。

表 9-5 **2003～2009 年某地区国内生产总值与商品零售总额相关系数计算表**

| 年份/年 | 国内生产总值 $x$/亿元 | 商品零售总额 $y$/亿元 | $xy$ | $x^2$ | $y^2$ |
|---|---|---|---|---|---|
| 2003 | 39 | 20 | 780 | 1 521 | 400 |
| 2004 | 45 | 22 | 990 | 2025 | 484 |
| 2005 | 52 | 26 | 1352 | 2704 | 676 |
| 2006 | 63 | 34 | 2142 | 3969 | 1156 |
| 2007 | 70 | 36 | 2520 | 4900 | 1296 |
| 2008 | 80 | 39 | 3120 | 6400 | 1521 |
| 2009 | 85 | 40 | 3400 | 7225 | 1600 |
| 合计 | 434 | 217 | 14304 | 28744 | 7133 |

**解** 由式 (9-2) 可得

$$
\begin{aligned}
r &= \frac{n\sum xy - (\sum x)(\sum y)}{\sqrt{n\sum x^2 - (\sum x)^2} \cdot \sqrt{n\sum y^2 - (\sum y)^2}} \\
&= \frac{7 \times 14\,304 - 434 \times 217}{\sqrt{7 \times 28\,744 - (434)^2}\sqrt{7 \times 7133 - (217)^2}} \\
&= 0.985
\end{aligned}
$$

显著性检验：假定 $H_0$ 为真时，有 $H_0: \rho = 0$，计算出 $t$ 为

$$t = \frac{r\sqrt{n-2}}{\sqrt{1-r^2}} = \frac{0.985\sqrt{7-2}}{\sqrt{1-0.985^2}} = 12.76$$

由此可判断该地区商品零售总额与国内生产的总值呈显著性相关。

# 第二节 简单线性回归分析

## 一、回归分析与相关分析的关系

### （一）回归分析的含义

相关系数是说明在直线相关条件下两个现象相关的方向和相关的紧密程度，但不能指

出两变量相互关系的基本形式，也无法进行数量上的推算。而相关分析的另一方面，就是要研究变量之间数量变化的一般关系，通常把测定现象之间数量变化上的一般关系所使用的数学方法称为回归分析法。所谓回归，就是向某个理想或平衡状态的趋向发展，通过回归可以找出影响因素，以及影响因素对结果的影响规律。

回归分析是研究某一变量（因变量）与另一个或多个变量（解释变量、自变量）之间的依存关系，用解释变量的已知值或固定值来估计或预测因变量的总体平均值。

### （二）回归分析与相关分析的区别与联系

**1. 回归分析与相关分析的区别**

相关分析与回归分析的区别主要表现在以下 3 个方面：

（1）相关关系是用来度量变量与变量之间关系的紧密程度的一种方法，在本质上只是对客观存在的关系的测度；而回归分析是根据所拟合的回归方程研究自变量与因变量的一般关系值的方法，可由已给定的自变量数值来推算因变量的数值，它具有推理的性质。

（2）在研究相关关系时，不需要确定哪个是自变量，哪个是因变量，但回归分析的首要问题就是要确定自变量和因变量。

（3）现象之间的相关关系的研究，只能计算一个相关系数；而回归分析时回归系数可能有两个，也就是两现象互为因果关系时，可以确定两个独立回归方程，从而就有两个不同的回归系数。

**2. 回归分析与相关分析的联系**

相关分析与回归分析虽有区别，但也有密切地联系，其联系主要表现在如下两个方面。

（1）相关分析是回归分析的基础和前提。

相关分析与回归分析两者是相辅相成的，由相关分析法测定的变量之间相关的密切程度，对是否有必要进行回归分析以及进行回归分析意义的大小起着决定性作用，相关程度大，进行回归分析的意义也越大，相关程度小，进行回归分析的意义就越小，甚至没有必要进行回归分析。

（2）回归分析是相关分析的继续和深入。

仅仅说明现象之间具有密切的相关关系是不够的，只有进行了回归分析，拟合了回归方程，才可能进行有关分析的回归预测，相关分析才有实际意义；同时相关系数还是检验回归系数的标准，回归分析的结果也可以推算相关系数。

因此，如果仅有回归分析而缺少相关分析，将会因为缺乏必要的基础和前提而影响回归分析的可靠性；如果仅有相关分析而缺少回归分析，就会降低相关分析的意义。只有将两者结合起来，才能达到统计分析的目的。相关分析与回归分析是相互补充密切联系的，相关分析需要回归分析来表明现象数量关系的基本形式，而回归分析则应建立在相关分析的基础上。

## 二、回归分析的种类

### （一）按照自变量数量分类

按照自变量数量的多少，回归分析可以分为一元回归分析和多元回归分析。

一元回归分析是指回归分析中只有一个自变量；当变量的个数为两个以上时，则称为多元回归分析。

### （二）按照回归方程是否为线性分类

按照回归方程是否为线性，回归分析可分为线性回归分析和非线性回归分析。

如果回归分析所得到的回归方程的未知参数是线性的，则称为线性回归分析；否则，称为非线性回归分析。在实际计算中，某些非线性关系也可以通过一定形式的变换转化为线性关系，所以，线性回归分析法是最基本的、应用最广的方法。

## 三、回归分析的基本步骤

回归分析的基本步骤分为如下 5 步。

#### 1. 搜集数据

根据研究课题的要求，系统搜集与研究对象有关的特征量的大量历史数据。由于回归分析是建立在大量数据的基础之上的定量分析方法，历史数据的数量及其准确性都直接影响到回归分析的结果。

#### 2. 设定回归方程

以大量的历史数据为基础，根据自变量与因变量之间所表现出来的规律，选择适当的数学模型，设定回归方程。设定回归方程是回归分析法的关键，选择最优模型进行回归方程的设定，是运用回归分析法进行预测的基础。

#### 3. 确定回归系数

将已知数据代入设定的回归方程，并用最小二乘法原则计算出回归系数，确定回归方程。

#### 4. 进行相关性检验

相关性检验是指对已经确定的回归方程能够代表自变量与因变量之间相关关系的可靠性进行检验。一般有 $R$ 检验、$t$ 检验和 $F$ 检验 3 种方法。

#### 5. 进行预测，并确定置信区间

通过相关性检验后，我们就可以利用已确定的回归方程进行预测。因为回归方程本质上是对实际数据的一种近似描述，所以在进行单点预测的同时，我们也需要给出该单点预测值的置信区间，使预测结果更加完善。

## 四、一元线性回归方程式求解

### （一）一元线性方程式的表现形式

两个变量的相关关系最简单的形式就是直线相关，其直线相关方程为一元一次方程，即

$$Y = \beta_0 + \beta_1 X \qquad\qquad (9-4)$$

式中，$Y$ 为因变量，$X$ 为自变量，$\beta_0$ 是待定参数。$\beta_0$ 为直线的截距，代表社会经济现象经过修匀的基础水平；$\beta_1$ 为直线斜率，又称 $Y$ 对 $X$ 的回归系数，表明 $X$ 每变动一个单位时，影响 $Y$ 平均变动的数量。

### （二）参数 $\beta_0$、$\beta_1$ 的最小二乘估计

为了由样本数据得到回归参数 $\beta_0$、$\beta_1$ 的估计值，我们将使用普通最小二乘估计。对每一个样本观察值 $(x_i, y_i)$，最小二乘法的基本思想就是希望线性回归直线与所有样本数据

点都比较靠近，即希望观察值 $y_i$ 与其期望值 $E(Y_i \mid x=x_i)=\beta_0+\beta_1 x_i$ 的差 $y_i-E(Y_i \mid x=x_i)=y_i-(\beta_0+\beta_1 x_i)$ 越小越好，为防止差值正负抵消，于是考虑这 $n$ 个差值的平方和达到最小，即

$$Q(\beta_0,\beta_1)=\sum_{i=1}^{n}(y_i-\beta_0-\beta_1 x_i)^2 \qquad (9-5)$$

达到最小。所谓最小二乘法，就计算求 $\hat{\beta}_0,\hat{\beta}_1$ 使得

$$\sum_{i=1}^{n}\left[y_i-(\hat{\beta}_0+\hat{\beta}_1 x_i)\right]^2=\min Q(\beta_0,\beta_1)=\min\sum_{i=1}^{n}\left[y_i-(\beta_0+\beta_1 x_i)\right]^2 \qquad (9-6)$$

一元线性回归示意图如图 $9-2$ 所示。

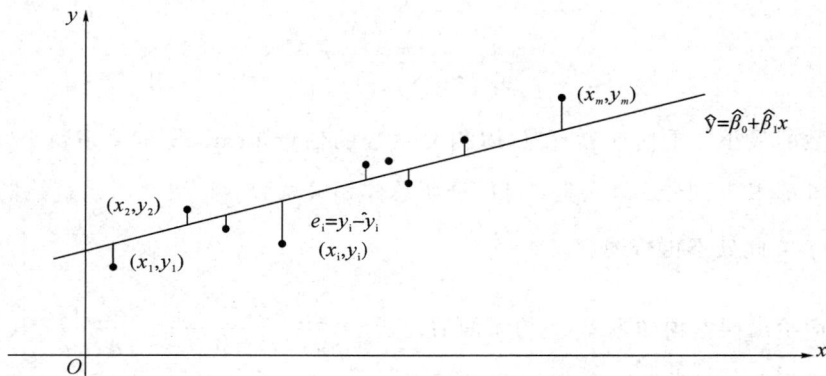

图 $9-2$　一元线性回归示意图

求出式 $(9-6)$ 中的 $\hat{\beta}_0$ 和 $\hat{\beta}_1$ 是一个求极值点的问题，这只需求式 $(9-5)$ 的关于 $\beta_0$ 和 $\beta_1$ 的二元函数 $Q(\beta_0,\beta_1)=\sum_{i=1}^{n}(y_i-\beta_0-\beta_1 x_i)^2$ 的极小值点。由于 $Q$ 是关于 $\beta_0$ 和 $\beta_1$ 的非负二次函数，因而它的最小值总是存在的。根据微积分中求极值的原理，让 $Q(\beta_0,\beta_1)$ 分别对 $\beta_0$ 和 $\beta_1$ 求偏导，且令这两个偏导等于 $0$ 得

$$\begin{cases} \dfrac{\partial Q}{\partial \beta_0}=-2\sum_{i=1}^{n}\left[y_i-(\beta_0+\beta_1 x_i)\right]=0 \\[2mm] \dfrac{\partial Q}{\partial \beta_1}=-2\sum_{i=1}^{n}\left[y_i-(\beta_0+\beta_1 x_i)\right]x_i=0 \end{cases}$$

经整理后，正规方程组为

$$\begin{cases} n\beta_0+\left(\sum x_i\right)\beta_1=\sum y_i \\[2mm] \left(\sum x_i\right)\beta_0+\left(\sum x_i^2\right)\beta_1=\sum x_i y_i \end{cases}$$

求解正规方程组，得

$$\hat{\beta}_1=\frac{n\sum x_i y_i-\sum x_i\sum y_i}{n\sum x_i^2-\left(\sum x_i\right)^2}=\frac{\sum(x_i-\bar{x})(y_i-\bar{y})}{\sum(x_i-\bar{x})^2}$$

$$\hat{\beta}_0=\frac{\sum y_i}{n}-\hat{\beta}_1\frac{\sum x_i}{n}=\bar{y}-\hat{\beta}_1\bar{x} \qquad (9-7)$$

式 $(9-7)$ 中的 $\hat{\beta}_0,\hat{\beta}_1$ 称为 $\beta_0,\beta_1$ 的普通最小二乘估计，简称 $\beta_0,\beta_1$ 的最小二乘估计。可以证

明，$\beta_0$，$\beta_1$ 的最小二乘估计 $\hat{\beta}_0$，$\hat{\beta}_1$ 满足无偏性，即 $E(\hat{\beta}_0)=\beta_0$，$E(\hat{\beta}_1)=\beta_1$。我们记 $e_i$ 为实际观察值 $y_i$ 与其估计值 $\hat{y}_i=\hat{\beta}_0+\hat{\beta}_1 x_i$ 的偏差，称为残差，即 $e_i=y_i-\hat{y}_i$，$\sum\limits_{i=1}^{n} e_i^2$ 称作残差平方和。

比较式(9-7)中关于 $\hat{\beta}_1$ 的表达式和式(9-1)，得

$$\frac{\sqrt{n\sum x_i^2-\left(\sum x_i\right)^2}}{\sqrt{n\sum y_i^2-\left(\sum y_i\right)^2}}\hat{\beta}_1=r \tag{9-8}$$

或

$$\frac{\sqrt{n\sum y_i^2-\left(\sum y_i\right)^2}}{\sqrt{n\sum x_i^2-\left(\sum x_i\right)^2}}r=\hat{\beta}_1 \tag{9-9}$$

回归系数的最小二乘估计 $\hat{\beta}_1$ 和总体相关系数的估计 Pearson 相关系数 $r$ 具有上述关系，从而可知 $\hat{\beta}_1$ 和 $r$ 同号。事实上，可以证明总体相关系数 $\rho$ 和线性回归直线的斜率 $\beta_1$ 具有关系 $\dfrac{\sigma_Y}{\sigma_X}r=\beta_1$，此处不再赘述。

最后我们给出误差项的方差 $\sigma^2$ 的无偏估计 $\hat{\sigma}^2=\dfrac{\sum(y_i-\hat{y}_i)^2}{n-2}=\dfrac{\sum e_i^2}{n-2}$，其平方根 $\hat{\sigma}$ 也称为估计标准误差，有时也记作 $S_{yx}$，展开可得

$$S_{yx}=\hat{\sigma}=\sqrt{\frac{\sum y^2-\hat{\beta}_0\sum y-\hat{\beta}_1\sum xy}{n-2}}$$

**例 9-2** 根据我国人均国内生产总值与人均消费金额数据如表 9-6 所示，建立人均消费与人均国内生产总值的回归方程。

**表 9-6　我国人均国内生产总值与人均消费金额数据**　　　　　单位：元

| 年份 | 人均国内生产总值 | 人均消费金额 |
| --- | --- | --- |
| 1995 | 4854 | 2236 |
| 1996 | 5576 | 2 641 |
| 1997 | 6054 | 2834 |
| 1998 | 6308 | 2972 |
| 1999 | 6551 | 3138 |
| 2000 | 7086 | 3397 |
| 2001 | 7651 | 3609 |
| 2002 | 8214 | 3818 |
| 2003 | 9101 | 4089 |

**解**　由式(9-7)可具体计算回归方程的参数。根据已经计算好的有关数据，带入公式得

$$\hat{\beta}_1 = \frac{n\sum x_i y_i - \sum x_i \sum y_i}{n\sum x_i^2 - \left(\sum x_i\right)^2} = \frac{9 \times 202\ 299\ 852 - 61\ 395 \times 28\ 734}{9 \times 433\ 057\ 667 - 61\ 395^2} = 0.4414$$

$$\hat{\beta}_0 = \frac{\sum y_i}{n} - \hat{\beta}_1 \frac{\sum x_i}{n} = \frac{28\ 734}{9} - 0.4414 \times \frac{61\ 395}{9} = 181.5830$$

所以，回归方程为 $\hat{y} = 181.5830 + 0.4414x$。

## 五、对一元回归方程的评价

### （一）一元线性回归模型拟合优度的评价

拟合优度是指样本观测值聚集在样本回归线周围的紧密程度。判断回归模型拟合程度好坏最常用的指标是可决系数 $R^2$，又称判定系数，它建立在对总变差平方和进行分解的基础上。

我们把 $y$ 的 $n$ 个观察值之间的差异，用观察值 $y_i$ 与其平均值 $\bar{y}$ 的偏差平方和来表示，称为总离差平方和 SST。SST 表达式为

$$\text{SST} = \sum_{i=1}^{n} (y_i - \bar{y})^2 \tag{9-10}$$

将 SST 分解成如下：

$$\text{SST}_{\text{总}} = \sum_{i=1}^{n} (y_i - \bar{y})^2 = \sum_{i=1}^{n} (y_i - \hat{y}_i + \hat{y}_i - \bar{y})^2$$

$$= \sum_{i=1}^{n} (y_i - \hat{y}_i)^2 + 2\sum_{i=1}^{n} (y_i - \hat{y}_i)(\hat{y}_i - \bar{y}) + \sum_{i=1}^{n} (\hat{y}_i - \bar{y})^2$$

其中，$\sum_{i=1}^{n} (y_i - \hat{y}_i)(\hat{y}_i - \bar{y}) = 0$

$$\sum_{i=1}^{n} (y_i - \bar{y})^2 = \sum_{i=1}^{n} (y_i - \hat{y}_i)^2 + \sum_{i=1}^{n} (\hat{y}_i - \bar{y})^2 \tag{9-11}$$

其中，$\sum_{i=1}^{n} (\hat{y}_i - \bar{y})^2$ 称为回归平方和 SSR，$\sum_{i=1}^{n} (y_i - \hat{y}_i)^2$ 称为残差平方和 SSE。

SST 也可以写为总偏差 = 回归偏差 + 剩余偏差，简记为 SST = SSR + SSE，若两边同时除以 SST，得

$$\frac{\text{SSR}}{\text{SST}} + \frac{\text{SSE}}{\text{SST}} = 1 \tag{9-12}$$

显然，在总的离差平方和中回归平方和所占的比重越大，则回归效果越好，说明回归直线与样本观察值拟合得好；如果残差平方和所占的比重大，则回归直线与样本观察值拟合得不理想。把回归平方和与总离差平方和之比定义为可决系数，又称判定系数，即

$$R^2 = \frac{\text{SSR}}{\text{SST}} = \frac{\sum (\hat{y}_i - \bar{y})^2}{\sum (y_i - \bar{y})^2} \tag{9-13}$$

可决系数是对回归模型拟合程度的综合度量，可决系数越大，回归模型拟合程度就越高。$R^2$ 表示全部偏差中的占比可由 $x$ 与 $y$ 的回归关系来解释。可决系数 $R^2$ 具有非负性，取值范围在 0 到 1 之间，它是样本的函数，是一个统计量。等价地，$1 - R^2 = \frac{\text{SSE}}{\text{SST}}$ 也可以作

为反映回归直线与样本观察值拟合好坏的一个指标，不同于可决系数的是，其值小，说明回归方程的偏离度小，即回归方程的代表性好。

### （二）一元线性回归方程的显著性检验

对线性回归模型的显著性检验包括两个方面的内容：一是对整个回归方程的显著性检验（$F$ 检验）；二是对各回归系数的显著性检验（$t$ 检验）。就一元线性回归模型而言，上述两个检验是等价的。

**1. 回归方程的显著性检验**

整个回归方程的显著性检验的步骤如下：

（1）提出假设：$H_0: \beta_i = 0$；$H_1: \beta_i$ 不全为 0；

（2）进行 $F$ 检验也就是方差分析的内容，一元线性回归方程的方差分析表如表 9-7 所示；

**表 9-7　一元线性回归方程的方差分析表**

| 方差来源 | 平方和 | 自由度 | 均方 | $F$ 值 |
|---|---|---|---|---|
| 回归 | SSR | 1 | $\mathrm{MSR} = \dfrac{\mathrm{SSR}}{1}$ | |
| 误差 | SSE | $n-2$ | $\mathrm{MSE} = \dfrac{\mathrm{SSE}}{n-2}$ | $F = \dfrac{\mathrm{MSR}}{\mathrm{MSE}}$ |
| 总计 | SST | $n-1$ | | |

$F$ 值的计算公式为

$$F = \frac{\mathrm{MSR}}{\mathrm{MSE}} \tag{9-14}$$

（3）给定显著性水平 $\alpha$，确定临界值 $F_\alpha(1, n-2)$；

（4）若 $F \geqslant F_\alpha(1, n-2)$，则拒绝 $H_0$，说明总体回归系数 $\beta_1 \neq 0$，即回归方程是显著的。

**2. 回归系数的显著性检验的步骤**

（1）提出假设：$H_0: \beta_1 = 0$；$H_1: \beta_1 \neq 0$；

（2）$t$ 检验的计算公式为 $t = \dfrac{\hat{\beta}}{S_1}$，其中 $S_1$ 是回归系数估计量 $\hat{\beta}_1$ 的标准差，其计算公式为

$$S_1 = \sqrt{\mathrm{var}(\hat{\beta}_1)} = \frac{S_{yx}}{\sqrt{\sum (x - \bar{X})^2}} \tag{9-15}$$

（3）给定显著性水平 $\alpha$，确定临界值 $t_{\frac{\alpha}{2}}(n-2)$；

（4）若 $|t| \geqslant t_{\frac{\alpha}{2}}(n-2)$，则拒绝 $H_0$，接受备择假设，即总体回归系数 $\beta_1 \neq 0$；否则不能拒绝 $H_0$。

**例 9-3**　根据表 9-6 我国人均国内生产总值与人均消费金额数据的资料，计算可决系数、估计标准误差，并对回归方程进行检验（$\alpha = 0.05$）。

**解**　首先将每个 $x$ 代入回归方程 $\hat{y} = 181.5830 + 0.4414x$，得到一个 $\hat{y}$ 序列，再根据式（9-13）、式（9-14）、式（9-15）和 $S_{yx} = \hat{\sigma}$，将有关数据代入计算，我们可以用 Excel 辅助计

算，计算检验回归统计量的 Excel 辅助表如表 9-8 所示。

**表 9-8 计算检验回归方程统计量的 *Excel* 辅助表**

| 年份 | 人均国内生产总值 $x$ | 人均消费金额 $y$ | $y^2$ | $xy$ | $y$ | $(\hat{y}-\bar{y})^2$ | $(y-\bar{y})^2$ | $(y-\hat{y})^2$ | $(x-\bar{x})^2$ |
|---|---|---|---|---|---|---|---|---|---|
| 1995 | 4 854 | 2 236 | 4 999 696 | 10 853 544 | 2 324.151 104 | 754 319.283 | 915 211.111 1 | 7 770.617 09 | 3 871 712.111 |
| 1996 | 5 576 | 2 641 | 6 974 881 | 14 726 216 | 2 642.837 316 | 30 232.315 2 | 30 433 6.111 1 | 3.375 729 07 | 1 551 685.444 |
| 1997 | 6 054 | 2834 | 8031556 | 17 157 036 | 2 853.823 478 | 114 814.706 4 | 128 642.777 8 | 392.970 289 | 589 312.111 1 |
| 1998 | 6 308 | 2 972 | 8 832 784 | 18 747 376 | 2 965.937 464 | 51 406.131 27 | 48 693.777 8 | 36.754 340 9 | 26 385 3.444 4 |
| 1999 | 6 551 | 3 138 | 9 847 044 | 20 557 038 | 3 037.196 12 | 14 273.211 53 | 2 988.444 444 | 4 199.542 87 | 73 260.444 4 |
| 2000 | 7 086 | 3 397 | 11 539 609 | 24 071 142 | 3 309.341 72 | 13 613.068 13 | 41 752.111 11 | 7 683.974 01 | 698 72.111 11 |
| 2001 | 7 651 | 3 609 | 13 024 881 | 27 612 459 | 3 558.729 13 | 134 001.727 | 173 333.444 4 | 2 527.130 38 | 687 793.777 8 |
| 2002 | 8 214 | 3 818 | 14 577 124 | 31 361 052 | 3 807.233 752 | 377 692.7027 | 391 041.777 8 | 115.912 09 | 1 938 592.111 |
| 2003 | 9 101 | 4 089 | 16 719 921 | 37 213 989 | 4 198.749 916 | 1 012 203.504 | 803 413.444 4 | 12 045.044 | 5 195 360.444 |
| 合计 | 61 395 | 28 734 | 94 547 496.00 | 202 299 852.00 | 28 734.00 | 2 774 636.65 | 2 809 412.00 | 34 775.35 | 14 241 442.00 |
| 均值 | 6 821.666 7 | 3 192.666 7 | — | — | — | — | — | — | — |

可决系数为

$$r^2 = \frac{\text{SSR}}{\text{SST}} = \frac{\sum (\hat{y}_i - \bar{y})^2}{\sum (y_i - \bar{y})^2} = \frac{2\ 774\ 636.65}{2\ 809\ 412.00} = 0.9876$$

估计标准误差为

$$S_{yx} = \sqrt{\frac{\sum (y_i - \hat{y}_i)^2}{n-2}} = \sqrt{\frac{34\ 775.35}{9-2}} = \sqrt{4967.9073} = 70.4833$$

或

$$S_{yx} = \sqrt{\frac{\sum y^2 - \hat{\beta}_0 \sum y - \hat{\beta} \sum xy}{n-2}} = \sqrt{\frac{94\ 547\ 496 - 181.5830 \times 28\ 734 - 0.4414 \times 202\ 299\ 852}{9-2}}$$

$$= \sqrt{\frac{34\ 735.40}{7}} = 70.44$$

t 检验如下：

$$S_1 = \frac{S_{yx}}{\sqrt{\sum (x-\bar{x})^2}} = \frac{70.483\ 3}{\sqrt{142\ 414\ 42}} = 0.018\ 7, \quad t = \frac{\hat{\beta}_1}{S_1} = \frac{0.441\ 4}{0.018\ 7} = 23.63$$

$\alpha = 0.05$，$t_{\frac{\alpha}{2}}(n-2) = t_{0.025}(7) = 2.365$，因为 $|t| = 23.63 > t_{\frac{\alpha}{2}}$，所以拒绝原假设 $H_0$，接受备择假设，即总体回归系数 $\beta_1 \neq 0$。

或者做 F 检验：

$$\text{MSR} = \text{SSR} = \sum_{i=1}^{n} (\hat{y}_i - \bar{y})^2 = 2\ 774\ 636.65 ;$$

$$\text{MSE} = \frac{\text{SSE}}{n-2} = \frac{\sum_{i=1}^{n} (y_i - \hat{y})^2}{n-2} = \frac{34\ 775.35}{9-2} = 4\ 967.907\ 1$$

$$F = \frac{\mathrm{MSR}}{\mathrm{MSE}} = \frac{2\ 774\ 636.65}{4967.9071} = 558.5122$$

$\alpha = 0.05$，$F_{\alpha}(1, n-2) = F_{0.05}(1, 7) = 5.59$；因为 $F = 558.5122 > F_{\alpha}(1, n-2)$，所以拒绝原假设 $H_0$，说明总体回归系数 $\beta_1 \neq 0$。

## 六、一元回归方程的预测区间

建立回归模型的目的就是能够用它进行预测，经过检验的回归方程可以用于区间估计，所谓回归分析的预测区间是指对于给定的 $x$ 值，求出 $y$ 的平均值的置信区间或 $y$ 的一个个别值的预测区间，回归分析的区间估计如图 9-3 所示。

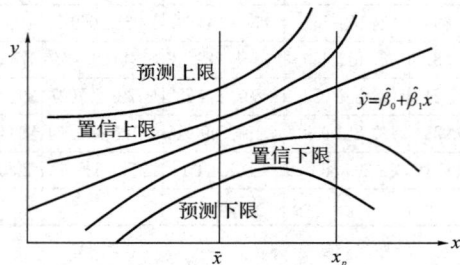

图 9-3  回归分析的区间估计

当给定自变量，要预测因变量时，先将 $x = x_0$ 代入式(9-6)，得 $\hat{y}_0$。$\hat{y}_0$ 是对应于 $x_0$ 的点估计值，但我们往往更希望能给出因变量的一个预测值范围。

### 1. Y 的平均值 $E(y_0)$ 的置信区间估计

残差为 $\delta_0 = \hat{y}_0 - E(y_0)$，$\delta_0$ 服从正态分布。

$\delta_0$ 的期望为

$$E(\delta_0) = E[\hat{y}_0 - E(y_0)] = (\beta_0 + \beta_1 x_0) - (\beta_0 + \beta_1 x_0) = 0$$

$\delta_0$ 的方差为

$$\mathrm{var}(\delta_0) = E[\hat{y}_0 - E(y_0)]^2 = \sigma^2 \left[ \frac{1}{n} + \frac{(x_0 - \bar{x})^2}{\sum\limits_{i=1}^{n} (x_i - \bar{x})^2} \right]$$

用 $s_{yx}^2$ 替代 $\sigma^2$，则 $\delta_0$ 的标准差为

$$\sigma(\delta_0) = s_{yx} \sqrt{\frac{1}{n} + \frac{(x_0 - \bar{x})^2}{\sum\limits_{i=1}^{n} (x_i - \bar{x})^2}}$$

则 $E(y_0)$ 的 $1-\alpha$ 的置信区间为

$$\hat{y}_0 \pm t_{\frac{\alpha}{2}} \cdot \sigma(\delta_0)$$

即

$$\hat{y}_0 \pm t_{\frac{\alpha}{2}} \cdot s_{yx} \sqrt{\frac{1}{n} + \frac{(x_0 - \bar{x})^2}{\sum\limits_{i=1}^{n} (x_i - \bar{x})^2}} \tag{9-16}$$

### 2. Y 的个别值 $y_0$ 的置信区间估计

残差为 $e_0 = \hat{y}_0 - y_0$，$e_0$ 服从正态分布。

$e_0$ 的期望为

$$E(e_0) = E[\hat{y}_0 - y_0] = (\beta_0 + \beta_1 x_0) - [\beta_0 + \beta_1 x_0 + E(\varepsilon)] = 0$$

$e_0$ 的方差为

$$\text{var}(e_0) = \text{var}(\hat{y}_0 - y_0)$$

因为 $\hat{y}_0$ 与 $y_0$ 相互独立，且

$$\text{var}(\hat{y}_0) = E[\hat{y}_0 - E(y_0)]^2 = \text{var}(\delta_0)$$

$$\text{var}(y_0) = \text{var}(\beta_0 + \beta_1 x_0 + \varepsilon_0) = \text{var}(\varepsilon_0) = \sigma^2$$

因此

$$\text{var}(e_0) = \text{var}(\hat{y}_0) + \text{var}(y_0) = \sigma^2 \left[ \frac{1}{n} + \frac{(x_0 - \bar{x})^2}{\sum_{i=1}^{n}(x_i - \bar{x})^2} \right] + \sigma^2 = \sigma^2 \left[ 1 + \frac{1}{n} + \frac{(x_0 - \bar{x})^2}{\sum_{i=1}^{n}(x_i - \bar{x})^2} \right]$$

用 $s_{yx}^2$ 替代 $\sigma^2$，则标准差为

$$\sigma(e_0) = s_{yx} \sqrt{1 + \frac{1}{n} + \frac{(x_0 - \bar{x})^2}{\sum_{i=1}^{n}(x_i - \bar{x})^2}}$$

则 $y_0$ 的 $1 - \alpha$ 的置信区间为

$$\hat{y}_0 \pm t_{\frac{\alpha}{2}} \cdot \sigma(e_0)$$

即

$$\hat{y}_0 \pm t_{\frac{\alpha}{2}} \cdot s_{yx} \sqrt{1 + \frac{1}{n} + \frac{(x_0 - \bar{x})^2}{\sum_{i=1}^{n}(x_i - \bar{x})^2}} \tag{9-17}$$

归纳两个预测区间的特点：首先由于 $\text{var}(\delta_0) < \text{var}(e_0)$，故总体均值的预测区间比个别值的预测区间要窄；其次样本容量 $n$ 越大，则残差的方差越小，预测精度越高；最后在 $n$ 一定时，当预测点 $x_0 = \bar{x}$ 时，残差的方差最小，预测区间最窄，离 $\bar{x}$ 越远，残差的方差越大，预测区间越宽，预测可信度下降。

**例 9-4**　根据表 9-6 我国人均国内生产总值与人均消费金额数据的资料，若 2004 年的人均 GDP 为 10 000 元，请计算人均消费 95% 的置信区间。

**解**　将 $x_0 = 10\ 000$ 代入回归方程得 $\hat{y}_0 = 181.5830 + 0.4414 \times 10\ 000 = 4595.5830$（元）

查表得 $t_{\frac{\alpha}{2}}(7) = 2.365$，其他数据参见计算检验回归方程统计量的 Excel 辅助表，即表 9-3，代入式（9.16）和式（9.17），可得 $Y$ 的平均值的 95% 的置信区间的上下限为

$$\hat{y}_0 \pm t_{\frac{\alpha}{2}} \cdot s_{yx} \sqrt{\frac{1}{n} + \frac{(x_0 - \bar{x})^2}{\sum_{i=1}^{n}(x_i - \bar{x})^2}}$$

$$= 4\ 595.583 \pm 2.365 \times 70.483\ 3 \times \sqrt{\frac{1}{9} + \frac{(10\ 000 - 6\ 821.666\ 7)^2}{14\ 241\ 442.00}}$$

$$= 4\ 595.583 \pm 150.987 = 4\ 444.596 \sim 4\ 746.570（元）$$

$Y$ 的个别值的 95% 的置信区间的上下限为

$$\hat{y}_0 \pm t_{\frac{\alpha}{2}} \cdot s_{yx} \sqrt{1 + \frac{1}{n} + \frac{(x_0 - \bar{x})^2}{\sum_{i=1}^{n}(x_i - \bar{x})^2}}$$

$$=4\,595.583\pm2.365\times70.483\,3\times\sqrt{1+\frac{1}{9}+\frac{(10\,000-6\,821.666\,7)^2}{14\,241\,442.00}}$$

$$=4\,595.583\pm224.908=4\,370.675\sim4\,820.491(元)$$

## 第三节　多元线性回归分析

简单线性回归模型主要涉及一个自变量和一个因变量。但在实际生活中，客观现象非常复杂，现象之间的联系方式和性质各不相同。影响因变量变化的自变量往往不止一个，而是多个，因此有必要将一个因变量与多个自变量联系起来进行分析。本节将重点介绍多元线性回归模型及其基本假设、回归模型未知参数的估计及其性质、回归方程及回归系数的显著性检验等。

### 一、多元线性回归模型的一般形式

多元线性回归模型的一般形式如下：

$$Y=\beta_0+\beta_1x_1+\beta_2x_2+\cdots+\beta_px_p+\varepsilon \tag{9-18}$$

式中，$\beta_0$，$\beta_1$，$\cdots$，$\beta_p$ 是 $p+1$ 个未知参数，称为回归系数；$Y$ 称为被解释变量（因变量）；$x_1$，$x_2$，$\cdots$，$x_p$ 是 $p$ 个可以精确测量并可控制的一般变量，称为解释变量（自变量）。$p=1$ 时，式（9-18）为一元线性回归模型，$p\geqslant2$ 时，我们就称式（9-18）为多元线性回归模型，这里 $\varepsilon$ 是随机误差。与一元线性回归模型一样，对随机误差项我们常假定其期望值为零、方差为 $\sigma^2$ 的正态分布 $N(0,\sigma^2)$。

对一个实际问题，如果我们获得 $n$ 组观测数据（$x_{i1}$，$x_{i2}$，$\cdots$，$x_{ip}$；$y_i$），$i=1$，$2$，$\cdots$，$n$，把这些观测值代入式（9-18）可得样本（形式的）多元线性回归模型为

$$\begin{cases} y_1=\beta_0+\beta_1x_{11}+\beta_2x_{12}+\cdots+\beta_px_{1p}+\varepsilon_1 \\ y_2=\beta_0+\beta_1x_{21}+\beta_2x_{22}+\cdots+\beta_px_{2p}+\varepsilon_2 \\ \cdots\quad\cdots\quad\cdots\quad\cdots\quad\cdots\quad\cdots \\ y_n=\beta_0+\beta_1x_{n1}+\beta_2x_{n2}+\cdots+\beta_px_{np}+\varepsilon_n \end{cases} \tag{9-19}$$

写成矩阵形式为

$$Y=X\beta+\varepsilon \tag{9-20}$$

其中

$$Y=\begin{pmatrix} y_1 \\ y_2 \\ \vdots \\ y_n \end{pmatrix};\ X=\begin{pmatrix} 1 & x_{11} & x_{12} & \cdots & x_{1p} \\ 1 & x_{21} & x_{22} & \cdots & x_{2p} \\ \cdots & \cdots & \cdots & \cdots & \cdots \\ 1 & x_{n1} & x_{n2} & \cdots & x_{np} \end{pmatrix};\ \beta=\begin{pmatrix} \beta_0 \\ \beta_1 \\ \vdots \\ \beta_p \end{pmatrix};\ \varepsilon=\begin{pmatrix} \varepsilon_1 \\ \varepsilon_2 \\ \vdots \\ \varepsilon_n \end{pmatrix}$$

### 二、多元线性回归模型的基本假定

为了对模型参数进行估计和推断，常常要对回归模型做如下 3 方面的基本假定。

（1）解释变量 $x_1$，$x_2$，$\cdots$，$x_p$ 是确定性变量，不是随机变量，且要求矩阵 $X$ 中的自变量数列之间不相关，样本容量的个数应大于解释变量的个数。

（2）随机误差项具有零均值和同方差，即

$$E(\varepsilon_i)=0,\ i=1,2,\cdots,n$$

$$\mathrm{cov}(\varepsilon_i,\varepsilon_j)=\begin{cases}\sigma^2,& i=j\\0,& i\neq j\end{cases}\quad i,j=1,2,\cdots,n$$

（3）正态分布的假设条件如下：

$$\varepsilon_i\sim N(0,\sigma^2)\quad i,=1,2,\cdots,n$$

由上述假定和多元正态分布的性质可知：$Y$ 服从 $n$ 维正态分布，且 $Y\sim N(0,\sigma^2 i)$

我们以二元线性回归模型为例，在建立彩电销售量的预测模型时，把彩电的销售量用 $y$ 表示，$x_1$ 表示彩电的平均价格，$x_2$ 表示消费者可支配收入，则可建立二元线性回归模型：

$$Y=\beta_0+\beta_1 x_1+\beta_2 x_2+\varepsilon$$
$$E(Y)=\beta_0+\beta_1 x_1+\beta_2 x_2 \tag{9-21}$$

式（9-21）的第二式对 $x_2$ 求偏导得，$\dfrac{\partial E(Y)}{\partial x_2}=\beta_2$，即 $\beta_2$ 可解释为彩电的价格 $x_1$ 保持不变时，消费者收入 $x_2$ 每变动（增加或减少）一个单位，对彩电的平均销售量 $E(Y)$ 的影响程度。一般来说，随着消费者收入的增加，彩电的需求是增加的，因此 $\beta_2$ 应该是正的。

## 三、多元回归模型的参数估计

多元线性回归方程未知参数 $\beta_0$，$\beta_1$，$\cdots$，$\beta_p$ 的估计与一元线性回归方程的参数估计原理一样，所选择的估计方法应该使得估计值 $\hat{y}$ 与观测值 $y$ 之间的残差在所有样本点上达到最小，即 $Q$ 达到最小。所以求 $\beta_0$，$\beta_1$，$\cdots$，$\beta_p$，使得 $Q(\beta_0,\beta_1,\cdots,\beta_p)=\sum\limits_{i=1}^{n}(y_i-\beta_0-\beta_1 x_{i1}-\beta_p x_{ip})^2=\min$，即

$$\sum_{i=1}^{n}(y_i-\hat{y}_i)^2=\sum_{i=1}^{n}e_i^2=e,\ e=(Y-X\dot{B})'(Y-X\dot{B})$$

$$=\min\sum_{i=1}^{n}(y_i-\beta_0-\beta_1 x_{i1}-\beta_p x_{ip})^2 \tag{9-22}$$

由多元函数求极值点的方法可求得回归系数的最小二乘估计值为

$$\dot{B}=(X'X)^{-1}X'Y \tag{9-23}$$

另外，未知参数 $\sigma^2$ 的一个无偏估计为 $\hat{\sigma}^2=\dfrac{\sum\limits_{i=1}^{n}(y_i-\hat{y}_i)^2}{n-p-1}=\dfrac{\mathrm{SEE}}{n-p-1}$，实际就是残差均方和（MSE）。

## 四、对多元线性回归方程的评价

### （一）拟合优度检验

在多元线性回归分析中，总离差平方和的分解公式依然成立：总离差平方和（SST）＝回归平方和（SSR）＋残差平方和（SSE），回归平方和占总离差平方和的比例称为判决系数，记为 $R^2$，并以此来评价多元线性回归模型的拟合度，即

$$R^2=\frac{\mathrm{SSR}}{\mathrm{SST}}=\frac{\sum(\hat{y}_i-\bar{y})^2}{\sum(y_i-\bar{y})^2} \tag{9-24}$$

由判定系数的定义可知，$R^2$ 的大小取决于回归平方和 SSE 在总离差平方和 SSE 中的比重。在样本量一定的条件下，总离差平方和与自变量的个数无关，而残差平方和则会随着方程中自变量个数的增加而减小。因此 $r^2$ 是自变量个数的非递减函数。在一元线性回归方程中，由于所有方程中包含的变量个数都相同，判定系数便可以直接作为评价一元线性回归方程拟合程度的尺度，而在多元线性回归方程申，各回归方程所包含的变量个数未必相同，以大小作为衡量拟合程度的尺度是不合适的，因此，在多元线性回归分析中，通常采用"修正自由度判定系数"来判定现行多元回归方程的拟合优度，即

$$r_a^2 = 1 - (1 - r^2) \times \frac{n-1}{n-p-1} \tag{9-25}$$

其中 $p$ 是解释变量的个数，$n$ 为样本容量。可以看出：对于给定的 $r^2$ 值和 $n$ 值，$n$ 值越大 $r_a^2$ 越小。在进行回归分析时，一般总是希望以尽可能少的自变量去达到尽可能高的拟合程度。$r_a^2$ 作为综合评价这方面情况的一个指标显然比更为 $r^2$ 合适。但要注意：当 $n$ 为小样本，解释变量数很大时，$r_a^2$ 为负。

同样我们可以导出多元回归模型标准误的计算公式，即

$$S_{y(x_1 x_2 \cdots x_p)} = \sqrt{\frac{\sum (y_i - \hat{y}_i)^2}{n-p-1}} \tag{9-26}$$

这里的 $(n-p-1)$ 是自由度，因为 $p$ 元回归模型有 $(p+1)$ 个参数，求解该回归方程时将失去 $(p+1)$ 个自由度。后面在构建预测区间，要用到这个指标。

### （二）多元线性回归模型的显著性检验

多元线性回归模型的显著性检验包括两个方面的内容：一是对整个回归方程的显著性检验（$F$ 检验），另一个是对各回归系数的显著性检验（$t$ 检验）。在一元线性回归方程的检验时，这两个检验是等价的，但在多元线性回归模型的检验时两者却不同。

### 1. 回归模型的显著性检验

整个回归模型的显著性检验步骤如下：

（1）提出假设：$H_0 : \beta_1 = \beta_2 = \cdots = \beta_p$；$H_1 : \beta_i$，$i = 1, 2, \cdots, p$，不全为 0；

（2）构建 $F$ 检验的统计量，多元线性回归模型的方差分析如表 9-9 所示；

**表 9-9　多元线性回归模型的方差分析表**

| 方差来源 | 平方和 | 自由度 | 均方和 | $F$ 值 |
|---|---|---|---|---|
| 回归 | SSR | $p$ | $\text{MSR} = \dfrac{\text{SSR}}{p}$ | |
| 误差 | SSE | $n-p-1$ | $\text{MSE} = \dfrac{\text{SSE}}{n-p-1}$ | $F = \dfrac{\text{MSR}}{\text{MSE}}$ |
| 总计 | SST | $n-1$ | | |

（3）给定显著性水平 $\alpha$，查 $F$ 分布表，得临界值 $F_\alpha(p, n-p-1)$；

（4）若 $F \geqslant F_\alpha(p, n-p-1)$，则拒绝 $H_0$，接受备择假设，说明总体回归系数 $\beta_i$ 不全为零，即回归方程是显著的；反之，则认为回归方程不显著。

**2. 回归系数的显著性检验**

回归系数的显著性检验步骤如下：

(1) 提出假设：$H_0: \beta_i = 0$；$H_1: \beta_i \neq 0 (i = 1, 2, \cdots, p)$；

(2) $t$ 检验的计算公式为：$t_{\beta_i} = \dfrac{\hat{\beta_i}}{S_i}$，其中 $S_i = \sqrt{\text{var}(\hat{\beta_i})} = \sqrt{c_{ii}}\hat{\sigma}$ 是回归系数标准差，$c_{ii}$ 是 $(X^T X)^{-1}$ 中第 $i+1$ 个主对角线元素。$t$ 值应该有 $p$ 个对每一个 $i = 1, \cdots, p$ 可以计算一个 $t$ 值；

(3) 给定显著性水平 $\alpha$，确定临界值 $t_{\frac{\alpha}{2}}(n - p - 1)$；

(4) 若 $|t_{\beta_i}| \geqslant t_{\frac{\alpha}{2}}(n - p - 1)$，则拒绝 $H_0$，接受备择假设，即总体回归系数 $\beta_i \neq 0$。

有多少个回归系数，就要做多少次 $t$ 检验。

类似于一元线性回归方程，通过检验后的多元线性模型也可以用来进行预测。

**例 9-5** 十个地区某种商品的需求量与相关资料如表 9-10 所示，若价格在 4000 元、消费者收入为 1700 万元时，请计算该商品的需求量。

**表 9-10 十个地区某商品的需求量与相关资料**

| 地区编号 | 需求量 $y$ /吨 | 价格 $x_1$ /百元 | 收入 $x_2$ /万元 |
|---|---|---|---|
| 1 | 5 919 | 23.56 | 762 |
| 2 | 6 545 | 24.44 | 912 |
| 3 | 6 236 | 32.07 | 1 067 |
| 4 | 6 470 | 32.46 | 1 116 |
| 5 | 6 740 | 31.15 | 1 190 |
| 6 | 6 440 | 34.14 | 1 292 |
| 7 | 6 800 | 35.3 | 1 434 |
| 8 | 7 240 | 38.7 | 1 596 |
| 9 | 7 571 | 39.63 | 1 800 |
| 10 | 7 068 | 46.68 | 1 930 |

**解** 借助 Excel 中的回归分析工具，完成计算任务，二元线性回归分析结果如图 9-4 所示。

| | F | G | H | I | J | K | L |
|---|---|---|---|---|---|---|---|
| 1 | SUMMARY OUTPUT | | | | | | |
| 2 | | | | | | | |
| 3 | | 回归统计 | | | | | |
| 4 | Multiple R | 0.9495 | | | | | |
| 5 | R Square | 0.9016 | | | | | |
| 6 | Adjusted R Square | 0.8735 | | | | | |
| 7 | 标准误差 | 174.4818 | | | | | |
| 8 | 观测值 | 10 | | | | | |
| 9 | | | | | | | |
| 10 | 方差分析 | | | | | | |
| 11 | | df | SS | MS | F | Significance F | |
| 12 | 回归分析 | 2 | 1953855.535 | 976927.7674 | 32.0894 | 0.0002 | |
| 13 | 残差 | 7 | 213107.3652 | 30443.9093 | | | |
| 14 | 总计 | 9 | 2166962.9 | | | | |
| 15 | | | | | | | |
| 16 | | Coefficients | 标准误差 | t Stat | P-value | 下限 95.0% | 上限 95.0% |
| 17 | Intercept | 6265.5530 | 402.6472 | 15.5608 | 1.094E-06 | 5313.4443 | 7217.6617 |
| 18 | 价格x1（千元） | -97.9925 | 32.0857 | -3.0540 | 0.0184 | -173.8631 | -22.1220 |
| 19 | 收入x2（万元） | 2.8634 | 0.5857 | 4.8883 | 0.0017 | 1.4782 | 4.2485 |

图 9-4 二元线性回归分析结果

根据分析表所提供的数据可知，二元线性回归模型为
$$y=6265.5530-97.9925x_1+2.8634x_2 \qquad r_a^2=0.8736$$

$F$统计量为 32.0895，其对应的概率为 0.003，即若 $\alpha=0.05$，则拒绝 $H_0$，方程是有意义的。

$t_{\beta_1}=-3.0541$（对应概率为 0.0185）；$t_{\beta_2}=4.8834$（对应概率为 0.0018），即若 $\alpha=0.05$，两个 $t$ 检验都是拒绝 $H_0$，也就是说，回归系数 $\hat\beta_1$ 和 $\hat\beta_2$ 是有意义的。

当 $x_1=40$，$x_2=1700$ 时，代入方程可得：$y=7213.633$（吨）

故，当价格在 4000 元，消费者收入为 1700 万元时，该商品的需求量为 7213.633 吨。

$$\Big[\textbf{本章自测}\Big]$$

### 一、问答题

1. 什么是相关关系？相关关系与函数关系有何区别？
2. 什么是单相关、复相关和偏相关？请各举一例说明。
3. 简述相关分析与回归分析的区别与联系。
4. 在相关与回归分析时应注意哪些基本原则？

### 二、计算题

1. 表 9-11 是随机抽取的 15 家大型商场销售的同类产品的有关数据。

**表 9-11　15 家大型商场销售的同类产品的有关数据**

单位：元

| 企业编号 | 销售价格 $y$ | 购进价格 $x_1$ | 销售费用 $x_2$ |
|---|---|---|---|
| 1 | 1238 | 966 | 223 |
| 2 | 1266 | 894 | 257 |
| 3 | 1200 | 440 | 387 |
| 4 | 1193 | 664 | 310 |
| 5 | 1106 | 791 | 339 |
| 6 | 1303 | 852 | 283 |
| 7 | 1313 | 804 | 302 |
| 8 | 1144 | 905 | 214 |
| 9 | 1286 | 771 | 304 |
| 10 | 1084 | 511 | 326 |
| 11 | 1120 | 505 | 339 |
| 12 | 1156 | 851 | 235 |
| 13 | 1083 | 659 | 276 |
| 14 | 1263 | 490 | 390 |
| 15 | 1246 | 696 | 316 |

请回答以下问题。

（1）计算 $y$ 与 $x_1$、$y$ 与 $x_2$ 之间的相关系数，且讨论销售价格与购进价格、销售价格与销售费用之间是否存在线性关系？

（2）根据上述结果，你认为用购进价格与销售费用来预测销售价格是否合理？

（3）求回归方程，并检验模型的线性关系是否显著（$\alpha = 0.05$）？

（4）解释判定系数 $R^2$，所得结论与问题（2）中是否一致？

（5）计算 $x_1$ 与 $x_2$ 之间的相关系数，所得结果意味着什么？

[延伸阅读]

## 用 Excel 进行一元线性回归分析

Excel 功能强大，利用它的分析工具和函数，可以进行各种试验数据的多元线性回归分析。

在数据分析中，成组数据的拟合是经常遇到的，涉及到的有线性描述，趋势预测和残差分析等。我们在解决此类问题时往往使用专业软件，比如在化工中经常用到的 Origin 软件和数学中常见的 Matlab 软件等。虽然这些软件都很专业，但其实处理与经济相关的数据，使用办公软件 Excel 绰绰有余。我们知道在 Excel 自带的数据库中有线性拟合工具，但使用起来略显单一，接下来我们将尝试使用较为专业的拟合工具来对数据进行处理。处理步骤分为录入数据、作散点图和回归计算三步。

第一步，录入数据。

在 2007 版的 Excel 中，录入连续 10 年最大积雪深度和灌溉面积数据。录入结果如图 9-5 所示。（1 千亩 = 0.667 平方千米）。

| | A | B | C |
|---|---|---|---|
| 1 | 年份 | 最大积雪深度x(米) | 灌溉面积y(千亩) |
| 2 | 1971 | 15.2 | 28.6 |
| 3 | 1972 | 10.4 | 19.3 |
| 4 | 1973 | 21.2 | 40.5 |
| 5 | 1974 | 18.6 | 35.6 |
| 6 | 1975 | 26.4 | 48.0 |
| 7 | 1976 | 23.4 | 45 |
| 8 | 1977 | 13.5 | 29.2 |
| 9 | 1978 | 16.7 | 34.1 |
| 10 | 1979 | 24 | 46.7 |
| 11 | 1980 | 19.1 | 37.4 |

图 9-5　录入结果

第二步，作散点图。

选中数据所有数据（包括自变量和因变量），点击"图表向导" 图标；或者在"插入"菜单中打开"图表（H）"。选中数据如图 9-6 所示。

图 9-6　选中数据

单击"图表向导"以后，弹出"图表类型"对话框，如图 9-7 所示。

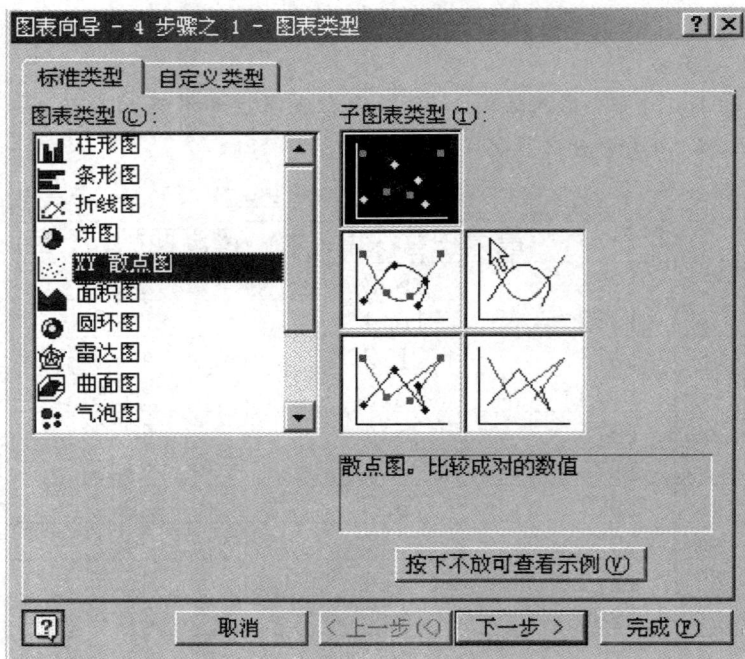

图 9-7　"图表类型"对话框

在左边一栏中选中"XY 散点图"，单击"完成"按钮，立即出现散点图的原始形式，灌溉面积散点图如图 9-8 所示。

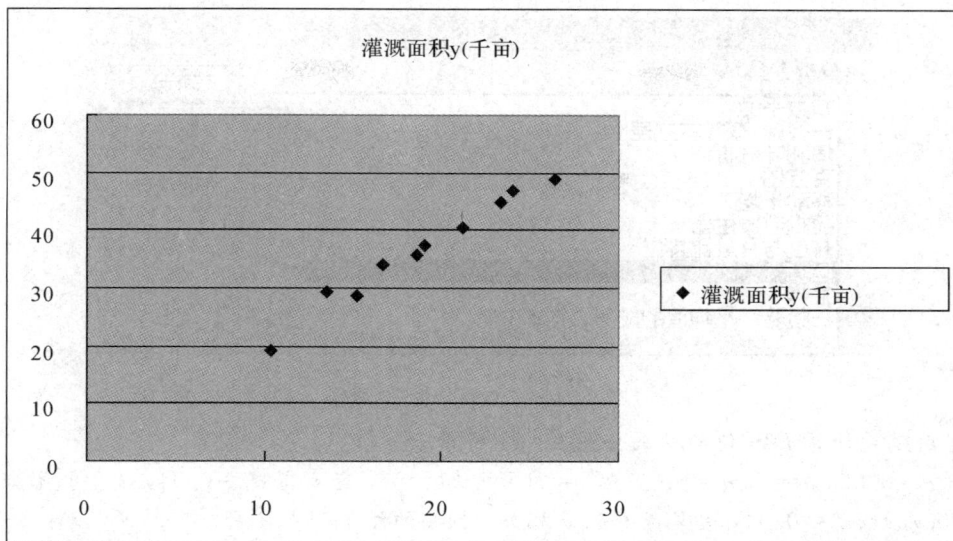

图 9-8　灌溉面积散点图

第三步，回归计算。

观察散点图，判断点列分布是否具有线性趋势。只有当数据具有线性分布特征时，才能采用线性回归分析方法。从图 9-8 中可以看出，本例中的数据具有线性分布趋势，可以进行线性回归。

回归的步骤如下：

（1）打开"工具"下拉菜单，找到"数据分析"选项，如图 9-9 所示。

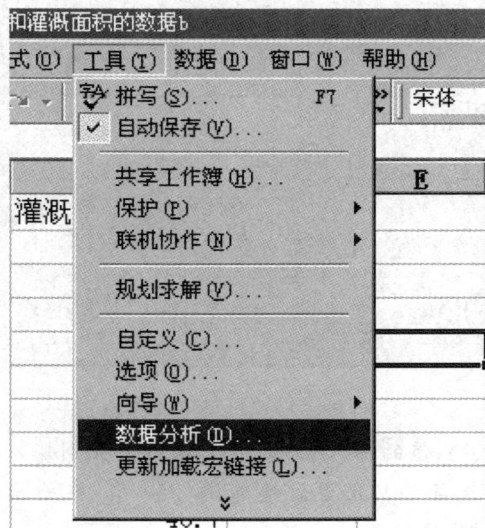

图 9-9　"数据分析"选项

用鼠标双击"数据分析"选项，弹出"数据分析"对话框，如图 9-10 所示。

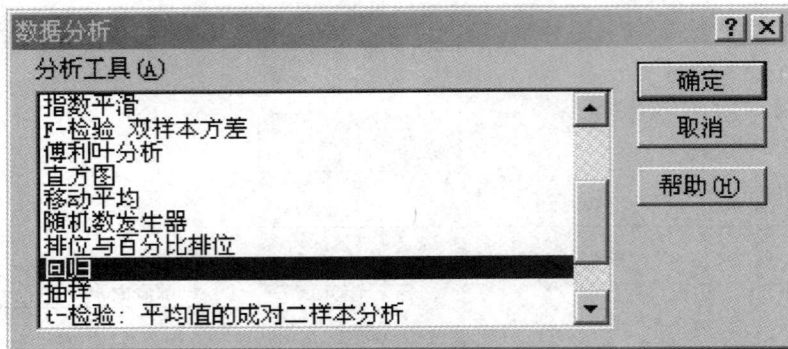

图 9-10 "数据分析"对话框

利用残差计算 $DW$ 值的结果如图 9-11 所示。

取 $\alpha=0.05$，$k=1$，$n=10$（显然 $v=10-1-1=8$），查表得 $d_l=0.94$，$d_u=1.29$。显然，$DW=0.751<d_l=0.94$，可见有序列正相关，预测的结果令人怀疑。

（2）在"数据分析"对话框中选择"回归"，单击"确定"按钮，弹出"回归"对话框，如图 9-11 所示。

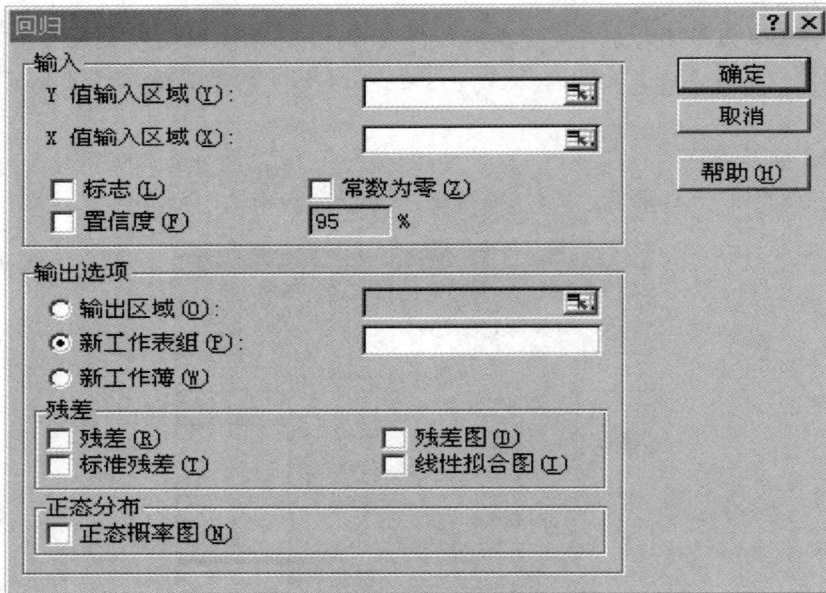

图 9-11 "回归"对话框

在输入选项卡中，"X、Y 值的输入区域"的对话框中分别输入"B1：B11"和"C1：C11"，勾选"标志"和"置信度"复选按钮，且置信度选择"95%"，在输出选项卡内选中"新工作表组""残差"和"线性拟合图"复选按钮。

或者在"X、Y 值的输入区域"的对话框中分别输入"B2：B11"和"C2：C11"，勾选"置信度按钮，并选择为"95%"，在输出选项卡内选择"新工作表组""残差"和"线性拟合图"。

注意：选中数据"标志"和不选数据"标志"，"X、Y 值的输入区域"是不一样的，前者包括数据"标志"，即"最大积雪深度 x(米)"和"灌溉面积 y(千亩)"，如图 9-12 所示。

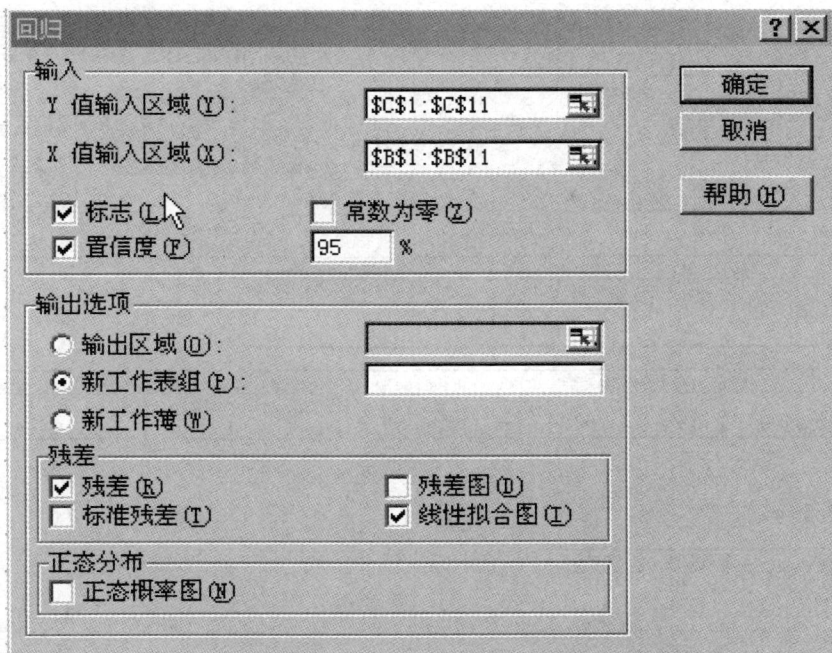

图 9-12 包括数据"标志"

后者不包括数据"标志",如图 9-13 所示。

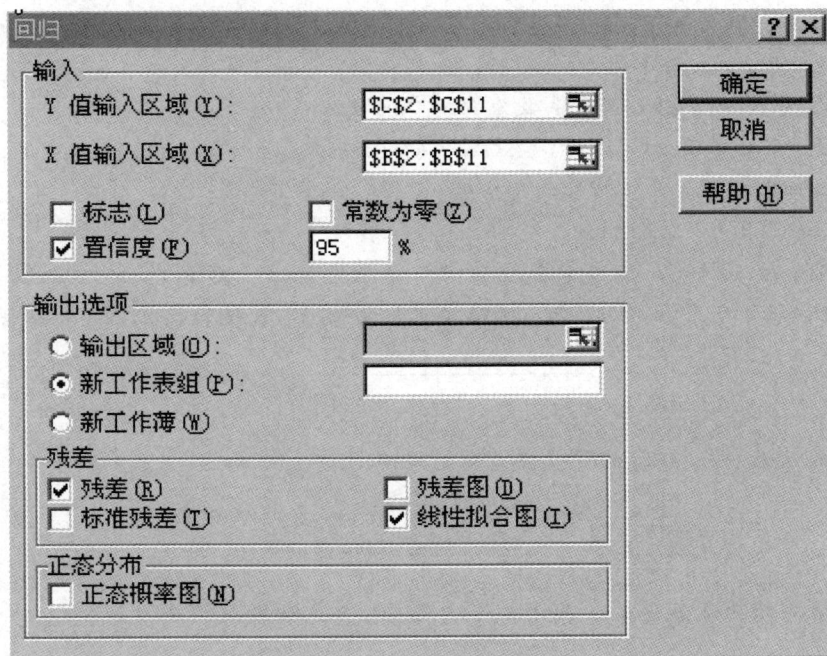

图 9-13 不包括数据"标志"

（3）单击"确定"按钮，取得回归结果线性回归结果如图 9-14 所示。

| | A | B | C | D | E | F | G | H | I | J |
|---|---|---|---|---|---|---|---|---|---|---|
| 1 | SUMMARY OUTPUT | | | | | | | | | |
| 2 | | | | | | | | | | |
| 3 | | 回归统计 | | | | | | | | |
| 4 | Multiple R | **0.989** | | | | | | | | |
| 5 | R Square | **0.978** | | | | | | | | |
| 6 | Adjusted R Square | 0.976 | | | | | | | | |
| 7 | 标准误差 | 1.418 | | | | | | | | |
| 8 | 观测值 | 10 | | | | | | | | |
| 9 | | | | | | | | | | |
| 10 | 方差分析 | | | | | | | | | |
| 11 | | | df | SS | MS | F | Significance F | | | |
| 12 | 回归分析 | | 1 | 748.854 | 748.854 | **371.945** | 5.42032E-08 | | | |
| 13 | 残差 | | 8 | 16.106 | 2.013 | | | | | |
| 14 | 总计 | | 9 | 764.961 | | | | | | |
| 15 | | | | | | | | | | |
| 16 | | Coefficien | 标准误差 | t Stat | P-value | Lower 95% | Upper 95% | 下限 95.0% | 上限 95.0% | |
| 17 | Intercept | **2.356** | 1.827 | 1.289 | 0.233 | -1.858 | 6.571 | -1.85 | 6.571 | |
| 18 | 最大积雪深度x(米) | **1.812** | 0.094 | 19.285 | 5.42E-08 | 1.596 | 2.029 | 1.596 | 2.029 | |
| 19 | | | | | | | | | | |
| 20 | | | | | | | | | | |
| 21 | | | | | | | | | | |
| 22 | RESIDUAL OUTPUT | | | | | | | | | |
| 23 | | | | | | | | | | |
| 24 | 观测值 | 灌溉面积y | 残差 | | | | | | | |
| 25 | | 1 | 29.912 | -1.312 | | | | | | |
| 26 | | 2 | 21.210 | -1.910 | | | | | | |
| 27 | | 3 | 40.790 | -0.290 | | | | | | |
| 28 | | 4 | 36.076 | -0.476 | | | | | | |
| 29 | | 5 | 50.217 | -1.317 | | | | | | |
| 30 | | 6 | 44.77979 | 0.221209 | | | | | | |

回归结果 / Sheet1 / 回归结果2 / 原始数据 / 反函数 / Sheet3

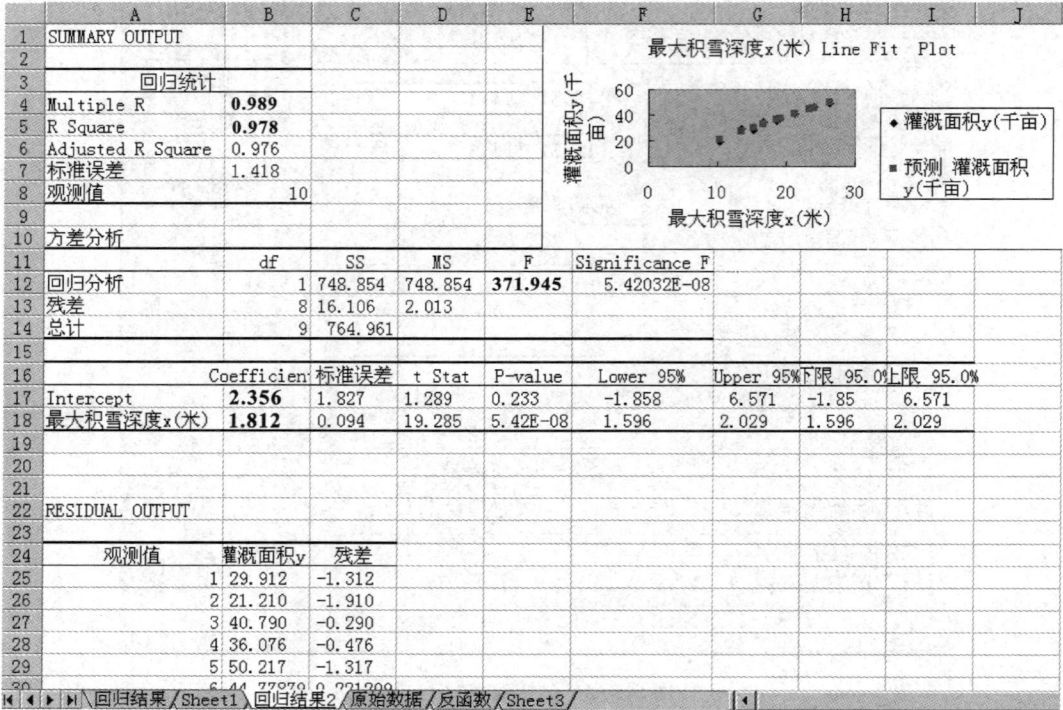

图 9-14　线性回归结果

（4）读取回归结果如下：

截距为 $a=2.356$；斜率为 $b=1.813$；

相关系数为 $R=0.989$；测定系数为 $R^2=0.979$；

$F$ 值为 $F=371.945$。

（5）建立回归模型，并对结果进行检验。

模型为 $\hat{y}=2.356+1.813x$。

至于检验，$R$、$R^2$ 和 $F$ 值可以直接从回归结果中读出。实际上，$R=0.989>0.632=R_{0.05,8}$，检验通过。有了 $R$ 值，$F$ 值和 $t$ 值均可计算出来。$F$ 值的计算公式和结果为

$$F=\frac{R^2}{\frac{1}{n-k-1}(1-R^2)}=\frac{0.989416^2}{\frac{1}{10-1-1}(1-0.989416^2)}=371.945>5.32=F_{0.05,8}$$

显然与表中的结果一样。$t$ 值的计算公式和结果为

$$t=\frac{R}{\sqrt{\frac{1-R^2}{n-k-1}}}=\frac{0.979416}{\sqrt{\frac{1-0.979416}{10-1-1}}}=19.286>2.306=t_{0.05,8}$$

回归结果中给出了残差，可以计算标准离差。首先求残差的平方 $\varepsilon_i^2=(y_i-\hat{y}_i)^2$，然后求残差平方和 $S=\sum\limits_{i=1}^{n=10}\varepsilon_i^2=1.724+\cdots+0.174=16.107$，于是标准离差为

$$s=\sqrt{\frac{1}{n-k-1}\sum_{i=1}^{n}(y_i-\hat{y}_i)^2}=\sqrt{\frac{1}{v}S}=\sqrt{\frac{16.107}{8}}=1.419$$

于是

$$\frac{s}{\bar{y}} = \frac{1.419}{36.53} = 0.0388 < 10 \sim 15\% = 0.1 \sim 0.15$$

$y$ 的预测值及其相应的残差如图 9-15 所示。

| 观测值 | 灌溉面积y | 残差 | 残差平方 | | |
|---|---|---|---|---|---|
| 1 | 29.912 | -1.3128381 | 1.723 | 标准离差s | |
| 2 | 21.210 | -1.910 | 3.651 | | 1.418 |
| 3 | 40.790 | -0.290 | 0.084 | | |
| 4 | 36.076 | -0.476 | 0.227 | s/y的均值 | |
| 5 | 50.217 | -1.317 | 1.735 | | 0.038 |
| 6 | 44.778 | 0.221 | 0.048 | | |
| 7 | 26.830 | 2.369 | 5.612 | | |
| 8 | 32.632 | 1.467 | 2.154 | | |
| 9 | 45.866 | 0.833 | 0.694 | | |
| 10 | 36.983 | 0.416 | 0.173 | | |
| | | 残差平方和 | 16.106 | 2.013 | |

图 9-15 $y$ 的预测值及其相应的残差等

进而，可以计算 $DW$ 值，计算公式如下：

$$DW = \frac{\sum_{i=2}^{n}(\varepsilon_i - \varepsilon_{i-1})^2}{\sum_{i=1}^{n}\varepsilon_i^2} = \frac{(-1.911 + 1.313)^2 + \cdots + (0.417 - 0.833)^2}{(-1.313)^2 + (-1.911)^2 + \cdots + 0.417^2} = 0.751$$

利用残差计算 $DW$ 值如图 9-16 所示。

| 残差1-9 | 残差2-10 | 残差之差 | 残差之差的平方 | |
|---|---|---|---|---|
| -1.312 | -1.910 | -0.597 | 0.357 | |
| -1.910 | -0.290 | 1.620 | 2.625 | |
| -0.290 | -0.476 | -0.186 | 0.034 | |
| -0.47 | -1.317 | -0.840 | 0.706 | |
| -1.317 | 0.221 | 1.538 | 2.367 | |
| 0.221 | 2.369 | 2.147 | 4.613 | |
| 2.369 | 1.467 | -0.901 | 0.812 | |
| 1.467 | 0.833 | -0.634 | 0.402 | |
| 0.833 | 0.416 | -0.416 | 0.173 | DW值 |
| 0.416 | | 残差之差的平方和 | 12.094 | 0.750 |

图 9-16 利用残差计算 $DW$ 值

最后给出利用 Excel 快速估计模型的方法：

(1) 用鼠标指向的数据点列，右击，出现"选择菜单"如图 9-17 所示。

灌溉面积y(千亩)

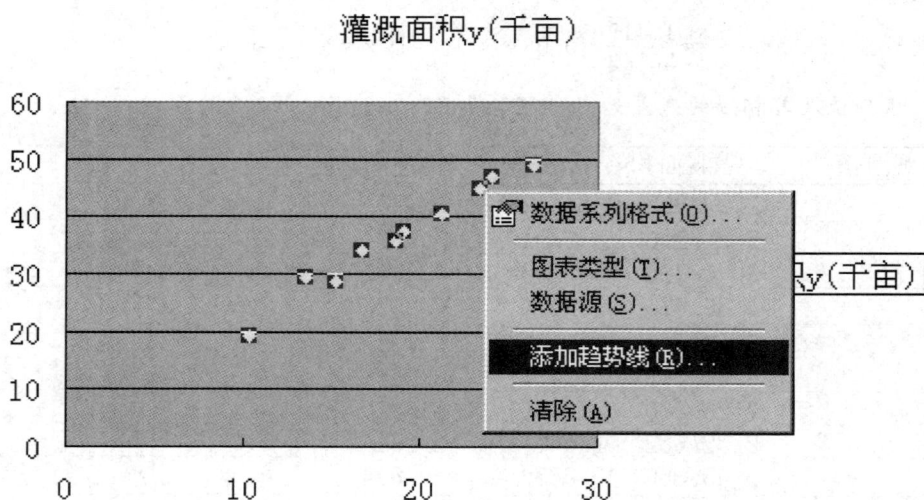

图 9-17 "选择菜单"

（2）单击"添加趋势线（R）"，弹出"添加趋势线"对话框，如图 9-18 所示。

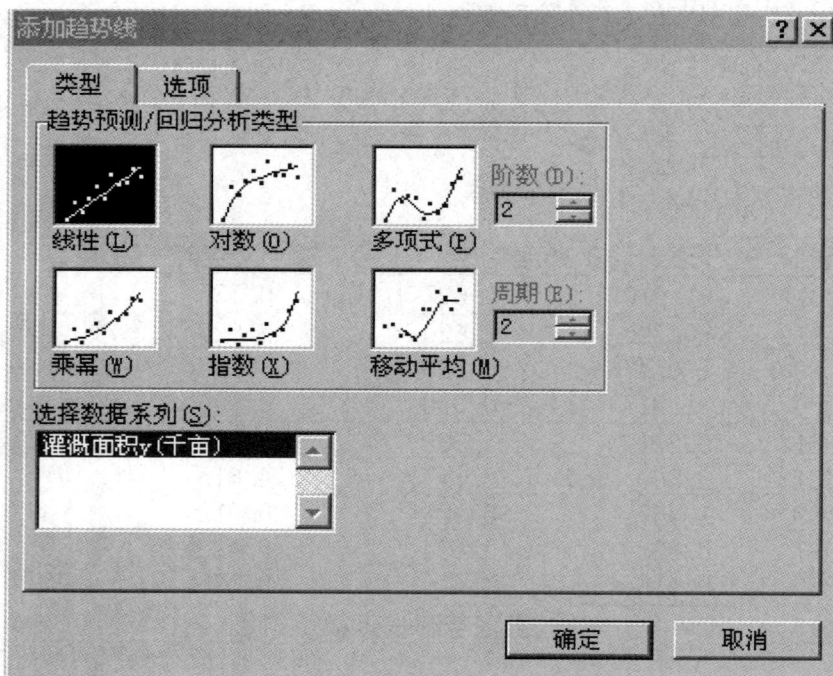

图 9-18 "添加趋势线"对话框

（3）在"添加趋势线"对话框中的"类型"插页下选择"线性（L）"，然后打开"选项"插页，如图 9-19 所示。

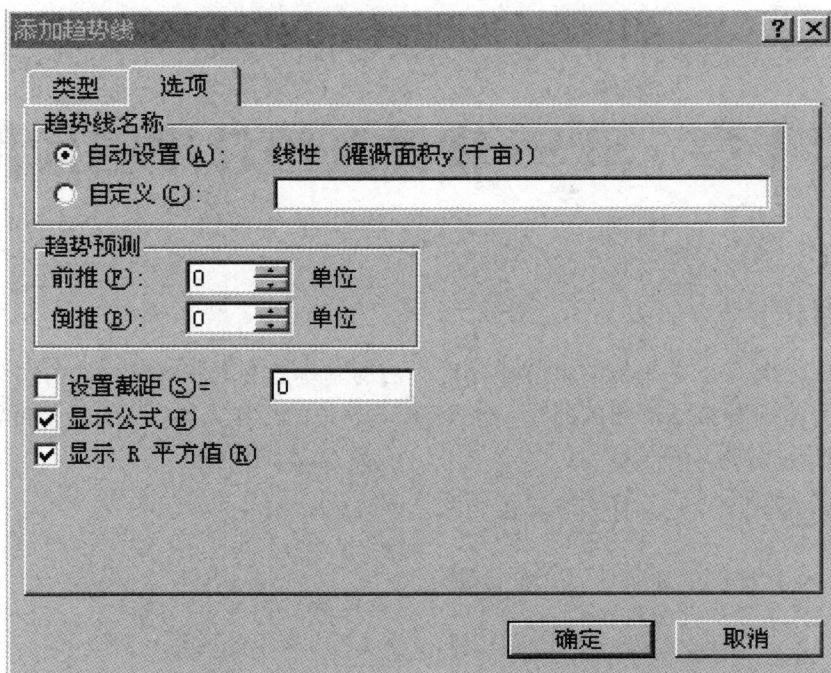

图 9-19 "选项"插页

(4) 在选择框中选中"显示公式(E)"和"显示 R 平方值(R)",并单击"确定"按钮,立即得到回归结果如图 9-20 所示。

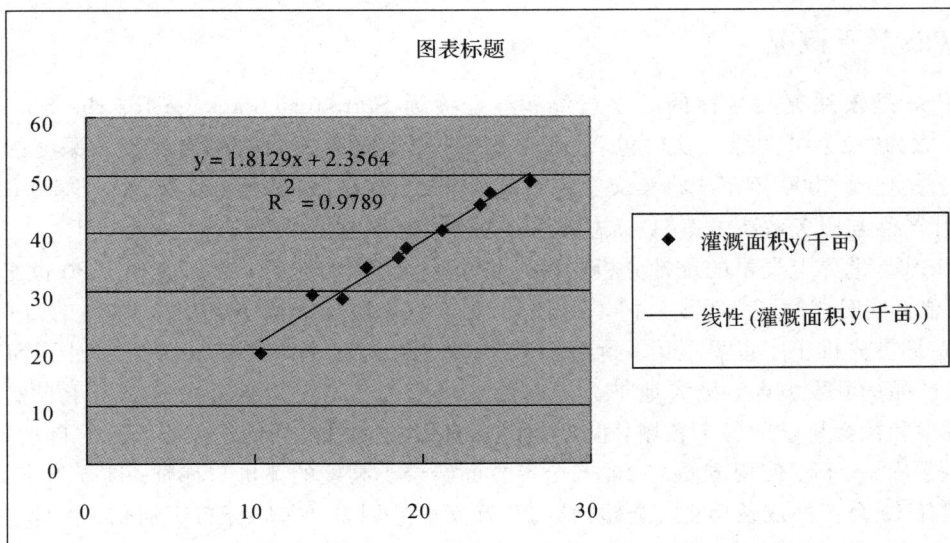

图 9-20 回归结果

在图 9-20 中,给出了回归模型和相应的测定系数,即拟合优度。

# 第十章 SPSS 软件在统计中的应用

**教学目的**

通过本章的学习,学生能够将统计分析方法的基本思想与 SPSS 软件的实际操作相结合,在理解统计分析方法思想的同时,学习 SPSS 软件的操作方法,将统计分析软件灵活运用于实际的统计分析工作中。

**教学要点**

(1) SPSS 软件的数据文件建立及管理;
(2) SPSS 基本统计分析;
(3) SPSS 参数检验;
(4) SPSS 相关分析和回归分析。

## 第一节 SPSS 软件概述

### 一、SPSS 软件概况

SPSS 是软件英文名称的首字母缩写,全称为 Statistical Package for the Social Sciences,意为"社会科学统计软件包"。随着 SPSS 产品服务领域的扩大和服务深度的增加,SPSS 公司已于 2000 年正式将英文全称更改为 Statistical Product and Service Solutions,意为"统计产品与服务解决方案",标志着 SPSS 的战略方向正在做出重大调整。

SPSS 是世界上最早的统计分析软件,由美国斯坦福大学的 3 位研究生于 20 世纪 60 年代末研制,同时成立了 SPSS 公司,并于 1975 年在芝加哥组建了 SPSS 总部。在 1984 年,SPSS 总部首先推出了世界上第一个统计分析软件微机版本 SPSS/PC+,开创了 SPSS 微机系列产品的开发方向,极大地扩充了它的应用范围,并使其能很快地应用于自然科学、技术科学和社会科学的各个领域,世界上许多有影响力的报刊纷纷就 SPSS 的自动统计绘图、数据深入分析、使用方便、功能齐全等方面给予了高度的评价与称赞。迄今为止,SPSS 公司已有 40 余年的成长历史。全球约有 25 万家产品用户,它们分布于通信、医疗、银行、证券、保险、制造、商业、市场研究、科研教育等多个领域和行业,是世界上应用最广泛的专业统计软件。

### 二、SPSS 软件的特点

SPSS 软件具有操作简单、无需编程、功能强大、具有方便的数据接口、灵活的功能模块组合和针对性强的特点。

### 1. 操作简单

SPSS软件除了数据录入及部分命令程序等少数输入工作需要键盘键入外，大多数操作可通过"菜单""按钮"和"对话框"来完成。

### 2. 无需编程

SPSS软件具有第四代语言的特点，只要告诉系统要做什么，无需告诉怎样做；只要了解统计分析的原理，无需通晓统计方法的各种算法，即可得到需要的统计分析结果。对于常见的统计方法，SPSS的命令语句、子命令及选择项的选择绝大部分由"对话框"来操作完成。因此，用户无需花时间记忆大量的命令、过程和选择项。

### 3. 功能强大

SPSS软件具有完整的数据输入、编辑、统计分析、报表、图形制作等功能，自带11种类型、136个函数，且提供了从简单的统计描述到复杂的多因素统计分析方法，比如数据的探索性分析、统计描述、列联表分析、二维相关、秩相关、偏相关、方差分析、非参数检验、多元回归、生存分析、协方差分析、判别分析、因子分析、聚类分析、非线性回归和Logistic回归等。

### 4. 具有方便的数据接口

SPSS软件能够读取及输出多种格式的文件。比如由dBASE、FoxBASE、FoxPRO产生的 *.dbf 文件，文本编辑器软件生成的 ASCⅡ 数据文件，Excel的 *.xls 文件等均可转换成可供分析的SPSS数据文件。它能够把SPSS的图形转换为7种图形文件。其结果可保存为 *.txt 及 html 格式的文件。

### 5. 灵活的功能模块组合

SPSS软件分为若干功能模块，用户可以根据自己的分析需要和计算机的实际配置情况灵活选择。

### 6. 针对性强

SPSS软件对于初学者、熟练者及精通者都比较适用，并且现在很多群体只需要掌握简单的操作分析。

## 三、功能模块

SPSS软件涵盖10个主要模块，其中SPSS Base为基本模块，其余9个模块为Advanced Models、Regression Models、Tables、Trends、Categories、Conjoint、Exact Tests、Missing Value Analysis 和 Maps，分别用于完成某一方面的统计分析。

### 1. SPSS Base

SPSS Base是SPSS软件的基本模块，管理整个软件平台管理数据访问、数据处理和输出，并能进行很多种常见的基本统计分析。其他模块必须挂接在此模块上才能运行。

### 2. SPSS Advanced Models

SPSS Advanced Models模块提供了一组成熟的单变量和多变量分析技术来解决现实

问题，它能建立更灵活、更成熟的模型，在处理嵌套数据时得到更精确的预测模型。该模块可用于分析事件历史和持续时间的数据，还可自定义工具，用内建的宏程序库进一步定制工具组，以便用于更专门的用途。

### 3. SPSS Regression

SPSS Regression 模块具有大量的非线性建模工具、多维尺度分析，能够帮助研究人员进行非线性回归分析。它将数据从数据约束中解放出来，把数据分成两组，建立可控制的模型并建立表达式进行非线性模型的参数估计。该模块能够建立比简单线性回归模型更好的预测模型。

### 4. SPSS Trends

SPSS Trends 模块能够用强有力的时间序列分析工具做更好的预测。不论数据的大小或变量的多寡都能够建立可靠的预测，自动选取适合的模型及参数，降低预测误差；更有效率地更新及管理预测模型，让使用者有更多的时间比较和探索与其他模型的差异；产生专家级的经验预测值、预测模型类型、模型参数值及其他相关输出；提供可理解的有意义的信息给组织决策者，以利于企业进行正确预测。

### 5. SPSS Classification Trees

SPSS Classification Trees 模块可建立决策树来确认分组并预测结果，利用直觉式的树形图、颜色分类图和表格协助研究人员轻松确认和评估区隔。

### 6. SPSS Categories

SPSS Categories 模块用启发性的二维图和感知图让使用者能够清晰地洞察数据中的关系，能够更完整和方便地分析数据。通过类似传统的回归分析、主成分分析及典型相关分析的分析方法，帮助使用者处理和了解分类数据及定序数据。

### 7. SPSS Tables

SPSS Tables 模块提供 35 种单元和摘要统计量，能够更方便地显示多重序列数据，它能串接所有的维度，在同一表格中显示包含不同统计量的各种变量。该模块能够用更深入的分析，轻松地处理复选题与缺失值，用包括所有统计量、易于理解的表格来展现分析结果；通过完整的表格控制权，研究人员还可以自制表格，创造优美外观。

### 8. SPSS Data Validation

SPSS Data Validation 模块能够让使用者简单便捷地识别可疑或无效的变量，以及数据值；了解数据缺失的模式，总结变量的分布。

### 9. SPSS Missing Value Analysis

SPSS Missing Value Analysis 模块用 6 种灵活的诊断报告来评估缺失值是否会影响分析结论，以便更好地了解它们的特性。它通过快捷地诊断缺失值，得到更精确的摘要统计量，用估计值替换缺失值，得到更精确的结论。

### 10. SPSS Conjoint

SPSS Conjoint 模块能够帮助市场研究人员和新产品开发部门了解消费者心目中的产品属性，了解消费者最偏爱的属性，进行品牌价格研究。在产品投入大批量生产之前进行研究，可以避免可能的失误。

**11. SPSS Complex Samples**

SPSS Complex Samples 模块可以计算复杂样本的统计数据，拥有专门的规划工具和统计方法，提供各种向导来制定取样方案或详细定义样本，并提供专门的技术来解决样本设计以及相伴标准误差，能够减少得出错误或误导性推论的风险。

**12. SPSS Exact Tests**

SPSS Exact Tests 模块具有超过 30 个精确检验的方法，涵盖了小型或大型数据集所有的非参数和分类数据问题，包括独立或相关样本的单样本、多样本和 $K$ -样本检验，拟合度检验，$R×C$ 列联表独立性检验和联合测度检验等。无论数据结构为何，该模块都能给出正确的 $p$ 值，提供可信赖的结果。

**13. SPSS Maps**

SPSS Maps 模块能够通过图表来呈现数据，帮助用户做更好的决策。

# 第二节　SPSS 数据文件的建立与管理

## 一、SPSS 数据文件的建立

### （一）SPSS 数据文件概述

SPSS 数据文件具有特殊的格式，包含了数据结构和内容两部分，其中数据结构记录数据变量的名称、类型、变量宽度、小数位数、变量名标签、变量值标签、缺失值、显示宽度、对齐方式和度量尺度等必要信息，数据内容是数据的具体取值。因此建立 SPSS 数据文件时包含两项任务：描述数据结构和录入编辑数据。

SPSS 数据编辑窗口中的一行表示单个样本或个案，所有的单个样本组成 SPSS 数据文件的内容。数据编辑窗口的一列称为一个变量，变量名称是访问和分析 SPSS 数据文件中每个变量的唯一标志。SPSS 数据文件的结构就是对每个变量及相关特征的描述。

### （二）创建 SPSS 数据文件

#### 1. SPSS 数据结构和定义方法

通常建立 SPSS 数据文件时应首先定义数据的结构部分，然后再输入数据，但在实际应用中，边录入、边分析、边修改数据结构的情况比较常见。数据的结构定义完成之后，可以在 Variable View 卡片中浏览，也可以通过菜单选项 Utilities/Variable 来实现。

#### 2. SPSS 数据的录入

定义好 SPSS 数据结构后，可将具体的数据录入，最终形成 SPSS 数据文件。SPSS 数据的录入操作在数据编辑窗口中的 Data View 卡片中实现。其操作方法与 Excel 基本类似，也是以电子表格的方式进行录入。录入带有变量值标签的数据时，在下拉按钮中的标签列表中选择一个进行输入。

#### 3. 读取其他格式的数据文件

SPSS 能够直接读取其他格式的数据文件，并将其保存为 SPSS 格式的数据。在读取其他格式的数据文件时，首先选择菜单"File"——→"Open"——→"Data"，然后选择数据文件的类型，并输入数据文件名。

SPSS 可以直接读入许多格式的数据文件，其中就包括 Excel 各个版本的数据文件。选择菜单"File"——→"Open"——→"Data"或直接单击快捷工具栏上的"Open File"按钮，系统就会弹出"Open File"对话框，单击"文件类型"列表框，会弹出能够直接打开的数据文件格式，如表10-1所示。

**表 10-1　数据文件格式**

| 数据格式 | 数据文件 |
| --- | --- |
| SPSS(*.sav) | SPSS 数据文件(6.0~10.0 版) |
| SPSS/PC+(*.sys) | SPSS 4.0 版数据文件 |
| Systat(*.syd) | *.syd 格式的 Systat 数据文件 |
| Systat(*.sys) | *.sys 格式的 Systat 数据文件 |
| SPSS portable(*.por) | SPSS 便携格式的数据文件 |
| Excel(*.xls) | Excel 数据文件(从 5.0 版~2000 版) |
| Lotus(*.w*) | Lotus 数据文件 |
| SYLK(*.slk) | SYLK 数据文件 |
| dBae(*.bdf) | dBase 系列数据文件,(从 dBase Ⅱ~Ⅳ) |
| Text(*.txt) | 纯文本格式的数据文件 |
| data(*.dat) | 纯文本格式的数据文件 |

## 二、SPSS 数据的预处理

SPSS 的数据排序是将数据编辑窗口中的数据按照某个或多个指定变量的变量值升序或降序重新排列。单一变量排序称为单值排序，多个变量排序称为多重排序，其中第一个指定的排序变量称为主排序变量，其他依次指定的变量分别称为第二排序变量、第三排序变量等。

### 1. 数据排序的作用

数据排序便于使用者了解数据的取值状况、缺失值数量等信息；数据排序后，使用者能够快速找到数据的最大值和最小值，得出数据全距，以便分析数据离散程度；同时数据排序有助于使用者发现数据的异常值，从而进一步明确它们是否会对分析产生重要影响。

SPSS 数据排序的基本操作步骤有如下 3 步。

（1）选择菜单项"Data"——→"Sort Cases"。

（2）将主排序变量从左边的列表中选到"Sort by"文本框中，并在"Sort Order"选项框中选择按照变量的升序还是降序排序。

（3）如果是多重排序，还需要依次指定第二、第三排序变量及相应的排序规则。

选择变量的对话框如图 10-1 所示。

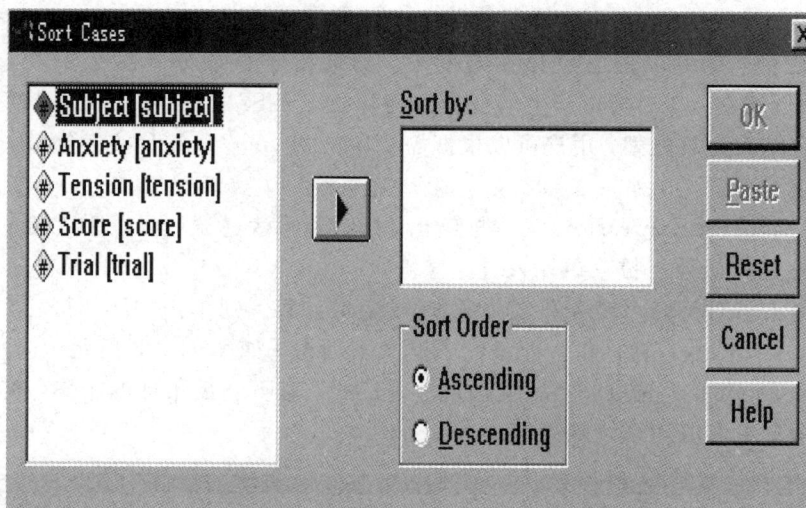

图 10-1　选择变量

在图 10-1 左侧源变量文本框中选择排序变量进入"Sort by"文本框。如果选择两个以上的变量，观测量的排序结果与排序变量在"Sort by"文本框中的顺序有关。列于首位的为第一排序变量。

**2. 变量计算**

数据的转换处理是在原有数据的基础上，计算产生一些含有更丰富信息的新数据。例如，我们可以根据 GDP 及人口等数据，计算人均 GDP。

SPSS 变量计算是在原有数据的基础上，根据用户给出的表达式以及函数，对所有个案或满足条件的部分个案，计算产生的新变量。变量计算具有以下两个特点

（1）变量计算是针对所有个案（或指定的部分个案）的，每个个案都有自己的计算结果。

（2）变量计算的结果应保存到一个指定变量中，该变量的数据类型应与计算结果的数据类型相一致。

SPSS 变量计算的基本操作有如下 4 步。

（1）选择菜单项"Transform"——→"Compute"，弹出"Compute Variable"对话框，如图 10-2 所示。

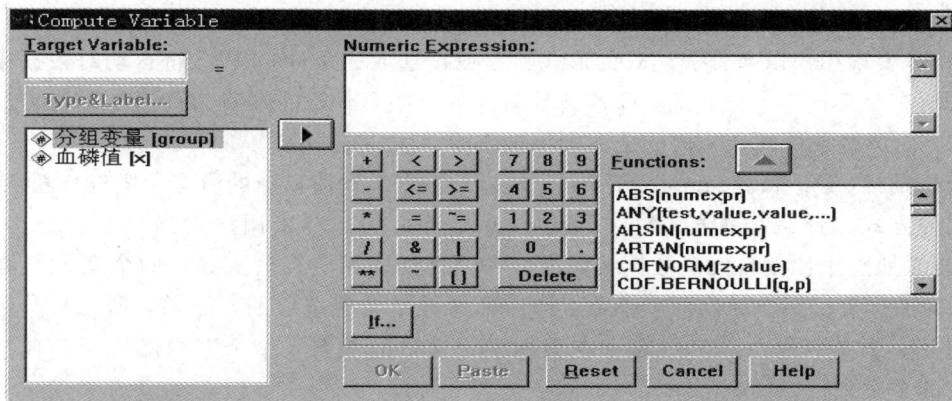

图 10-2　"Compute Variable"对话框

（2）在图 10-2 中的"Target Variable"文本框中输入存放计算结果的变量名。该变量可以是一个新变量，也可以是已经存在的变量。如果指定存放计算结果的变量为新变量，SPSS 会自动创建它；如果指定产生的变量已经存在，SPSS 会询问是否以计算结果覆盖原值。新的变量默认为数值型，用户可以根据需要单击"Type&Label"按钮修改，还可以给新变量加变量名标签。

（3）在"Numeric Expression"文本框给出 SPSS 算术表达式。可以手工输入，也可以通过窗口的按钮以及函数下拉菜单输入。

（4）如果希望对符合一定条件的个案进行变量计算，则单击"If…"按钮，出现"Compute Variable：If Cases"对话框，即条件表达式对话框，如图 10-3 所示。选择"Include if case satisfies Condition"选项，然后输入条件表达式。对不满足条件的个案，将不进行变量值计算，对新变量取值为系统缺失值。

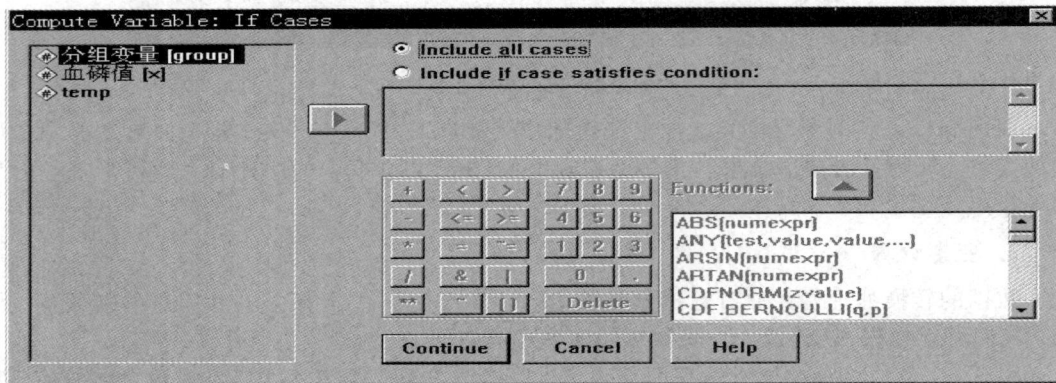

图 10-3　条件表达式对话框

### 3. 数据选取

数据选取就是根据分析的需要，从已经收集到的大批量数据（总体）中按照一定的规则抽取部分数据（样本）参与分析的过程，通常也称为抽样。

SPSS 可根据指定的抽样方法从数据编辑窗口中选出部分样本以实现数据选取，数据选取包括选取全部数据（All cases）和按指定条件选取（If condition is satisfied）两种基本方式。

SPSS 要求用户以条件表达式的形式给出数据选取的条件，SPSS 将自动对数据编辑窗口中的所有个案进行条件判断。那些满足条件的个案，即条件判断为真的个案将自动被选取出来，而那些条件判断为假的个案则不被选中。

随机抽样（Random sample of cases）是指对数据编辑窗口中的所有个案进行随机筛选，包括两种方式。① 近似抽样（Approximately）。近似抽样要求用户给出一个百分比数值，SPSS 将按照这个比例自动从数据编辑窗口中随机抽取相应百分比数目的个案。② 精确抽样。精确抽样要求用户给出两个参数：第一个参数是希望选取的个案数，第二个参数是指定在前几个个案中选取。SPSS 自动在数据编辑窗口的前若干个个案中随机精确地抽出相应个数的个案来。

选取某一区域内的样本（Based on time or case range）是指选取数据编辑窗口中样本

号在指定范围内的所有个案，要求给出这个范围的上、下界个案的号码。这种抽样方法适用于时间序列数据。

通过过滤变量选取样本（Use filter variable）是指依据过滤变量的取值进行样本选取。要求指定一个变量作为过滤变量，变量值为非 0 或非系统缺失值的个案将被选中。

SPSS 数据选取的基本操作有如下 3 步。

（1）选择菜单项"Data"——→"Select Cases"，即数据选取对话框。

（2）根据分析需要选择数据选取方法。

（3）"Unselected Cases Are"指定对未选中个案的处理方式"Filtered"表示在未被选中的个案号码上作"/"标记；"Deleted"表示将未被选中的个案从数据编辑窗口中删除，如图 10 - 4 所示。

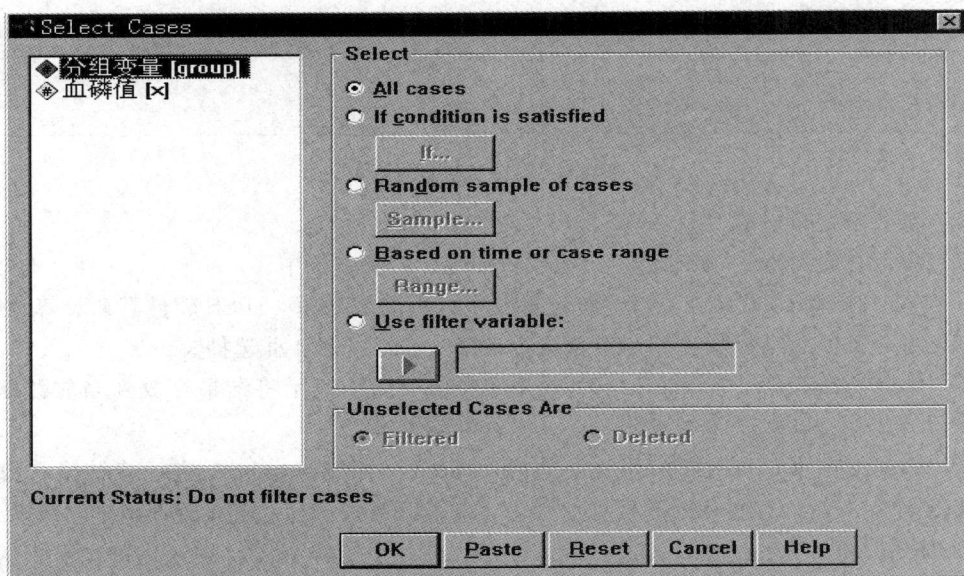

图 10 - 4　数据选取对话框

### 4. 分类汇总

分类汇总是指按照某分类变量进行分类汇总计算。在 SPSS 软件中，实现分类汇总涉及两个主要方面：一是按照哪个变量进行分类；二是对哪个变量进行汇总，并指定对汇总变量计算哪些统计量。例如，某商厦希望分析假日周内不同职业和不同年龄段的顾客对某商品的"打折促销"反应是否存在较大差异，以此来分析不同消费群体的消费心理。最初步的分析是分别计算不同职业中不同年龄段顾客的平均消费金额和平均消费金额差异程度（标准差），并对它们进行比较。

SPSS 分类汇总的基本操作有如下 7 步。

（1）选择菜单项"Data"——→"Aggregate"，即分类汇总对话框，如图 10 - 5 所示。

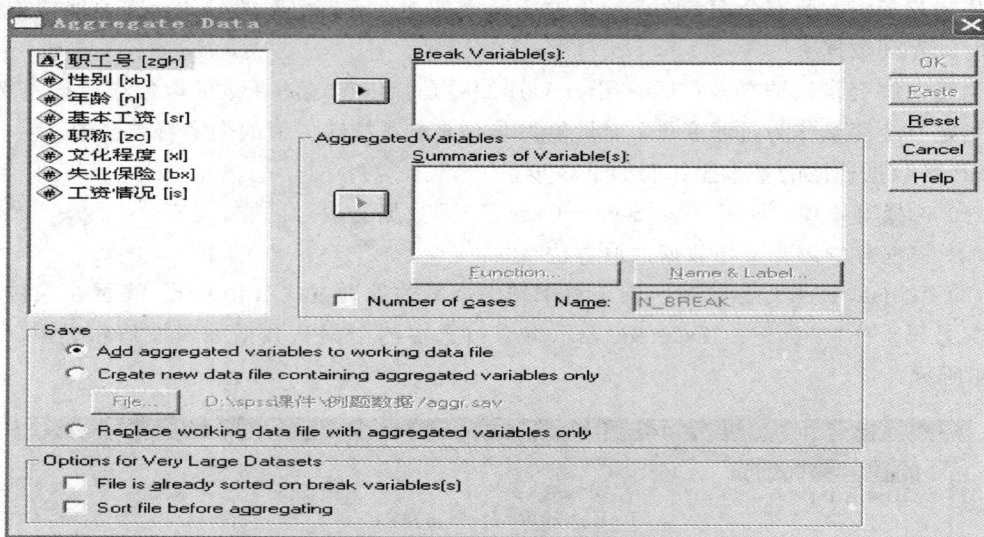

图 10 – 5　分类汇总对话框

（2）将分类变量选到"Break Variable(s)"文本框中。

（3）将汇总变量选到"Summaries of Variable(s)"文本框中。

（4）单击"Function"按钮，指定对汇总变量计算的统计量。SPSS 软件默认计算均值。

（5）将分类汇总结果保存到指定位置。保存位置有以下 3 种选择。

① "Add aggregated variables to working data file"，表示将结果存放到当前数据编辑窗口中。

② "Create new data file containing aggregated variables only"，表示将结果存放到系统默认的名为 aggr. sav 的 SPSS 数据文件中，也可以单击 File 按钮，重新指定文件名。

③ "Replace working data file with aggregated variables only"，表示用分类汇总结果覆盖数据编辑窗口中的数据。

一般选择第 2 种保存方式，这样结果比较清晰。

（6）单击"Name&Label"按钮，重新指定结果文件中的变量名或添加变量名标签。SPSS 软件默认的变量名为"原变量名_统计量名称"（如"a_mean"）。

（7）如果希望在结果文件中保存各分类组的个案数，则选择"Number of cases"选项。于是，SPSS 软件会在结果文件中自动生成一个默认名为"N_Break"的变量，可以修改该变量名。

**5. 加权处理**

统计分析中的加权处理是极为常见的，可以用来计算加权平均数等。例如，以蔬菜的销售量为权数计算各种蔬菜销售单价的加权平均数，以此来反映平均价格水平。

SPSS 中指定加权变量的操作有如下两步。

（1）选择菜单项"Data"——▶"Weight Cases"。

（2）选择"Weight Cases by"选项，并将某变量作为加权变量选到"Weight Cases by"文本框中。

注意：一旦指定了加权变量，那么以后的分析处理中加权是一直有效的，直到取消加权为止。取消加权应选择"Do not weight cases"选项。

## 第三节　SPSS 软件的描述性统计分析

SPSS 软件中描述性统计分析的模块集中在"Descriptive Statistics"菜单中，包括"Frequencise""Descriptives""Explore""Crosstabs"和"Ratio Statistics"5 项功能。

（1）"Frequencies"是指频数分析过程，特色是产生频数表（主要针对分类变量）。

（2）"Descriptives"是指数据描述过程，进行一般性的统计描述（主要针对数值型变量）。

（3）"Explore"是指数据探察过程，用于对数据概况不清时的探索性分析。

（4）"Crosstabs"是指多维频数分布交叉表分析（列联表分析）。

（5）"Ratio Statistics"是指比率分析。

## 一、频数分析

### （一）频数分析的基本任务

**1. 编制频数分布表**

频数分析的第一个基本任务是编制频数分布表。表中包括频数、百分比、有效百分比和累计百分比等统计量。

① 频数是指变量值落在某个区间（或某个类别）中的次数。

② 百分比是指各频数占总样本数的百分比。

③ 有效百分比是指各频数占有效样本数的百分比，这里"有效样本数＝总样本－缺失样本数"。

④ 累计百分比是指各百分比逐级累加起来的结果，最终取值为 100。

**2. 绘制统计图**

频数分析的第 2 个任务是绘制统计图，统计图形式包括条形图、饼图和直方图 3 种。

① 条形图是指用宽度相同的条形的高度或长短来表示频数分布变化的图形，适用于定序和定类变量的分析。

② 饼图是指用圆形及圆内扇形的面积来表示频数百分比变化的图形，以利于研究事物内在结构组成等问题。

③ 直方图是指用矩形的面积来表示频数分布变化的图形，适用于定距型变量的分析。

### （二）频数分析的基本操作

频数分析的基本操作有如下 3 步。

① 选择菜单项"Analyze"——→"Descriptive Statistics"——→"Frequencies"，即频数分析对话框，如图 10－6 所示。

② 将若干频数分析变量选择到"Variable(s)"文本框中。

③ 单击"Chart"按钮选择绘制统计图形，在"Chart Values"文本框中选择条形图中纵坐标（或饼图中扇形面积）的含义，其中"Frequencies"表示频数；Percentages 表示百分比，如

图 10 - 6 所示。

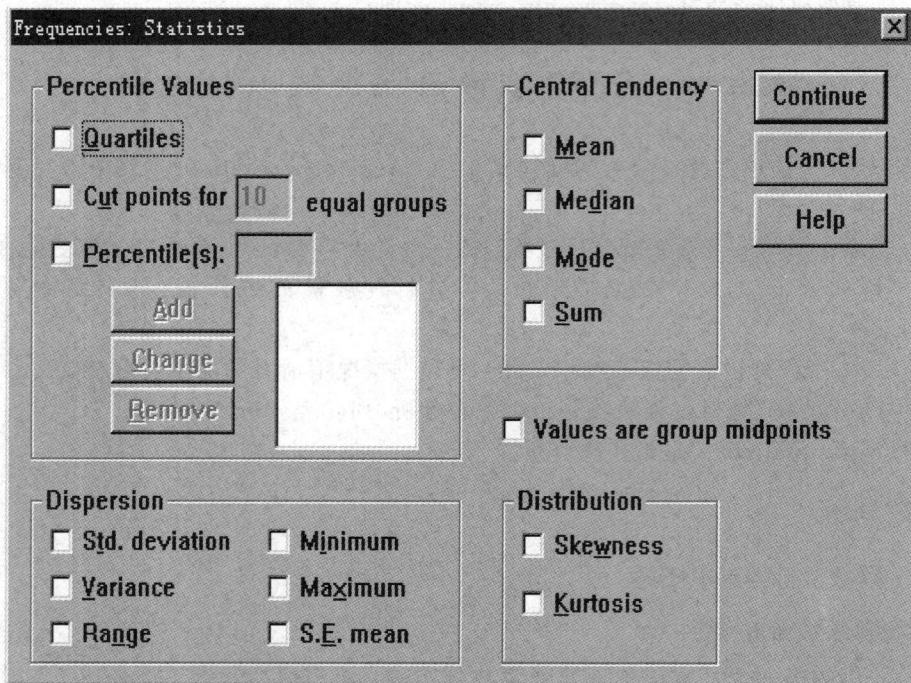

图 10 - 6　频数分析对话框

## 二、计算基本描述统计量

### （一）基本描述统计量概述

常见的基本描述统计量有 3 大类：刻画集中趋势的统计量、刻画离中趋势的统计量和刻画分布形态的统计量。集中趋势是指一组数据具有向某一中心值靠拢的倾向。统计量包括均值（Mean）、中位数（Median）、众数（Mode）和均值标准误差（Standard Error of Mean）。离散程度是指一组数据远离其"中心值"的程度。如果数据都紧密地集中在"中心值"的周围，数据的离散程度较小，说明这个"中心值"对数据的代表性好；相反，如果数据仅是比较松散地分布在"中心值"的周围，数据的离散程度较大，则此"中心值"是不具有代表性的。离散程度的描述统计量包括全距（Range）、方差（Variance）和标准差（Standard Deviation，Std Dev）。数据的分布形态主要指数据分布是否对称，偏斜程度和分布陡峭程度等。刻画分布形态的统计量主要有两种，包括偏度（Skewness）和峰度（Kurtosis）。

### （二）计算基本描述统计量的操作

计算基本描述统计量的操作包括以下 3 步。

（1）选择菜单项"Analyze"——→"Descriptive Statistics"——→"Descriptives"，即打开"描述统计量"对话框，如图 10 - 7 所示。

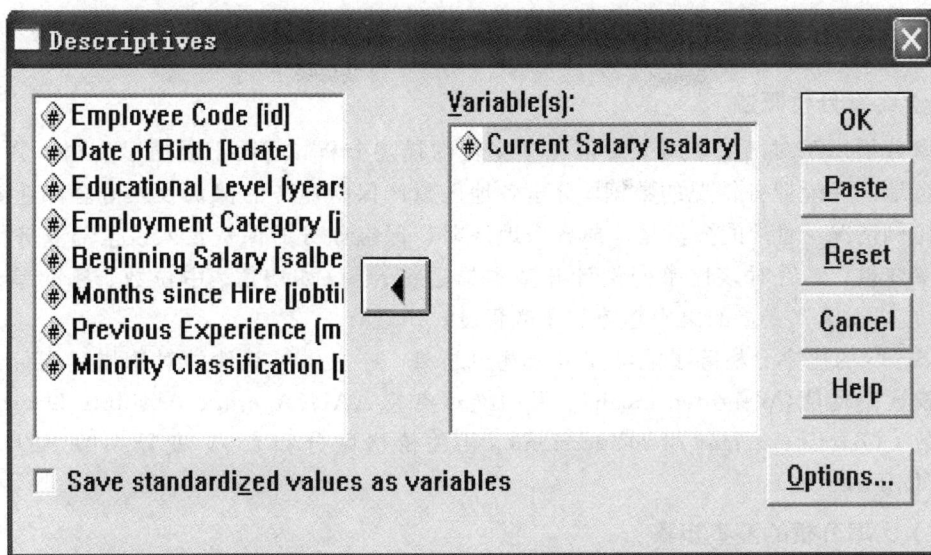

图 10 - 7　描述统计量对话框

（2）将需计算的数值型变量选择到"Variable(s)"文本框中。

（3）单击"Options"按钮指定计算哪些基本描述统计量，出现描述选项对话框，如图 10 - 8 所示。

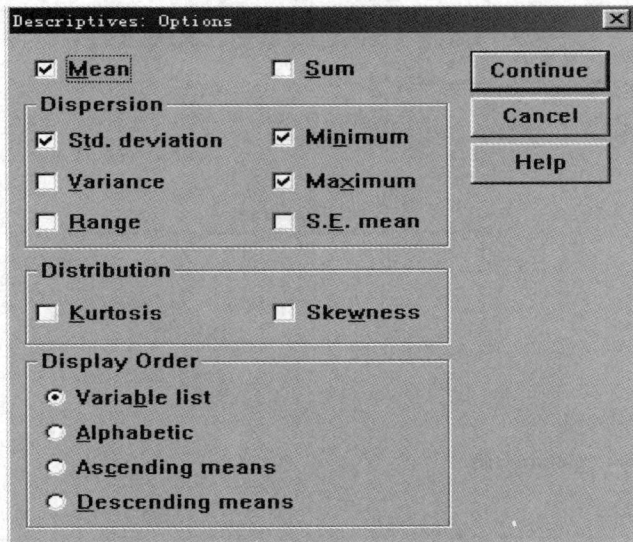

图 10 - 8　描述选项对话框

在图 10 - 8 的窗口中，用户可以在"Display Order"的 4 个选项中，指定分析多变量时结果输出的次序。其中，"Variable list"选项表示按变量在数据窗口中从左到右的次序输出；"Alphabetic"选项表示按字母顺序输出；"Ascending means"选项表示按均值升序输出；"Descending means"选项表示按均值降序输出。

至此，SPSS软件便自动计算所选变量的基本描述统计量，并显示到输出窗口中。

## 三、比率分析

### （一）比率分析概述

比率分析用于对两变量间变量值比率变化的描述分析，适用于数值型变量。例如，根据某年各地区保险业务情况的数据，分析各地区财产保险业务的保费收入占全部业务保费收入的比例情况。通常的分析是生成各个地区财产保险业务的保费收入占全部业务保费收入的比率变量，然后对该比率变量计算基本描述统计量（如均值、中位数、标准差、全距等），最后刻画比率变量的集中趋势和离散程度。

而 SPSS 的比率分析除了能够完成上述分析外，还提供了其他的对比描述指标，具体包括加权比率均值（Weighted mean）、平均绝对离差 AAD（Average Absolute Deviation）、离散系数 COD（Coefficient of Dispersion）、相关价格微分和 COV 变异系数 PRD（Price Related Differential）。

### （二）比率分析的基本步骤

比率分析的基本步骤有如下 4 步。

（1）选择菜单项"Analyze"——→"Descriptive Statistics"——→"Radio"，即打开比率分析对话框，如图 10-9 所示。

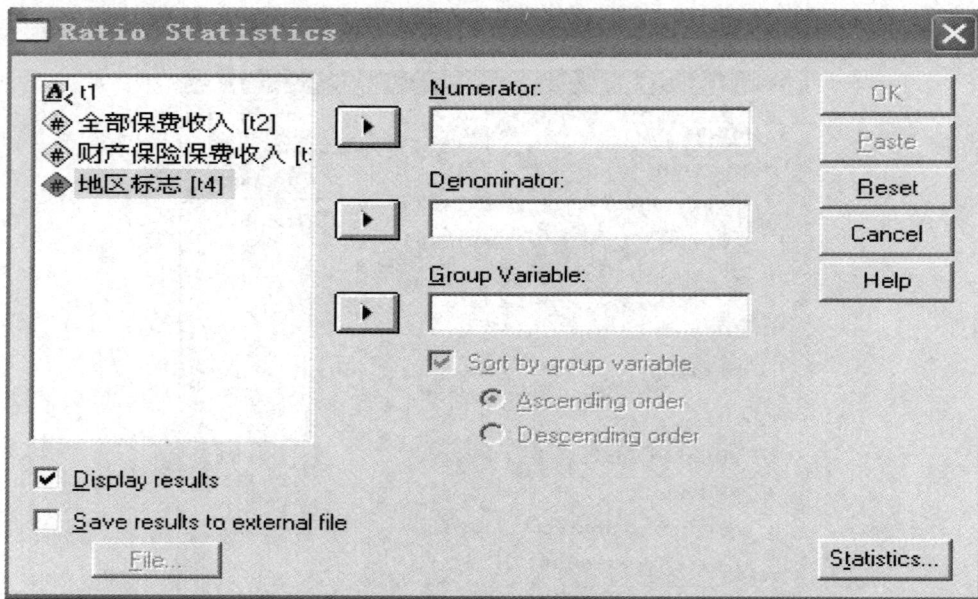

图 10-9　比率分析对话框

（2）将比率变量的分子选择到"Numerator"框中，将比率变量的分母选择到"Denominator"文本框中。

（3）如果做不同组间的比率比较，则将分组变量选择到"Group Variable"文本框中。

（4）单击"Statistics"按钮，指定输出关于比率的描述统计量，即打开描述统计量对话框，如图 10-10 所示。

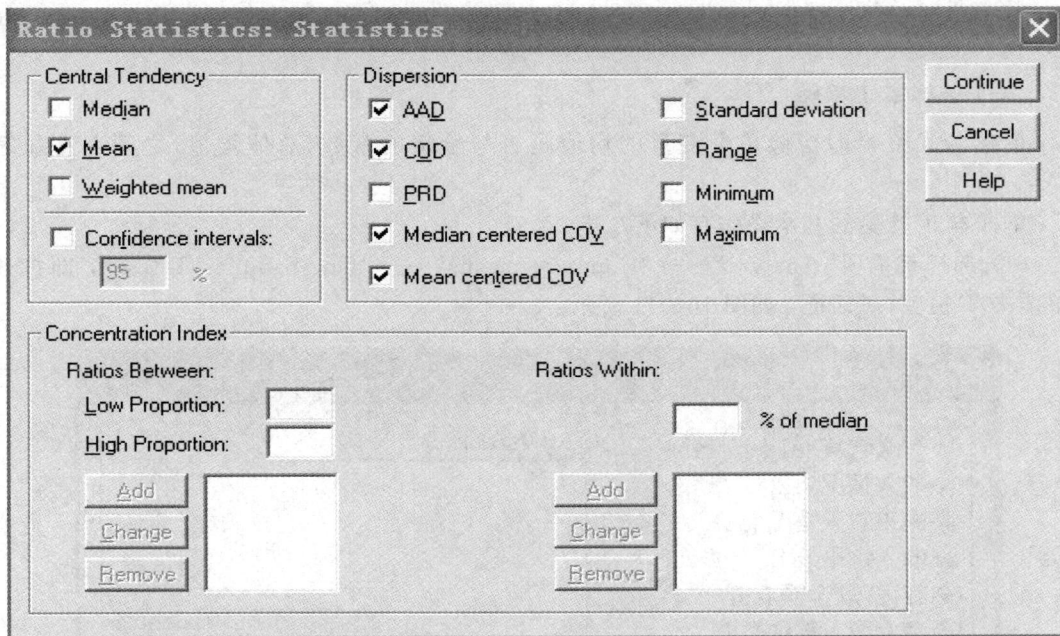

图 10 - 10　描述统计量对话框

至此，SPSS 软件将自动计算比率变量，并将相关指标输出到输出窗口中。

# 第四节　SPSS 软件的参数检验

## 一、推断统计与假设检验

### 1. 概念

推断统计是根据样本数据推断总体数量特征的统计分析方法，通常包括两个内容：一是总体分布已知，根据样本数据对总体分布的统计参数（如均值、方差）进行推断，此时采用的推断方法称为参数估计或者参数检验；二是总体分布未知，根据样本数据对总体的分布形式进行推断，此时采用的推断方法称为非参数检验。

### 2. 假设检验的基本思想

假设检验的基本思想：事先对总体参数或分布形式作出某种假设，然后利用样本信息来判断原假设是否成立，或者采用逻辑上的反证法，依据统计上的小概率原理来判断。

### 3. 假设检验的步骤

假设检验的步骤：首先提出原假设（零假设）$H_0$，然后确定适当的检验统计量，计算检验统计量发生的概率 $P$ 值，最后给定显著性水平，作出统计决策。

## 二、检验方法

### （一）单样本 *T* 检验

单样本 *T* 检验即检验单个变量的均值是否与给定的常数（总体均值）之间存在显著差异。

单样本 *T* 检验的基本操作有如下 3 步。

（1）选择菜单项"Analyze"——→"Compare means"——→"One-Samples T test"，即打开"单样本 *T* 检验"对话框，如图 10 - 11 所示。

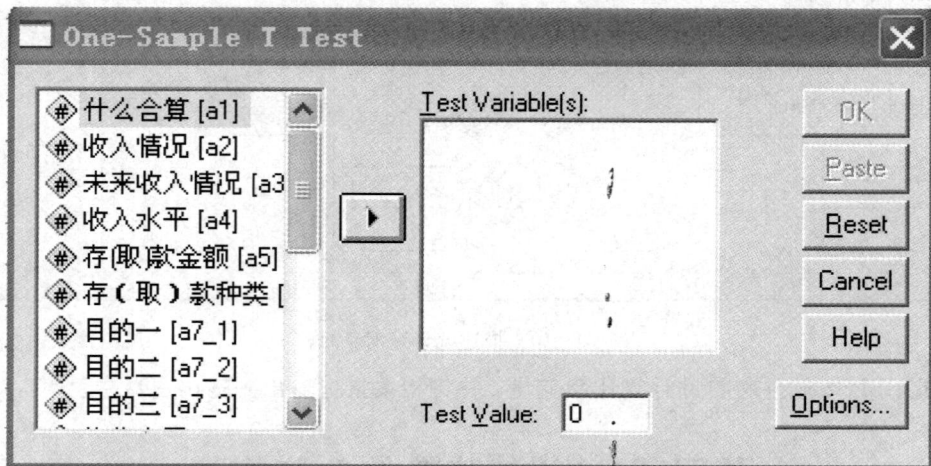

图 10 - 11  "单样本 *T* 检验"对话框

（2）在"Test Value"文本框中输入检验值。

（3）单击"Options"按钮定义其他选项。"Option"选项用来指定缺失值的处理方法，其中，"Exclude cases analysis by analysis"表示计算时涉及的变量有缺失值，需要剔除在该变量上为缺失值的个案；"Exclude cases listwise"表示剔除所有在任意变量上含有缺失值的个案后再进行分析。由此可见，第一种处理方式较充分地利用了样本数据。另外，还可以输出默认 95% 的置信区间。

至此，SPSS 软件将自动计算 *t* 统计量和对应的概率 *p* 值。

### （二）两独立样本的 *T* 检验

两独立样本的 *T* 检验是利用来自两个总体的独立样本，推断两个总体的均值是否存在显著性差异；两独立样本的样本容量可以相等，也可以不相等；总体服从或近似服从正态分布。

两独立样本 *T* 检验的基本操作有如下 5 步。

（1）选择菜单项"Analyze"——→"Compare means"——→"Independent-Samples T Test"，即打开"两独立样本 *T* 检验"对话框，如图 10 - 12 所示。

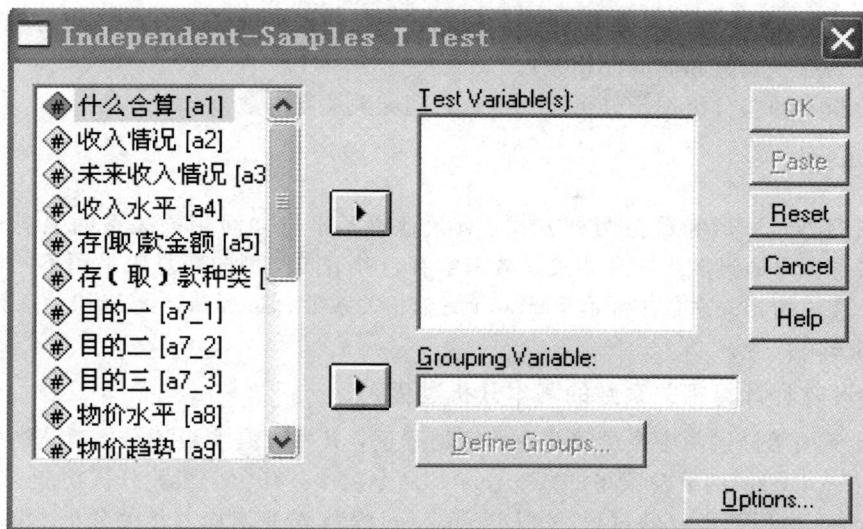

图 10 - 12　"两独立样本 $T$ 检验"对话框

（2）选择检验变量到"Test Variable(s)"文本框中。

（3）选择总体标志变量到"Grouping Variables"文本框中。

（4）单击"Define Groups"按钮定义两总体的标志值，即出现"定义标志值"对话框，如图 10 - 13 所示。其中，"Use specified values"表示分别输入两个不同总体的变量值；"Cut point"文本框中应输入一个数字，大于等于该值的对应一个总体，小于该值的对应另一个总体。

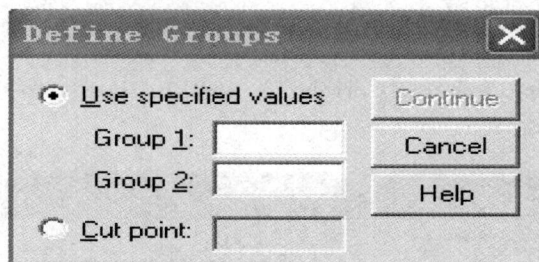

图 10 - 13　"定义标志值"对话框

（5）两独立样本 $T$ 检验的"Option"选项含义与单样本 $T$ 检验的相同。

至此，SPSS 软件会首先自动计算 $F$ 统计量，并计算在两总体相等和不相等情况下的均值差的方差和 $T$ 统计量的观测值以及各自对应的双尾概率 $p$ 值。

# 第五节　SPSS 软件的相关分析与回归分析

## 一、相关分析和回归分析概述

客观事物之间的关系可归纳为函数关系和相关关系两大类。函数关系是指两事物之间的一一对应的关系，如商品的销售额和销售量之间的关系；相关关系（统计关系）是指两事物之间的非一一对应的关系，如家庭收入和支出、子女身高和父母身高之间的关系等。相关关系又分为线性相关和非线性相关。

相关分析和回归分析都是分析客观事物之间相关关系的数量分析方法。

## 二、相关分析

相关分析通过图形和数值两种方式，有效地揭示事物之间相关关系的强弱程度和形式。相关关系可以通过散点图和相关系数来解释。对不同类型的变量应采用不同的相关系数来度量，常用的相关系数主要有 Pearson 简单相关系数、Spearman 等级相关系数和 Kendall 等效相关系数等。

### 1. SPSS 软件计算相关系数的基本分析过程

相关分析用于描述两个变量间关系的密切程度，其特点是变量不分主次，被置于同等的地位。在"Analyze"的下拉菜单的"Correlate"命令项中，有 3 个相关分析功能子命令，分别是"Bivariate 过程""Partial 过程"和"Distances 过程"，分别对应着相关分析、偏相关分析和相似性测度（距离）的 3 个 SPSS 分析过程。

（1）"Bivariate 过程"用于进行两个或多个变量间的相关分析，给出两两相关的分析结果。

（2）"Partial 过程"用于进行相关分析的两个变量的取值都受到其他变量的影响时，利用偏相关分析对其他变量进行控制，输出控制其他变量影响后的偏相关系数。

（3）"Distances 过程"用于对各样本点之间或各个变量之间进行相似性分析，一般不单独使用，只是作为聚类分析和因子分析等的预分析。

### 2. Bivariate 相关分析步骤

运用 SPSS 软件进行 Bivariate 相关分析有如下 6 步。

（1）选择菜单项"Analyze"——→"Correlate"——→"Bivariate"，即打开"双变量相关分析"对话框，如图 10-14 所示。

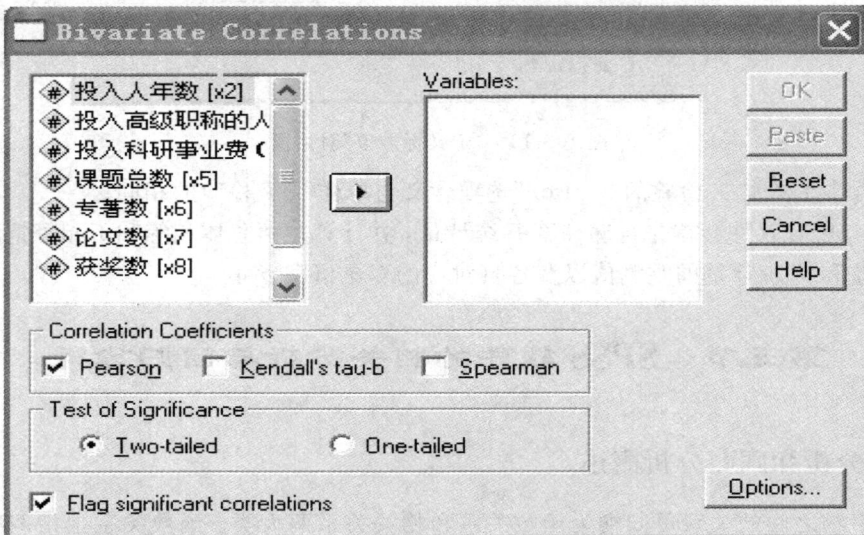

图 10-14 "双变量相关分析"对话框

（2）把参加计算相关系数的变量选到"Variables"文本框中。

（3）在"Correlation Coefficents"框中选择计算哪种相关系数。

（4）在"Test of Significance"框中选择输出相关系数检验的双边（Two-Tailed）概率 $p$ 值或单边（One-Tailed）概率 $p$ 值。

（5）选中"Flag significanct correlations"选项，表示分析结果中除显示统计检验的概率 $p$ 值外，还输出星号标记，以表示变量间的相关性是否显著；不选中则不输出星号标记。

（6）单击"Option"按钮，在"Statistics"选项中，选中"Cross-product deviations and co-variances"，表示输出两变量的离差平方和协方差。

## 三、线性回归分析

### （一）线性回归分析概述

线性回归分析主要解决以下几个问题。

（1）能否找到一个线性组合来说明一组自变量和因变量的关系。如果能的话，这种关系的强度有多大，即利用自变量的线性组合来预测因变量的能力有多强。

（2）整体解释能力是否具有统计上的显著性意义。

（3）在整体解释能力显著的情况下，哪些自变量有显著意义。

回归分析的一般步骤：首先确定回归方程中的解释变量（自变量）和被解释变量（因变量），然后再确定回归方程，最后对回归方程进行各种检验并且利用回归方程进行预测。

线性回归模型包括一元线性回归模型和多元线性回归模型。

### （二）线性回归分析的基本操作

线性回归分析的基本操作包括以下七步。

（1）选择菜单项"Analyze"——→"Regression"——→"Linear"，即打开"线性回归"对话框，如图 10-15 所示。

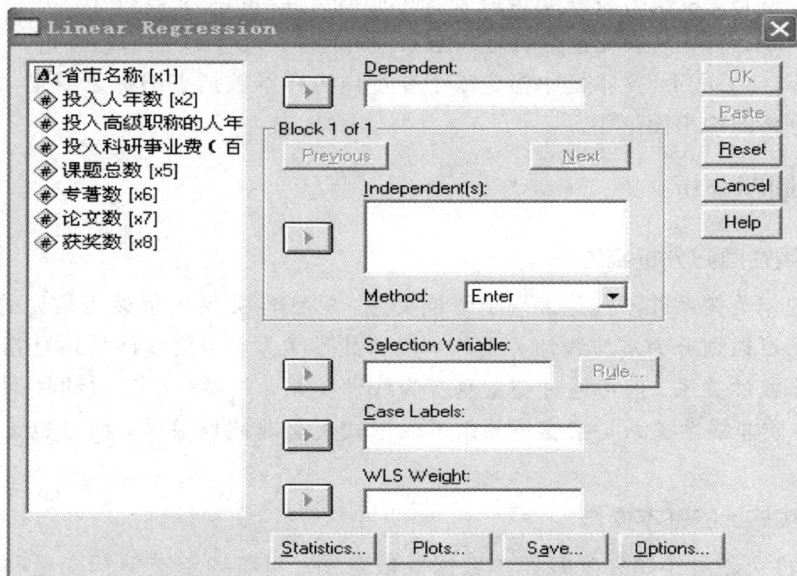

图 10-15　"线性回归"对话框

(2) 选择被解释变量进入"Dependent"文本框中。

(3) 选择一个或多个解释变量进入"Independent(s)"文本框中。

(4) 在"Method"文本框中选择回归分析中解释变量的筛选策略。其中，"Enter"表示所选变量强行进入回归方程，是 SPSS 默认的策略，通常用在一元线性回归分析中；"Remove"表示从回归方程中剔除所选变量；"Stepwise"表示逐步筛选策略；"Backward"表示向后筛选策略；"Forward"表示向前筛选策略。

在多元回归分析中，变量的筛选一般有向前筛选、向后筛选、逐步筛选 3 种基本策略。

向前筛选策略，即" Forward"策略，是指解释变量不断进入回归方程的过程。首先，选择与被解释变量具有最高线性相关系数的变量进入方程，并进行回归方程的各种检验；然后，在剩余的变量中寻找与被解释变量偏相关系数最高且通过检验的变量进入回归方程；最后，对新建立的回归方程进行检验；这个过程要一直重复，直到再也没有可进入方程的变量为止。

向后筛选策略，即" Backward"策略，是指变量不断剔除出回归方程的过程。首先，所有变量全部引入回归方程，并对回归方程进行检验；然后，在回归系数显著性检验不显著的一个或多个变量中，剔除 $t$ 检验值最小的变量；最后，重新建立回归方程和进行各种检验。如果在新建回归方程中所有变量的回归系数检验都显著，则回归方程建立结束，否则需要按上述方法再一次剔除最不显著的变量，直到再也没有可剔除的变量为止。

逐步筛选策略，即"Stepwise"策略，是指在向前筛选策略的基础上结合向后筛选策略，在每个变量进入方程后再次判断是否存在应该剔除出方程的变量。因此，逐步筛选策略在引入变量的每一个阶段都提供了再剔除不显著变量的机会。

(5) 第(3)和第(4)步中确定的解释变量及变量筛选策略可放置在不同的块(Block)中。通常在回归分析中不止一组待进入方程的解释变量和相应的筛选策略，可以单击"Next"和"Previous"按钮设置多组解释变量和变量筛选策略并放置在不同的块中。

(6) 选择一个变量作为条件变量放到"Selection Variable"文本框中，并单击"Rule"按钮给定一个判断条件。只有变量值满足判定条件的样本才参与线性回归分析。

(7) 在"Case Labels"文本框中指定哪个变量作为样本数据点的标志变量，该变量的值将标在回归分析的输出图形中。

## 四、非线性回归分析

### (一) 非线性回归分析概述

变量间的相关关系并不总是表现出线性关系，非线性关系也是极为常见的。变量之间的非线性关系可以划分为本质线性关系和本质非线性关系。本质线性关系是指变量关系形式上虽然呈非线性关系，但可通过变量变换为线性关系，并最终可通过线性回归分析建立线性模型。本质非线性关系是指变量关系不仅形式上呈非线性关系，而且也无法变换为线性关系。

### (二) 曲线估计的基本操作

SPSS 软件可通过绘制并观察样本数据的散点图，粗略确定被解释变量和解释变量之间的相关关系，为曲线拟合中的模型选择提供依据。SPSS 曲线估计的基本操作有如下六步。

（1）选择菜单项"Analyze"──→"Regression"──→"Curve Estimation"，即打开"曲线估计"对话框，如图 10-16 所示。

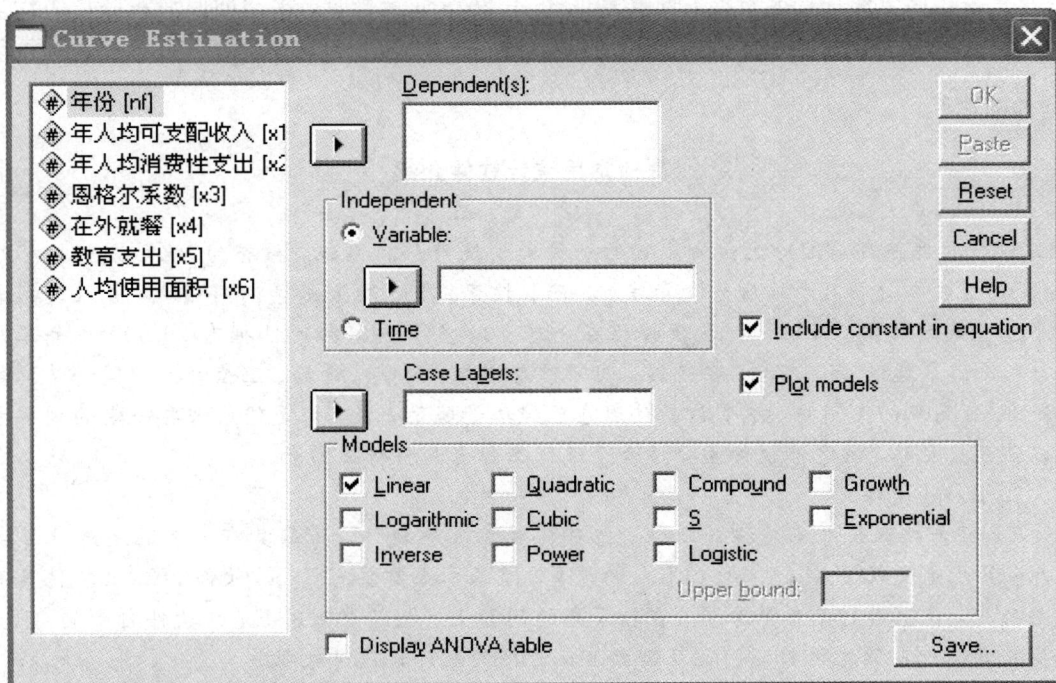

图 10-16 "曲线估计"对话框

（2）把被解释变量选到"Dependents"文本框中。

（3）曲线估计中的解释变量可以是相关因素变量，也可是时间变量。如果解释变量为相关因素变量，则选择"Variable"选项，并把一个解释变量指定到"Independent"文本框中；如果选择"Time"参数，则表示解释变量为时间变量。

（4）在"Models"选项中选择几种模型。

（5）选择"Plot models"选项绘制回归线。

（6）选择"Display ANOVA table"输出各个模型的方差分析表和各回归系数显著性检验结果。

至此，完成了曲线估计的操作，SPSS 将根据选择的模型自动进行曲线估计，并将结果显示到输出窗口中。

$$[\,本章自测\,]$$

**一、问答题**

1. SPSS 软件的功能有哪些？它由哪些模块组成？

2. 如何运用 SPSS 进行描述统计？

3. SPSS 回归分析的步骤有哪些？

## 二、操作题

1. 运用国家统计局的数据，收集 1998 年至 2018 年的数据，分析人均收入和人均消费支出之间的关系。

2. 运用国家统计局的数据，收集 1998 年至 2018 年的数据，采用回归分析分析人均消费支出的影响因素。

## [延伸阅读]

### 其他常用统计软件介绍

**1. SAS 软件**

SAS 软件是目前国际上最为流行的一种大型统计分析系统，被誉为"统计分析的标准软件"，已被广泛应用于政府行政管理、科研、教育、生产和金融等不同领域，并且发挥着愈来愈重要的作用。目前，SAS 软件已在全球 100 多个国家和地区拥有 29 000 多个客户群，直接用户超过 300 万人。在我国，国家信息中心、国家统计局、卫生部和中国科学院等都是 SAS 系统的大用户。尽管该软件现在已经尽量趋于普及，但是仍然需要一定的训练才可以使用。因此，该统计软件主要适合于统计工作者和科研工作者。

**2. Excel 软件**

Excel 严格来说并不是统计软件，但作为数据表格软件，必然具有一定的统计计算功能。而且凡是安装了 Microsoft Office 的计算机，基本上都装有 Excel 软件。Excel 软件具有画图功能，能够进行简单的分析。在较复杂的问题上，也可以使用 Excel 软件自带的函数，而多数专门一些的统计推断问题还需要其他专门的统计软件来处理。

**3. S-Plus 软件**

S-Plus 软件是统计学家喜爱的软件。它不仅功能齐全，而且具有强大的编程功能，研究人员可以自己编制程序来实现自己的理论和方法。S-Plus 软件是由美国的 MathSoft 公司（2001 年 MathSoft 总部迁到西雅图，并改名为 Insightful 公司。2008 年 Insightful 公司被 TIBCO 收购）开发的一种基于 S 语言的统计学软件，是世界上公认的 3 大统计软件之一，主要用于数据挖掘、统计分析和统计作图等。S-Plus 软件的最大特点在于它可以交互地从各方面发现数据中的信息，并可以很容易地实现。另外，S-Plus 软件的数据可以直接来源于 Excel、Lotus、Access、SAS、SPSS 等软件，兼容性极好。

**4. Minitab 软件**

Minitab 软件是现代质量管理统计的领先者，全球六西格玛实施的共同语言，以无可比拟的强大功能和简易的可视化操作深受广大质量学者和统计专家的青睐。它于 1972 年成立于美国的宾夕法尼亚州州立大学，到目前为止，已经在全球 100 多个国家，4 800 多所高校广泛使用。该软件面对的客户有美国通用电气公司、福特汽车公司、通用汽车公司、霍尼韦尔国际公司、韩国 LG 集团、日本东芝、诺基亚公司、中国宝武钢铁集团有限公司、徐州工程机械集团有限公司、海尔集团、中国航天集团、中国中铁股份有限公司。

**5. STATISTICA 软件**

STATISTICA 软件是一个整合数据分析、图表绘制、数据库管理与自订应用发展系统环境的专业软件，不仅提供统计、绘图与数据管理程序等一般性功能，更提供特定需求所需的数据分析方法，例如，数据挖掘、商业、社会科学和生物研究或工业工程等。

6. Eviews 软件

Eviews 软件主要用于处理回归和时间序列。Eviews 是 Econometrics Views 的缩写，直译为计量经济学观察，通常称为计量经济学软件包。它的本意是对社会经济关系与经济活动的数量规律，采用计量经济学方法与技术进行"观察"。另外，Eviews 软件也是美国 QMS 公司研制的在 Windows 系统下专门从事数据分析、回归分析和预测的工具。使用 Eviews 软件可以迅速地从数据中寻找出统计关系，并用得到的关系去预测数据。Eviews 软件的应用范围包括科学实验数据分析与评估、金融分析、宏观经济预测、仿真、销售预测和成本分析等。

（资料来源：各软件开发公司官网收集整理）

# 参 考 文 献

［1］ 贾俊平. 统计学. 7 版. 北京：中国人民大学出版社，2018.

［2］ 罗良清. 商务统计学. 北京：机械工业出版社，2016.

［3］ 姜晓兵. 商务统计学. 西安：西安电子科技大学出版社，2019.

［4］ 邓红，向辉. 统计学基础. 2 版. 北京：北京理工大学出版社，2015.

［5］ 程建华，洪文. 统计学原理与应用. 北京：人民邮电出版社，2013.

［6］ 韩玉珍. 统计学原理. 北京：立信会计出版社，2017.

［7］ 曹雨，王峰. 应用统计学. 北京：人民邮电出版社，2013.

［8］ 潘鸿. 应用统计学. 2 版. 北京：人民邮电出版社，2015.

［9］ 唐芳. 统计学基础. 3 版. 上海：上海财经大学出版社，2015.

［10］ 黄国安. 新编企业经济统计学. 2 版. 北京：立信会计出版社，2016.

［11］ 黎春. 国民经济统计学. 北京：机械工业出版社，2019.

［12］ 王莹，徐颖. 经济统计学. 2 版. 北京：机械工业出版社，2016.

［13］ 黄艳丽. 经济统计基础. 西安：西安电子科技大学出版社，2016.

［14］ 刘凌波. Excel 在经济统计与分析中的应用. 北京：科学出版社，2017.

［15］ 刘登辉，廖江平，张章兴. 经济统计分析. 南京：南京大学出版社，2014.

［16］ 付红妍. 国民经济统计学. 北京：首都经济贸易大学出版社，2018.

［17］ 李勇. 现代金融统计. 北京：经济科学出版社，2017.

［18］ 刘红梅，王克强，邓俊锋. 金融统计学. 3 版. 上海：上海财经大学出版社，2017.

［19］ 谢龙汉. SPSS 统计分析与数据挖掘. 3 版. 北京：电子工业出版社，2017.